시작을 가장 쉽게 하는 방법

나를 깨우는 소리

임철홍 지음

하나, 둘, 셋 그냥 시작하라!

Just

Start!

청어 도서출판

나를 깨우는 소리

하나, 둘, 셋 그냥 시작하라. Just Start!

임철홍 지음

　작가가 실행덕목으로 제안하는 "하나, 둘, 셋 Just Start"는 마법의 주
문 같아서 아직도 귓전에 맴돈다. 잠시 지쳐 머뭇거리고 있는 사람들에
게 에너지 드링크 한모금 건네며, 어깨 툭툭 치며 '다시 시작해보자'라는
강한 격려의 메시지를 담고 있다. 원예치료 전문가로서 무기력에 빠져
추진력을 잃고 망망대해에 표류하는 배처럼 살아가는 대상자에게 힘을
주는 실천 사례들처럼. "지금 바로 신발장에서 신발을 꺼내어 한쪽부터
신어보세요." 등산은 신발끈을 조여매고 문을 나서는 순간 이미 정상에
도착 한 것과 다름없습니다.

　이 책은 청소년은 물론 젊은 청년들에게만 울리는 외침으로 끝나지 않
는다. 늘 푸른 인생을 살아가고 싶은 중장년과 노년층에게도 제공하는
동기부여는 마치 잘 발효된 효소와 같아 두고두고 꺼내어 사용하
기에 안성맞춤이다. 씨앗도 심지 않고 꽃피어 열매 맺기를 기다리는 사
람들에게 엔진의 동력날개 "하나, 둘, 셋 Just Start"를 달아준 책이다.

- 신상옥(이화여대 글로벌미래교육원 원예심리 지도교수)

하나, 둘, 셋. 이 소리는 우리가 살아가면서 무언가 힘을 낼 때 자주 내는 소리이다. 우리가 오랫동안 익숙한 소리에 힘을 내고, 반응을 하는 것을 보면 이 소리에는 분명 좋은 에너지가 있다. 저자는 평범한 일상에서 이 소리가 주는 에너지를 일상에서 더 큰 힘을 내기 위해 잘 풀어냈다.

유명 베스트셀러처럼 문장들이 기교스럽진 않지만, 오히려 임철홍 작가만의 때가 묻지 않은 문체에서 느껴지는 '신선함'이 이 책에 '특별함'을 더해주고 있다.

책을 다 읽기도 전에 무언가 시작을 해야 할 것 같다는 생각이 자연스럽게 든다. 이런 생각들이 나의 잠자고 있는 의식을 새롭게 일깨운다. 혹 삶의 꾸준한 용기가 필요하다면 꼭 읽어봐야 할 책이다.

– 김성규(한미회계법인 부회장, 전 세종문화회관 사장)

책 속에 이런 말이 있다. '가장 작은 신호가 가장 위력적이다.' 저자가 말한 아침 기상 미션 30초가 정말 인상적이다. 매일 아침 눈을 뜨자마자 30초는 온전히 나를 위한 시간이었다. 반복된 일상 속에서 하루 30초는 오늘 내가 보낼 하루의 중심점과 방향성을 알려 주었다.

또한 이 책을 중반까지만 읽다 보면 하나, 둘, 셋에 무언가를 시작하는 습관이 생기게 될 것이다. 한마디로 망설이고 있는 삶을 도전하는 삶으로 변할 수 있게 해줄 것이다. 코로나19 시대에 기회마저 박탈당해 도전 정신이 힘이 발휘하지 못하고 있다면 꼭 읽어보기를 추천한다.

– 공영민(전 제주발전연구원장, 정책학박사)

개인적으로 임철홍 작가를 전혀 모릅니다. 그럼에도 불구하고 이렇게 추천사를 남기는 이유는, 그의 책에서 느껴지는 긍정의 에너지 때문입니다. 점이 모여 선을 이루고, 선을 그어 원을 채우듯 임 작가님의 생각과 행동에 공감하는 사람들이 이 책을 통해 하나, 둘 늘다 보면 이 세상이 조금 더 진보하지 않을까 하는 기대감이 생겼습니다.

2009년께 저도 '하나, 둘, 셋에 시작을 Just Start!'라는 마음으로 호주로 떠났습니다. 결과적으로 당시의 선택이 지금의 제 모습을 만들었다 자부합니다. 망설이고 있다면, 이 책에서 말하는 것처럼 하나, 둘, 셋 크게 외친 다음 시작해보시기를 권합니다. 한걸음 내디디면 더 많은 선택지가 펼쳐질 겁니다. 이 책이 좋은 가이드가 될 것이라 믿습니다.

- 김종훈(10년 차 기자, 『임정로드 4000㎞』,
『약산로드 7000㎞』, 『현충원 한 바퀴』 저자)

서점에 가면 습관 만들기, 도전하기에 관한 수많은 책이 있다. 이 책도 비슷한 책이려니 생각했다. 하지만 이 책을 읽고 나서 늦은 나이에도 불구하고 나는 '무언가를 하지 않으면 안되겠다.'라는 생각이 들었다. 한마디로 시작을 쉽게 하는 방법이 중요한 게 아니라 의식이 멈춰있으면 시작을 쉽게 할 수 없다는 것이다.

저자 임철홍이 독자에게 건네주는 마법의 소리 하나, 둘, 셋의 구호는 마음 깊은 곳 캄캄한 동굴에 갇힌 우리의 잠든 의식을 깨우고, 밝히는 시작의 불꽃이 될 것이다. 의식의 불꽃은 어떠한 시련과 역경도 물리칠 수 있는 마음의 등불로 타오른다.

- 김정식(조선대학교 명예교수, 경제학박사)

시작을 망설이고 동기 없는 삶에 방황하는 사람들에게 이 책은 필독서이다. 중년의 나이임에도 아직도 하고 싶은 일에 망설이는 나에게도 이 책은 정말 요긴했다. 이 책에서 임철홍 작가는 우리가 일상생활에서 자주 접하고 있으나, 간과하고 있는 것들을 심오하게 바라보고 있다.

그리고 작가는 무동기(amotivation) 상태에서 힘들어 하는 이에게, 힘을 내는 방법, 새로운 시작을 준비하고 실천할 수 있는 방법을 정확하게 짚어 내고, 해결책을 제시하고 있다. 이 책을 읽은 후 나는 원하지만 미뤄 왔던 일들을 실천하고 싶은 생각이 들었다. 그동안 밀린 도전과제를 이제 Just Start 해 봐야겠다.

- 강형길(경남대학교 교수)

트리플S(트리플S: Just Start + Just Stand = Succeed)를 가슴에 새기며 도전을 두려워하지 않고 한 박자 빠르게 외치는 작가를 보며, 시작하기도 전에 두려워하는 청년들에게 주는 메시지가 참 인상 깊다.

나도 오늘부터 무언가를 Just Start 해서 지금까지 한 번도 만나보지 못한 새로운 자아를 만나볼 생각이다. 이처럼 시작은 두려운 게 아니라, 설렘을 갖게 해주는 것이었다.

- 임지혜(자스민 힐링원예치료센터장)

시작의 골든타임

하나, 둘, 셋! '일단 감사부터 드립니다.'
제가 독자를 맞이하는 첫인사입니다.

불현듯 이 책을 누군가가 선택했다는 것은 삶의 변화를 주고 싶어 하는 나의 독자일 것이다. 3분만 시간을 내서 목차와 내용을 살펴보고 형편없으면 바로 내려놔도 좋다. 책을 집어 든 순간, 시작을 망설이는 당신에게 최고의 무기를 선물해 줄 거라 확신한다.

이 책의 추천 독자는 삶에 꿈과 목표가 있는데 반복된 도전과 실패로 항상 제자리에서 맴돌거나, 의지력 향상, 동기부여훈련을 받아도 삶에 변화가 없어서 현실적인 방법론을 찾고 있는 분이다. 내가 제시한 전략이 독자에게 최고이자 마지막 전략이 되어 삶이 윤택해지기를 바란다.

특히나 with 코로나 시대에 기회마저 박탈당한 대한민국의 20~30대 청춘들에게 이 책이 빛과 소금이 되기를 진심으로 바란다.

확 달라진 환경 탓에 인생의 생체시계가 고장이 나 있을 것이다. 그 고장 난 생체시계를 고치지 않으면 평생 시계방 앞에서 얼쩡거리다가 시간을 낭비하게 될 것이다. 지구도 자전과 공전을 하는데 왜 당신의 열정은 그대로 멈춰있는가? 움직여야 한다. 시작과 도전 앞에 움직이지 않고 멈춰버리면 당신이 원하는 세상은 절대 당신 앞에 나타나지 않을 것이다. 지금부터 매 순간 시작을 쉽게 하고, 도전의 끝을 내는 연습을 습관처럼 해보자.

'나는 도대체 누구인가? 앞으로 어떻게 살 것인가?'라는 질문에 답을 해보자!

확실한 정의를 내릴 수 있다면 다행이다. 그렇지 않다면 지금이 바로 그 답을 풀 시간이다. 혹 문제를 알고도, 답을 구하려고 하지 않는다면 바로 고칠 수 없는 "삶의 고질병"이다.

하지만 너무 걱정하지 마라! 병은 치료하면 반드시 낫게 되어있다. 필자가 그 고질병을 반드시 치료할 수 있는 처방전을 제공하겠다.

생각해보자! 행동을 유발하는 좋은 습관 법칙 책들도 읽고 나서 행동의 변화가 과연 얼마나 있는가? 누군가는 책을 읽고 큰 변화가 있지만, 대부분은 그렇게 큰 변화를 찾기란 어렵다. 심지어 몇 개월만 지나면 책의 제목도 기억이 나지 않는다. 진정한 베스트셀러는 많이 팔리는 책이 아니라, 책을 읽으면서도 독자의 행동이 꾸준히 변하게 하는 것이다.

필자는 수많은 사람의 시행착오와 경험을 통해서 알아낸 건 우리가 도전 앞에 실패하고, 포기하는 진짜 원인은 의지력이 없는 게 아니었다.

바로 시작을 쉽게 시작하는 방법을 몰라 열정이 식은 채로 할까? 말까?를 반복하다가 시작하는 것을 망설이는 것이었다. 더 큰 문제는 망설임조차도 싫어 시도조차 하지 않는 것이다.

치킨도 배달을 시켜서 먹을 때보다는 매장에서 막 나온 따뜻하고 바삭바삭한 치킨이 훨씬 더 맛있다. 아름다운 휴양지를 갈 때도 그곳에서 도착해서 느끼는 행복한 감정보다는, 여행을 떠나기 위해 준비하는 과정에서 행복감이 더 큰 법이다.

우리의 열정도 가장 뜨거울 때는 시작하고 나서가 아니라, 바로 시작하기 직전의 단계에서 바로 망설임 없이 시작하는 그 순간이 가장 뜨겁다. 결국, 도전에 대한 시작을 망설이는 순간 열정의 골든타임을 놓치면 안 된다. 골든타임을 놓치게 되면 과정과 끝도 식어버린 채로 마무리가 되고 만다.

핵심은 무언가를 해야지가 아니라, 바로 하나, 둘, 셋에 바로 Just Start 하면 된다. 뇌가 힘들다고 저항을 못 하는 골든타임 바로 3초를 넘기지 않으면 된다. 바로 이게 핵심이다.

필자는 17년간 물론 지금도 난 매일 매일 삶에 올바른 습관을 갖기 위해 훈련중이다. 삶의 도전에 대해서 생체 실험 중이다. 과거에 나는 184㎝ 키에 몸무게가 65㎏ 마른 몸매가 너무 싫어서, 매일 아침 기상 미션으로 윗몸일으키기 10번씩을 쉬지 않고 지금까지 하다 보니 근육으로 몸무게를 10㎏ 찌워 몸매를 유지하고 있다.

글을 쓰는 것도 1년 동안 하루에 3분 글쓰기 훈련을 멈추지 않고 실천을 하다 보니 2번째 책을 쓰게 됐다. 이렇게도 꾸준함이라는 건 놀라운 만큼 기적과 같은 큰 변화를 끌어냈다.

그리고 17년간 만난 1만 명의 20~30대 멘티들을 통해서 찾아낸 핵심습관 만들기 4단계 법칙은 인생의 성장곡선이 꾸준히 성장하는 기적을 선물해 줬다. 지금도 나의 멘티들은 사회 곳곳에서 기적의 선물을 잘 포장하여 그들이 원하는 가슴 뛰는 삶을 살고 있다. 멘티들의 원하는 삶의 변화는 내 연구와 노력이 헛되지 않음을 증명해주고 있다. 이젠 나의 멘티들의 변화가 나의 삶의 진정한 동기부여 되어가고 있다.

성 장 서 약 서

"○○○은(는) 날마다 0.1%씩 꾸준히 성장할 것임을 다짐합니다."

"○○○은(는) 나 자신을 위해, 그리고 사랑하는 가족을 위해서라도 180도 달라지겠습니다."

"○○○은(는) 매 순간, 하나, 둘, 셋 힘찬 구호를 외치며 절대 포기 하지 않는 삶을 살겠습니다."

만약 이 책을 읽고도, 삶에 어떠한 행동의 변화가 없거나, 작심 3일도 지키지 못한다면 '습관 청'에서 당신의 꿈을 압수 수색하겠습니다. 당신의 꿈을 누군가가 함부로 훔쳐 가지 못하게 간절하고, 절실한 마음을 끝까지 갖고 그 꿈을 반드시 이뤄내시기를 바랍니다.

이에 _____ 은(는) 동의합니다.

날짜 _____
도전자 _____ 서명 _____

날짜 _____
도전자 가족 _____ 서명 _____

이 책의 최종목표는 하나, 둘, 셋 소리를 내어 당신의 의식을 항상 깨어 있게 해주고, 도전 앞에 망설이지 않고 바로 3초 만에 Just Start! 행동하게 하는 것이다. 동시에 인생의 운명까지도 바꿀 수 있는 핵심 습관을 만들어 삶을 윤택하게 하는 것이다.

지금 당신이 반드시 변하고 싶다면 주변에 3명은 꼭 필요하다.
'한 명의 관객, 한 명의 코치, 한 명의 경쟁자'

이 책을 읽고 행동에 옮겼는데도 삶의 변화가 전혀 없다면 그 과정을 간략하게 e-mail로 보내주기 바란다. 최소한 나의 독자들에겐 필자가 정성을 다해 멘토링을 하겠다. ✉ motive1000@nate.com

차례

제1장
소리 내 시작하기

제2장
이해하고, 공감하기

나를 깨우는 소리

임철홍 지음

하나, 둘, 셋 그냥 시작하라!

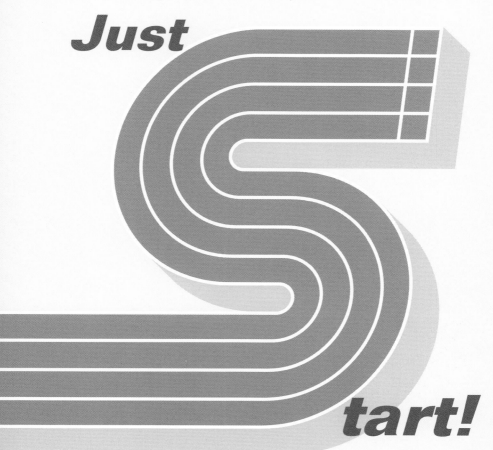

Just Start!

제1장

소리 내 시작하기

하나, 둘, 셋 Just Start!

하루를 시작하는 아침 첫 시그널은 바로
하나, 둘, 셋을 기상과 동시에 외쳐 30초간 자신을 만나는 것이다.
매일 힘들고, 무겁고, 지친 하루를 스스로가 지켜내는 마법의 구호로
새로운 자아를 만나볼 시간이다.

지금부터 시작을 시작하라!

1
하루를 시작하는 첫 시그널

"어제와 똑같은 행동을 하면서 다른 결과를
바라는 것은 정신병의 초기 증상이다."

-아인슈타인

아침에 눈을 뜨자마자 하나, 둘, 셋 구호를 외치며 자리에서 일어나라.

오늘은 어제의 내일이고, 오늘은 내일의 과거이다. 하지만 반복된 오늘을 아무것도 하지 않으면서 더 나은 삶을 바라는 건 위험한 발상이다.

지금 당신이 정말 변하고 싶은가? 한 가지 확실한 건 일상에서 무언가 작은 변화를 두면 반드시 그 변화는 신호를 감지해서, 작은 변화를 준다는 사실이다. 그저 막연하게 오늘의 태양이 내일도 당신을 위해서 뜰 거란 기대를 해서는 안 된다. 낙천주의와 낙관주의는 다르다.

하루에 시작은 아침에 눈을 떴을 때다. 하루에 시작을 우리는 잘 보내야 한다. 그렇다고 아침형 인간이 되어 새벽에 기상해 시간을 효율적으로 분배를 하고, 렘수면을 하기 위해서 노력하라! 이런 고리타분한 말을 하려고 하는 게 아니다. 지키기 어려운 걸 지키라고 하는 건, 배가 고파 굶어 죽을 것 같은 사람에게 조금만 더 참으라고 하는 말과도 같다.

미라클 모닝이 아무리 대단해도, 대부분 사람이 작심 3일도 못 간다는 사실을 기억하라! 물론 사람에 따라 잘 지켜서 인생의 운명을 바꾸기도 하지만, 안타깝게도 아직 우리에겐 그럴만한 용기와 시작의 힘이 부족하다.

사실 우리는 이미 수차례 실패를 맛보지 않았는가? 똑같은 방법으로 또다시 동기부여를 하기엔 시간도 부족하고 자신의 의지력을 믿기엔 자신도 없다.

설령 늦잠을 자도 좋고, 의지력이 없어도 좋다. 또한, 목표가 없어도 좋다. 지금 내가 말하고자 하는 건 과정의 노력이 아닌 하루의 시작을 알리는 첫 신호의 중요성이다. 시작도 전에 과정과 결과를 걱정해 의지력과 열정을 낭비해선 안 된다. 지금 당신에게 필요한 능력은 하루의 시작을 쉽고, 빠르게 하는 능력이다.

세상에서 가장 쉽고, 빠른
아침 기상미션

아침에 눈을 뜨자마자 하나, 둘, 셋을 작은 소리를 내도 좋고, 마음속으로 소리를 내도 좋다. 하나, 둘, 셋 마지막 셋에 기상을 하면서 하루를 시작해라. 중요한 건 의지력이 활성화되기 전에 눈을 뜨자마자 하나, 둘, 셋에 기상을 해야 한다.

이게 뭐지? 별거 아니네! 라고 생각할 수 있겠지만, 삶의 변화를 조금씩 천천히 두기 위한 하루의 첫 신호다.

첫 신호부터 무너지면 아무리 좋은 방법도 결과가 그다지 좋지 않은 법이다. 지금 독자의 삶이 무료하고, 의미 없는 삶을 살고 있다면, 내일부터 시작을 알리는 아침 신호 하나, 둘, 셋 구호부터 외쳐보자.

하루의 첫 신호 하나, 둘, 셋을 2~3주간 빠짐없이 외친다면 당신의 삶은 조금씩 천천히 변화하여 큰 변화를 가져다줄 것이다. 어느 순간 알람 없이도 아침 기상을 하는 작은 기적의 맛을 보게 될 것이다. 기적은 이렇게 미세하고, 아주 작은 일상 들이 축적되어 만들어지는 법이다.

– 아침형 인간이 되려고 '억지로' 고생하려고 하지 마라.
– 늦잠을 잤다는 '죄책감'에 자신을 너무 괴롭히지 마라.
– 의지력이 없다고 '나는 너무 나약해' 하며 자신을 나쁘게 평가하지 마라.

이 책을 통해 나와 함께 하면 모든 사항에 대해서 쉽게 시작하고, 끝까지 마무리하는 훈련을 터득하게 될 것이다. 이로써 당신은 삶은 오늘보다, 내일 자신 스스로를 더 신뢰하고 사랑하는 삶을 살게 될 것이다.

나를 믿기로 했다면 그 믿음을 끝까지 유지해 잘 따라와 주기 바란다.

이제 당신도 하나, 둘, 셋 마법의 구호를 외쳐 당신의 삶 속에서 이 구호가 부르는 엄청난 나비효과를 경험할 차례다.

잊지 말자! 하루의 가장 중요한 첫 시작은 내일부터 하나, 둘, 셋에 아침 기상을 힘차게 Just Start 해보는 것이다!

2
하나, 둘, 셋
소리를 찾다

"승자와 패자를 구분하는 단 한 가지는
승자는 실행하는 사람이라는 점이다."

-앤서니 라빈스

새로운 목표 앞에 도전은 언제나 스스로를 성장시키는 원동력이다. 하지만 게으름, 두려움, 부담감 때문에 도전 자체를 안 하거나, 도전 후 중도 포기를 밥 먹듯이 하는 경우가 너무 많다.

한마디로 새로운 도전을 포기한다는 건 실패를 밥 먹듯이 하는 거와 마찬가지다. 한 번밖에 없는 인생을 정말 소중히 생각한다면 포기마저도 자신에게 사치라고 생각하는 강인한 마음을 갖고, 한가지 목표라도 제대로 끝까지 완주하여, 자신에 대한 믿음을 강화하는 훈련을 꾸준히 해야 한다.

이렇게 하기 위해서는 망설임 없이 시작을 쉽게 하고, 힘들어 중간에 포기하지 않게 해야 한다. 과연 이런 좋은 방법이 있다면 얼마나 좋을까?

하나, 둘, 셋에 아침 기상을 하고, 하기 싫은 청소를 할 때도, 가기 싫은 헬스장을 갈 때도, 엘리베이터 대신 계단을 오를 때도 하나, 둘, 셋에 모든 시작을 시작해보자.

사람의 첫인상은 불과 3초 만에 결정된다고 한다. 화도 3초만 참으면 큰 위기를 모면할 수 있고. 책 『3초 직감력』에서도 '3초면 충분하다. 망설이면 순간 기회는 달아난다고 했다.' 뇌과학적으로도 대뇌가 언어에 자극을 받고 편도체에 전달하는 시간도 3초 이내라고 한다. 한마디로 3초가 넘어가면 뇌는 무의식에서 핑계라는 의식으로 넘어가 할 일을 미루게 된다.

바로 우리가 무언가 우리가 도전을 시작할 때 뇌가 핑계라는 의식을 인식하기 전에 의지력과 상관없이, 숨을 한번 내쉬는 수준의 강도로 하나, 둘, 셋 구호를 외치고 3초 이내에 Just Start 하는 게 핵심이다.

인간의 뇌의 무게는 불과 1.3kg~1.5kg밖에 되지 않고, 약 천억 개의 신경세포와 약 백조 개의 접합부로 이루어져 있을 만큼 정말 복잡하고, 민감한 영역이다. 참고로 뇌는 하루에 7만 가지의 고민을 하고, 우리 몸 전체가 소비하는 에너지의 25% 이상을 뇌가 쓴다고 하니, 얼마나 뇌가 힘들어하고, 고생하는지는 쉽게 상상이 가지 않는다.

뇌는 항상 하기 싫어하고, 가만히 있고 싶어 하는데, 계속 무언가 인간은 행하려고 한다. 그 경계점을 우리는 파고들어서 뇌의 피곤함을 달래주고, 뇌를 속이고, 뇌를 리셋을 해야 한다.

즉 뇌는 3초 이전의 무의식 상태와 3초 이후의 의식상태로 나뉜다.

지금 당신이 회사대표 앞에서 발표하는데 긴장이 되어 말문이 막혔는가? 하나, 둘, 셋에 멋지게 Just start 해라! 긴장돼서 발표를 못 하는 거보다는 발표를 해서 긴장감을 보이고 안정감을 찾아가는 게 훨씬 당신에게 유리하다. 회사대표는 당신이 망설이는 순간 이미 당신의 이야기를 듣고 싶지 않을 것이다.

지금 당신이 헬스장이나, 독서실로 향하는 몸과 마음이 무거운가? 밥을 먹을 힘이 있다면 하나, 둘, 셋에 힘을 내고 바로 현관문을 열고 집 밖으로 Just Start 해라!

행동의 시작을 망설이는 순간 당신의 의지력과 자신감은 그만큼 고갈되어, 당신을 힘들게 할 것이다. 앞으로 우리의 일상생활에서 무언가 행동을 해야 하고, 시작해야 하는 순간에 하나, 둘, 셋 구호를 외치고 Just Start 해보자!

당신이 구호를 많이 외칠수록 당신의 용기는 당신의 삶에 깊숙이 침투되어 당신의 삶을 힘든 상황에서도 흔들리지 않도록 더욱더 단단하게 해줄 것이다.

3 실패하는 진짜 이유

"시작부터 훌륭할 필요는 없지만,
훌륭해지기 위해선 시작해야 한다."

-지그 지글러

　매년 1월 1일 새해가 밝아 오면 우리는 작년, 재작년에 계획했던 도전 과제들을 아이러니하게도 어김없이 또 도전한다. 미국의 통계 브레인 조사 연구소에 따르면 전 세계 92% 사람들이 새해 도전이 실패로 돌아간다고 했다. 단 8%만이 성공한 셈이다. 단 성공확률이 8% 확률밖에 되지 않는데 왜 많은 사람이 매번 도전을 하는 걸까?

　토론토대학 심리학자인 피터 허먼 교수팀은 바로 지나친 과잉 자신감이 원인인 헛된 증후군 때문이라고 주장했다. 바로 지나치게 야심에 차고, 비현실적인 결심이나 계획이 거창하기 때문이라고 한다. 즉 목표와 기대치의 너무 크다는 것이다. 아주 작은 기초적인 사항, 중요한 뼈대와 같은 사소한 부분들을 무시하고, 크고, 거창하고, 핵심적인 것부터 도전하면 바로 당장 효과가 있을 거라는 헛된 망상을 하기 때문에 도전이 매번 실패하는 것이다. 여름철에 멋진 비키니 수영복을 입기 위해 다이어트를 결심하는 순간, 올챙이처럼 볼록 튀어나온 뱃살을 빼겠다고 결심한 순간, 당신은 어떤 계획을 세워봤는가? 그리고 그 계획이 며칠이나 갔는 가? 사실 당신도 왜 도전이 실패하는지 답은 이미 알고 있다.

미국 UCLA 로버트 마우어 교수 그의 책『오늘의 한걸음이 1년 후 나를 바꾼다』에서 인간의 뇌는 갑작스러운 변화를 생존에 대한 위협으로 받아들이기 때문에 갑작스러운 행동이나, 큰 행동의 거부반응을 일으킨 다고 말했다. 이런 뇌의 구조 특성상 "작심 3일"이라는 현상이 나타날 수밖에 없다고 했다.

그래서 목표 달성을 위해서는 뇌가 인지하지 못할 정도로 힘의 크기가 작고, 가볍고, 부담이 없는 일부터 해야지 성공확률이 높아진다고 했다.

오죽하면 작심 3일을 벗어나 '1년 365일 중 작심 3일을 120번만 하면 성공한다'라는 말이 생길 정도이다. 이렇게 실패할 확률이 높은데도 불구하고 매번 도전하는 걸 보면 우리 인간은 언제나 도전하고 싶고, 성장하고 싶은 열망에 가득 차 있다. 그 열망의 갈증을 꽉 막힌 하수구가 뻥 하고 풀리듯이 속 시원하게 그 답을 찾아 행동에 옮겨 보자!

그리고 연말보다는 연초, 월말보다는 월초, 저녁보다는 아침에 우리의 도전 실행 능력이 더 생생해 그 효과가 더 좋은 법이다. 그렇다고 우리가 성장을 위해 날짜, 시간의 흐름을 딱 맞춰 도전하는 건 너무 많은 시간, 체력, 에너지, 기회 낭비다. 우리는 지금 당장 도전에 집중해서, 바로 시작을 시작해야 한다.

사실 1월 1일에 생성된 뜨거운 도전정신이 1달만 유지돼도 최소한 도전이 헛되진 않을 것이다. 1달 이상 지속 그게 참 어렵다.

분명 도전하는 과제들이 성공하면 우리의 삶이 달라지는데, 열에 아홉은 도전 자체를 포기하거나, 주변 사람들에게 실없는 사람으로 낙인될까 봐 도전 자체를 숨기기도 한다. 도전과제를 제대로 끝내지 못하고 중도 포기를 했을 때 감정을 잘 기억해봐라. 이 감정이야말로 자신 스스로가 성장하는데 최대의 적이다. 이게 습관이 되면, 큰일이다. 이제 그 악습관의 터널에서 빠져나올 차례다.

지금부터 우리는 결과에 너무 치우치지 말고, 과정의 마무리를 짓는 연습을 해보자! 정말 도전이 실패한 원인은 절실함이 부족, 의지력 부족, 동기부여 결여 등 많은 이유가 있다. 하지만 이건 이미 나 자신 스스로가 알고 있는 내용이다. 더 근본적인 이유는 '도전이 두렵고, 부담스러워 항상 마무리하는 습관이 없기 때문이다.'

마라톤 42.195㎞를 보통 4시간에 완주한 사람이 중간에 힘이 들어 포기했다. 반면에 보통 6시간 만에 완주한 사람이 우여곡절 끝에 포기하지 않고 8시간 만에 완주했다면 누가 더 성공적인가? 당연히 후자다.

전자는 포기했기 때문에 다음 마라톤 게임 참여가 불투명하지만, 후자는 완주의 승리를 머금고 기록경신을 위해 다시 재도전하게 될 확률이 높다. 이런 상반된 마음이 일상에 녹아내린다면, 우리의 삶의 질도 천지 차이가 나게 된다. 진짜 승자는 최고가 아니라 최선을 다해 끝까지 싸우는 자다.

이렇게 끝까지 마무리하는 습관을 만들게 되면 패배감에 젖게 되는 실패의 감정과 거리가 멀어지게 될 것이다. 이렇게 상반되는 감정의 격차가 클수록 우리는 성장을 하게 된다. 이제 우리는 도전을 무조건 마무리하는 습관을 갖게 된다고 가정을 하고 조금 더 도전이 성공적으로 이뤄지는 방법을 알아보자.

세계적인 행동과학자 선영은 이렇게 말한다. "괜찮아요. 그건 당신 잘 못이 아니에요! 우리가 세운 계획이 매번 실패한 이유, 사실 단순합니다. 과정들이 하나같이 재미가 없거든요!" 대부분이 도전과 실패를 반복하여 자존감이 떨어져 자신감이 없어지고, 심지어 '나는 해도 안 되는구나?' 자괴감이 들기도 한다. 한마디로 재미가 없고 어렵다.

어렵다. 지루하다. 당장 돈이 안 된다. 재미가 없다. 시간 낭비다. 티가 안 난다. 따분하다. 이런 이유 때문이다. 즉 도전하는 과정 자체가 두렵고, 부담스럽다는 뜻이다. 반대로 두렵지 않게, 부담스럽지 않게 하면 된다는 뜻이기도 하다.

지금부터 나는 두려움, 부담의 함축 말을 각인시키기 위해 '두·부'로 명칭 해본다.

두·부를 이제 그만 먹고 가급적 작게 마무리해 보자!

그래서 도전 과정 자체를 아주 작게, 촘촘하게, 미세하게 그리고 측정할 수 있게 잡고 작게 마무리를 해보자. 큰 목표를 이루기 위해서는 작은 목표가 없으면 대부분 실패한다는 것을 알고 있는가?

올해 목표 다이어트 하기(×) → 1달 안에 몸무게 3㎏ 이상 빼기(○)
7월부터 금연하기(×) → 7월 한 달간 금연 달력 이용해서 하루 금연량 절반으로 줄이기.

자 이제부터 도전 과정 자체를 재미있게, 쉽게, 가볍게 어이가 없을 정도로 단순하게 만들어서 바로 행동에 옮겨 작게 마무리하는 습관을 지녀

보자. 두려움, 부담 없이 과정을 만든다면 무조건 몸이 따라 움직이게 될 것이다.

큰 목표: 올여름 비키니 수영복 입고 서핑하기
두·부 있는 목표: 3달 안에 뱃살 둘레 5㎝ 줄이기
두·부 없는 목표: 1주일에 뱃살 둘레 0.3㎝ 줄이기

3달 안에 뱃살 5㎝ 줄이는 건 기간도 길고, 도전과제도 어렵게만 느껴진다. 하지만 1주일에 0.3㎝를 줄이는 건 해볼 만하지 않은가? 참고로 5㎝는 새끼손가락 크기 정도이며, 0.3㎝는 새끼손톱의 1/3 정도 길이다. 지금 당신의 새끼손톱의 1/3을 보면 충분히 가능할 거라 생각이 들 것이다. 순간 이렇게 생각했다면, 축하한다. 뇌가 두·부를 먹지 않겠다는 신호다.

참고로 도전의 최종목표를 크게 잡는 건 좋다. 하지만 도전 과정의 단계는 최대한 작게, 잘게, 쪼개서 뇌가 부담감 없는 범위에서 설정하고, 매 순간, 하나, 둘, 셋에 Just Start다! 바로 빠른 시작이 핵심이다. 중요한 건 모든 순간에 시작과 과정에서도 하나, 둘, 셋에 Just Start다! 그렇지 않으면 안 하게 되고, 하다가 말게 될 확률이 높다. 지금껏 그래왔던 것처럼 말이다.

두·부 없는 다이어트 7일 과정
1일 차: 줄넘기 10회만 해보기
2일 차: 저녁밥 먹고 좋아하는 음악 1곡만 들으면서 걸어보기
3일 차: 잠자기 전에 윗몸일으키기 1개 이상하기
4일 차: 샤워할 때 스쿼트 1번 이상하기

5일 차: 내가 입고 싶은 비키니 알아보기

6일 차: 건물 계단 1층에서 5층 올라가 보기

7일 차: 하얀 쌀밥 대신, 잡곡밥 해서 먹어보기

너무 쉽기도 하고, 재미있기도 하지 않는가? 요일마다 달라지는 가벼운 미션들이 보기만 해도 100% 마무리를 할 수 있다는 게 흥미로운 점이다.

이렇게 7일을 가볍게 보낸 후 다음 7일은 2~3가지를, 그다음 7일은 3~4가지로 늘려 가면서 천천히 강도와 양을 늘려 가라. 초기 14일까지는 힘도 들지 않고, 어렵지도 않아 무조건 하게 되는 상황이 연출 될 것이다.

가장 큰 수확은 매 순간 시작하고 행동할 때마다 하나, 둘, 셋을 외치면 내가 성장하려고 하는 의식이 살아나 일상생활에 활력이 생긴다는 것이다. 최소한의 내 의식이 죽지 않는 것만 해도 내가 한 노력에 비하면 큰 수확이다.

이처럼 도전이 실패하는 진짜 이유는 바로 모든 시작이 두렵고 부담스러웠기 때문이었다. 이제 도전의 밥상에서 두·부는 더 이상 먹지 말고, 무조건 작게 마무리하는 습관을 가져, 큰 목표가 달성될 때까지 끝까지 하나, 둘, 셋으로 매 순간 시작이 쉽고, 빠르게 해보자!

매일 0.1%씩만 강도를 높여도 1달이면 3% 1년이면 36%의 성장이다. 이정도 성장이면 인생의 운명이 무조건 달라지는 수치이다. 하루에 3분 글쓰기가 하루 30분 글쓰기로 변해 1년 후에 작가가 된다면 지금 우린 새로운 3분에 대해서 얼마나 큰 짜릿함을 느껴야 하는가?

결과가 눈앞에 보이지 않아서 힘들어 절대 포기만 하지 마라! 느려도

절대 뒤로 가지 않고 앞으로만 가는 달팽이처럼 마무리하는 습관을 갖는
다면 인생은 반드시 목표지점에 도달할 수밖에 없다.

힘이 들 때 외쳐라, 시작할 때 외쳐라, 하기 싫을 때 외쳐라.

그리고 언제나 시작 앞에 하나, 둘, 셋에 Just Start다!

4 하루 30초

"여러 가지 시작 중에 우리에게 가장 중요한 시작은
하루의 시작이다."

-할 엘로드(미라클클 모닝) 중에서

오늘 당신의 아침 기상 모습은 어떠한가? 기상과 동시에 가장 먼저 하는 행동은 무엇인가? 바로 당신이 아침에 잠에서 깨어서 하는 첫 행동이 당신의 소중한 하루를 대하는 지표가 될 것이다.

필자는 매일 아침 눈을 뜨자마자 하나, 둘, 셋을 외치고 기상을 한다. 그리고 습관적으로 침대에서 벗어나기 전에 윗몸일으키기를 1부터~30까지 세고 30초간 한다. 잠에서 완전히 벗어나는데 30초면 충분한 시간이다. 바로 하루를 준비하는 시간은 고작 30초다.

핵심은 30초 동안 꾸준히 반복해서 하다 보면 그 행위는 무조건 내 것이 된다. 필자 역시 윗몸 일의 키기, 팔 굽혀 펴기를 아침마다 30초 동안 하다 보니 자연적으로 몸이 좋아지게 되는 생활 습관을 지니게 되어 건강한 삶을 유지하고 있다. 동시에 하루의 시작을 조금 더 개운하게 시작할 수 있게 되었다.

이처럼 아주 작은 강도로, 꾸준히 멈추지 않고 하다 보면 나도 모르게 자연적으로 몸에 배는 습관은 어느 순간 우리의 삶에 깊은 곳에 침투에 자신 스스로를 이롭게 한다.

매일 아침 침대에 누워 뒹굴뒹굴하는 시간은 몇 분인가? 당신이 침대에 누워 직립보행을 하는 데 걸리는 시간은 몇 분인가? 밤새 새로운 뉴스가 없는지? 어제 올린 SNS 댓글은 몇 개나 올라왔는지? 어제 하다가 만 게임 이어 하기, 보다가 만 유튜브 시청하기 등 이렇게 눈을 뜨자마자 잠자고 있는 뇌를 갑자기 깨워서 뇌를 피곤하게 하면 하루가 피곤해지기에 십상이다. 잠자고 있는 아이를 갑자기 깨우면 아이가 짜증을 내는 것과 같다. 뇌도 아이처럼 살살 달래면서 조심스럽게 깨워야지 뇌가 말을 잘 듣는 법이다.

30초 동안 나는 매일 다짐한다. '어제보다 나은 오늘이 되자!'

사실 이렇게 30초만 해도 하루를 대하는 태도가 확실히 달라진다. 30초 동안 윗몸 일의 크기, 숫자 30세기, 스트레칭 30초 등 본인이 정말 일어나서 공간 이동 없이 바로 부담 없이 30초 동안 할 수 있는 아주 쉽고, 간단한 내용으로 준비를 해야 한다.

하루에 약 7만 가지의 고민을 하고, 수백 가지 행동을 해야 할 뇌에게 아침 인사는 30초면 충분하다. 아침 기상미션은 횟수에 연연하지 말고 30초 동안 무언가를 반복적으로 하는 게 핵심이다. 혹 침대 밖을 벗어나거나, 30초를 넘기면 오히려 역효과가 있으니 조심하자.

매일 아침 기상미션 30초는 내가 오늘 하루를 준비하는 최소한의 예의이다.

1~2주 정도만 해도 작은 신호가 바로 온다. 지금은 해보지 않아 당장 믿기 어렵겠지만 자신감이 부족한 사람은 자신감이 붙게 될 것이고, 무기력한 사람은 활력이 서서히 붙기 시작할 것이다. 심지어 불안한 심리 상태도 점차 완화되는 효과도 있다.

아침 기상미션은 돈도 들어가지 않고, 시간도 고작 30초 이내이기 때문에 누구나 다 할 수 있다. 최소 1주일 이상만 하면 내 말이 무슨 말인지 이해가 될 테니 꼭 해보기를 바란다. 마치 끊을 수 없는 마약처럼 아침 기상미션이 습관이 된다면 혹 무질서한 당신의 삶도 조금씩 안정감을 찾게 될 것이다.

사실 매일 아침 기상미션 고작 30초도 지켜 내는 것도 누군가에는 어려울 수도 있다. 하지만 걱정하지 마라. 우리는 쉽게 시작하는 방법을 배웠다. 바로 하나, 둘, 셋에 눈을 뜨고 그냥 Just Start 하면 된다.

하루를 정말 진심으로 대하고 싶다면 아침 기상미션은 이제 선택이 아니라 필수이다. 하루는 1,440분이다. 30초 미션은 남은 1,439분 30초를 지키기 위한 최소한의 예의다.

내일부터 하나, 둘, 셋에 눈을 뜨고, 30초만 무언가를 7일간만 해보자!

아침 기상미션 Tip

- 반드시 취침 시간-기상 시간을 정확히 정한다.
- 핸드폰 알람은 다시 울림 없이 1번만 맞춘다.
- 알람이 울리면 하나, 둘, 셋에 침대에서 일어나 앉는다.
- 30초 동안 정해진 임무를 한다.(마음속으로 숫자 1부터~30까지 세보기)
- 하루를 편안하고, 부드럽게 Just start 한다.

5

지켜 내는 힘

"기적이 일어나기 전까지는 절대 포기하지 말라."

-패니 플래그

새로운 도전을 하는 건 지속적인 성장을 하는 것이다. 도전이 멈추면 성장도 멈추게 된다. 그 도전이 멈추지 않게 하려면 시작하는 힘을 반드시 지켜 내야 한다.

뇌는 가만 놔두면 쉽게 굳는 시멘트와 같다. 시멘트가 굳게 되면 시멘트는 더 이상 사용할 수가 없듯이 뇌가 굳게 되면 시작하는 힘을 내기 위해 다시 동기부여를 받아야 하고, 의지력 강화훈련을 통해서 몇 날 며칠 또 힘을 내서 달려야 한다. 그만큼 뇌를 힘들게 하면 심신도 힘들어져 정말 뇌가 제대로 기능을 할 때 제대로 못 할 수도 있다.

콘크리트 보관함이 시멘트가 굳지 않게 24시간 미세하게 돌아가듯 우리의 뇌도 항상 뇌가 잘 인지 못 할 정도로 아주 미세한 강도로 의식이 깨어 있게 해보자. 바로 뇌가 잠자는 시간을 제외하곤 무언가를 행동할 때마다 하나, 둘, 셋 구호를 외치고, 무의식적으로 행동하는 것이다.

너무나 간단하고, 쉬우므로 뇌가 스트레스를 감지할 틈도 없는 게 바로 핵심이다.

갑자기 영어 공부를 한다고 해서 영어책을 꺼내서 하면 몇 분이나 하게 될까? 5분도 안 돼서 핸드폰을 만지고 딴짓을 할 확률이 높다. 핸드폰을 그만 보고 공부를 해야 한다면 바로 하나, 둘, 셋에 핸드폰 전원을 꺼 버리자! 전원이 꺼져있는 사이에 누군가 내 글에 '좋아요'를 누를 것 같은가? 나만 모르는 새로운 뉴스를 남들만 알고 있는 게 싫은가? 공부를 마치고 전원을 켜봐라. 세상은 1도 달라진 게 없을 것이다.

한참 재미있는 TV 프로그램을 보고 있는데 운동을 하기로 한 시간에 알람이 울렸다. 하나, 둘, 셋에 TV 리모컨에 있는 빨간색 버튼을 망설임 틈도 없이 과감하게 눌러 TV 시청을 멈춰야 한다. 하나, 둘, 셋 구호가 없다면, 우린 쉽게 빨간색 버튼을 누르기가 어려워 알람을 끄고, 조금 더 TV 신청을 하게 되고, 결국 운동은 내일부터 시작하는 플랜으로 바뀌게 된다.

오늘 지키지 못한 자신과의 약속을 내일은 지킬 거라는 생각은 자신을 앞으로도 믿지 못하겠다는 자기 자신에 대한 연속된 부정이다.

하기 싫은 운동을 하기 위해 집 밖으로 나갈 때, 헬스장에 도착해서 힘든 복근운동을 할까? 말까? 고민할 때, 자신에게 조금 버거운 프로젝트를 시작할 때. 길을 헤매다가 방황을 할 때도, 하나, 둘, 셋하고 옆 사람에게 물어봐라. 한마디로 모든 실행의 순간 앞에 하나, 둘, 셋에 그냥 Just Start 해보자는 것이다. 그럼 무조건 상황은 직전보다 무조건 더 좋아지거나, 더 많은 선택지가 펼쳐질 것이다.

바로 하나, 둘, 셋에 힘을 주고 그냥 Just Start 해라! 이게 바로 시작의 힘을 지켜 내는 진짜 힘이다.

이로써 우리는 무언가 기회가 왔을 때 제대로 시작을 할 수가 있고, 끝까지 유지할 수가 있다.

인생을 살다 보면 3번의 기회가 온다고 하는데, 사실 아직 기회가 한번도 없는 사람은 안 온 게 아니라, 왔는데 놓쳐버린 건 아닌지 생각을 해볼 필요가 있다. 그래서 하나, 둘, 셋 구호가 시작을 쉽게 하게 하고, 끝까지 시작의 힘을 지켜내면 인생에서 놓쳐버린 기회도 다시 잡을 수 있게 될 것이다. 지금 우리에게 필요한 건 딱 2가지다. 시작하는 힘과 그 힘을 지켜 내는 힘이다.

매 순간 시작을 할 때마다 하나, 둘, 셋 구호를 외치는 건, 마치 고요한 연못에 작은 돌멩이가 잔물결을 일으켜 큰 파동을 일으키는 것과 같다. 처음에는 눈앞에 효과가 크게 나타나지 않지만, 시간이 갈수록 하나, 둘, 셋의 시작의 효과는 당신이 세상에 어떤 도전도 멋지게 해내는 단단한 심장을 갖게 해줄 것이다. 지금, 이 순간부터 무조건 달라질 그거라 생각하고 시작의 구호를 꾸준히 외쳐보자.

지금은 비록 작고 희미한 불빛으로 점화를 하지만, 결국 엄청난 섬광 불빛이 되어 당신의 미래를 훤히 밝혀줄 것이다.

꾸준히 외치다 보면 자신을 믿게 되는 자신과 마주치게 될 것이다.

6

마음 감정 리셋

"걱정을 해서 걱정이 없어지면 걱정이 없겠네."

-티베트 속담

글을 쓰다가 갑자기 색연필이 툭 하고 부러졌다. 평상시와 같다면 '오늘 안 좋은 일이 생기려나' 하고 마음이 불안해했겠지만, 의외로 차분했다. 색연필을 잡은 손에 힘이 들어갔지만 내 마음에는 힘이 들어가지 않았다. 색연필이 부러지자마자 바로 하나, 둘, 셋을 외치고 순간의 상황을 리셋 했기 때문이다.

뇌가 불안한 마음을 인지하기 전에 하나, 둘, 셋 구호를 외친 것이다.

이렇게 상황이 급변할 때마다 뇌가 불안한 마음의 감정을 눈치채지 못하게 하나, 둘, 셋 구호를 바로 외치면 불안한 마음이 생기는 걸 순식간에 차단하는 효과가 있다. 믿기 어려우면 이제 스스로 해볼 차례다.

혹 직전의 마음이 혹시 불안한 마음이 있었는가? 지금은 어떠한가? 책을 보고 있다면 조금은 안정이 됐겠지만, 아직도 그 마음이 당신을 괴롭히고 있지는 않은가? 혹 수십 분 내에 불안한 감정이 들 때 바로 하나, 둘, 셋을 외치고 마음 감정 리셋을 해보자! 갑작스러운 상황에 하나, 둘,

셋 구호를 외치기 어렵겠지만 해보려고 의식을 해보자.

모든 게 한 번이 가장 어렵고, 두 번은 정말 쉬운 법이다.

우리는 이처럼 마음의 감정을 스스로 통제해야 한다. 그렇지 않으면 누군가에게 통제를 당하게 되거나, 감정조절이 되지 않아 실천으로 가지 못하고 쉽게 포기하게 된다. 즉 자신의 마음 감정을 통제하는 힘이 클수록 스스로가 원하는 삶을 살 수 있는 확률이 높다는 뜻이다.

원하는 삶을 살기 위해서는 어떤 변화해도 흔들리지 않고 지금 내가 해야 할 일을 하기 위해서 마음의 평정심 유지가 정말 중요하다. 평정심을 깨트리는 건 바로 두렵고, 불안한 마음 때문이다. 이 좋지 못한 마음의 감정을 잠재우는 게 바로 관건이다. 그렇다면 하루에도 수십 번, 수백 번 변하는 마음의 감정을 과연 스스로가 통제할 수가 있을까?

고대철학자 소크라테스, 플라톤, 아리스토텔레스의 관심은 세계의 만물의 본질과 인간에 관심을 가졌다. 이후 그리스와 로마 시대를 거치면서 현실의 삶에 필요한 구체적인 행동 지침이 필요했고 그것을 제시한 자들이 스토아 철학자들이다.

급변하는 현대사회를 잘 살기 위해서는 우리는 스토아 철학에 관심을 가져야 한다. 그들은 인생을 통제할 수 있는 것과 통제 할 수 없는 것으로 나눴다. 통제가 가능한 건 내적 요소인 마음, 태도, 습관이고 통제할 수 없는 건 외적 요소인 남들의 말과 행동, 자연재해, 사고, 죽음이라고 했다.

그들은 우리가 인생에서 통제할 수 있는 건 바로 자기 자신밖에 없다고 주장한다. 한마디로 고대철학자들처럼 글만 잘 쓰고, 말만 번지르르한 철학자들과 달리 스토아 철학자들은 '어떻게 살 것인가, 행복한 삶을 결정하는 건 무엇인가? 한 번뿐인 삶을 어떻게 살아갈 것인가?' 대한 핵심 질문을 던져, 일상에 바로 적용할 수 있는 삶의 기술을 이야기했다.

미국 실리콘밸리의 철학 멘토로 불리는 책 『스토아 수업』의 저자 라이언 홀리데이는 스토아 철학이 우리 시대에 딱 맞는 실용적 철학이라고 주장한다. 그는 일상을 바꾸지 못하는 철학은 철학이 아니라고 했다. 최근 세계 유수의 CEO들이 2천 년 전 시작된 스토아 철학에 열광하는 이유가 바로 이 때문이다.

지금 우리는 과거와 현재, 미래 이렇게 3가지 상황이 공존하고 항상 머릿속으로 반복적인 사고를 한다. 지금 우리는 현재 상황에 집중을 대부분 못하고 과거에 집착하고, 미래에 불안함을 느끼면서 살아가고 있다.

삶이 윤택해지기 위해서는 우리는 현재에 집중해야 한다. 즉 현재 마음소리를 항상 듣고 마음의 감정을 리셋 해서 평정심을 유지해야 한다.

사실 마음의 평정심을 유지하려는 방법은 무궁무진하다. 붓글씨 쓰기, 기도하기, 요가하기, 명상하기, 복식 호흡하기, 책 읽기, 신앙 생활하기, 성경 읽기, 염불 외우기, 악필 교정하기 등 하지만 행위를 하고 나서 몇 시간만 지나도 상황에 급변하는 나의 불안한 마음의 감정은 마치 하루만 살다가 죽어가는 하루살이 인생처럼 조용히 사멸되고 만다.

그래서 마음의 평정심이 소멸되면 우리는 이와 같은 평정심 유지하기 훈련을 찾게 된다. 하지만 무언가 나 자신의 감정조절 능력 없이 물리적인 환경에 매번 의존하는 건 무질서하고 복잡한 현대사회를 살아가기엔 시간상으로, 경제적으로, 의지력으로도 한계가 있다. 우리는 바로 매 순간 하나, 둘, 셋을 외치면서 그 엄청난 한계의 벽 앞에 무릎을 꿇지 말고 작은 구멍을 내어 벽이 서서히 무너지게 해야 한다.

우리 한 사람의 미래는 온전히 혼자다. 부모도 자식의 인생을 대신해서 살 순 없다. 결국, 스스로가 힘을 만들어 내, 자생적으로 마음의 감정을 다스려야지 진짜 자신을 위한 삶이고, 어떤 역경과 고난이 와도 버틸 수 있게 된다.

이 말을 기억하자, 배가 고픈 사람에게 생선 대신, 물고기 낚는 방법을 알려줘라!

이제 아름다운 인생을 살기 위해서 스스로가 평정심을 유지해 보자!

색연필이 부러져 불길한 징조가 예상되기 전에 하나, 둘, 셋하고 바로 연필을 깎아보자, 어젯밤 꿈자리가 좋지 않아 오늘 하루가 불길한 생각이 들어 마음이 심란한가? 하나, 둘, 셋을 하고 그 꿈은 개꿈이고 꿈은 반대야 하고 마음의 감정을 리셋 해보자. 정리를 순식간에 해버려라! 예상치 못한 신용카드값에 마음이 심란한가? 하나, 둘, 셋하고 오늘부터 체크카드만 사용하기로 다짐하고 마무리하자. 시험에 떨어져 지금까지 투자한 시간과 열정이 너무 억울한가, 힘들겠지만, 하나, 둘, 셋을 반복하고 길을 걸어 가봐라, 당신의 시간과 열정이 헛되지 않음을 바로 스스로가 깨닫게 되고 앞으로 내가 해야 할 일이 무엇인지 알게 될 것이다.

이처럼 하나, 둘, 셋 구호를 내고 마음 감정 리셋을 하면 불안한 마음은 사라지고, 공허한 마음은 줄어들고, 좋지 못한 감정들이 희미해지게 된다. 느끼지 않아도 될 감정들은 이제 더 이상 느끼지 않아야 한다.

반대로 마음 감정 리셋을 하지 않고 내버려 두면 이런 마음들은 점점 강해지고, 얽매이게 되고, 당신들의 마음을 괴롭게 하게 된다. 부부싸움은 칼로 물 베기라고 했지만, 부부 중 한 사람이라도 마음 감정 리셋을 못해 좋지 못한 감정이 깊어지면 최악의 결말을 만들어 내기도 한다. 그래서 순간의 감정조절 능력은 정말 중요하다. 그래서 매 순간 하나, 둘, 셋을 외치고 마음 감정 리셋을 하라는 것이다.

이렇게 하나, 둘, 셋 구호를 묵묵히 외치면서 마음 리셋을 한다는 건 세상의 온갖 도발, 유혹에서도 절대 휘둘리지 않겠다는 자신 내면과의 강한 다짐이다.

강한 다짐으로 이미 일어나는 일에 대해서는 더 이상 집착하지 않고, 앞으로 내가 해야 하는 일이 무엇인지? 그 일을 위해 어떻게 하면 집중을 할 것인지?에 대해서만 생각을 하게 된다. 이게 바로 우리가 올바르게 성장하는 진짜 방법이다.

지금부터 상황이 급변할 때 언제 어디서든, 하나, 둘 셋의 마음 감정 리셋을 해보라! 2주면 효과가 있고, 3~4주면 큰 변화가 있을 것이다. 꼭 해봐라.

7

버리는 연습

"버리고 비우는 일은 결코 소극적인 삶이 아니라,
지혜로운 삶의 선택이다.
버리고 비우지 않고는 새것이 들어설 수 없다.
공간이나 여백은 그저 비어 있는 것이 아니라
그 공간과 여백이 본질과 실상을
떠받쳐 주고 있다."

-법정스님

　　삶을 변화하기 위해서는 새로운 도전이 필요하다. 하지만 우린 행동에 옮기는 게 참 어렵다. 당신이 기분이 안 나서? 준비가 안 돼서? 시간이 없어서 망설이고 있다면 작년에도, 올해도, 내년에도 당신의 삶은 변화는 없을 것이다. 이제 연말연시를 알리는 보신각 종소리에 아쉬움 대신 환호성을 질러볼 차례다.

　　환호성을 지르기 위해서는 지금 당신의 못마땅한 모습들을 과감하게 버려야 한다. 채우기 위해서는 무언가를 반드시 비워야 한다. 유통기간이 지나 먹지도 못하고 처리 못 한 음식들 때문에 신선한 음식들이 냉장고 속으로 들어갈 자리가 없다면 안 된다. 이처럼 당신이 성장하기 위해서는 성장을 방해하는 좋지 못한 행동, 나쁜 습관, 삶의 악순환을 과감하게 버리고 그 자리에 삶의 질을 높여주는 좋은 습관과 행동으로 채워야 한다.

오늘 할 일을 항상 미루는 습관을 버리지 못하면, 당장 오늘 해야 할 일을 어제의 미룬 일 때문에 오늘 해야 할 일을 허둥지둥 보낼 게 뻔하다.

결국, 미흡한 일 처리로 누군가에게 우리는 질책, 비난을 받거나, 스스로가 그 책임을 덮어두고, 다시 새로운 내일이 아무렇지도 않게 맞이하게 될 것이다.

이런 악순환의 늪에서 허우적거리는 당신을 혹시 지금 봤는가? 이제 그만 힘들어하는 당신을 놓아주고, 새로운 나를 만나보자!

열등감에 사로잡혀 익숙해진 자신을 버리고 싶은가?
아스팔트에 붙은 껌딱지처럼 쓸모없는 자존심을 버리고 싶은가?
실패감에 물들어 도전 자체를 포기하는 자신이 이제 밉지도 않은가?
누구는 생각대로 되는데, 왜 나는 내 생각대로 되지 않는 걸까?

태어나서 무려 20년간을 배워 대학을 가거나, 심지어 취업과 동시에 은퇴 준비를 한다. 누군가에게는 취업해서, 결혼하고 아이를 낳고 평범한 가정을 꾸리는 건 먼 미래일 것이다. 100세 시대 20년간 직장생활을 하고 은퇴를 해서 40년간을 버텨야 한다.

삶을 살아가면서 우리는 나이에 맞게 봉착하는 수많은 도전의 과제들 앞에서 매 순간 혈투를 하고 있다. 싸움에서 누군가는 승리하고, 누군가는 실패한다.

한 번밖에 없는 소중한 인생 앞에서 쉽게 무릎을 꿇지 말고 승자가 되어보자!

중요한 건 좋지 못한 악습관, 생활 패턴 등을 그대로 내버려 두고 새로운 도전과 실패를 반복하는 거다. 기억하자 새로운 삶을 살기 위해서는 그 삶이 충분히 들어갈 공간 확보를 해야 한다.

우리의 뇌의 무게는 1.5㎏ 정도다. 이미 나쁜 생각, 습관이 1㎏ 이상 차지하고 있다면 아무리 노력을 해도 새로운 좋은 생각, 습관 1㎏은 더 이상 생성이 되기엔 역부족이다. 최대한 좋은 습관, 핵심습관을 만들고 싶다면 그 힘의 무게만큼 공간 확보는 필수임을 명심하자!

지금, 이 순간부터 변하고 싶다면 기존의 나약하고, 못된 악습관을 단칼에 무가 잘려나가듯이 과감하게 버려야 하는 습관이 필요하다.

이제부터 현재의 악습관을 과감하게 줄이고, 버리는 연습을 할 때마다 매 순간 하나, 둘, 셋 구호를 외쳐보자. 당신의 의지력과 열정이 식지 않게 유지해 연말연시 보신각의 종소리를 듣고 달라진 모습에 크게 환호성을 질러볼 차례다.

이제 나약한 나를 버리고, 생동감 있는 나를 만나자.
이제 초점 없는 나를 버리고, 자신감 있는 나를 만나자.
이제 자존심이 센 나를 버리고 자존감이 높은 나를 만나자.
이제 불안에 찬 나를 버리고 희망에 찬 나를 만나자.
이제 악습관을 버리고, 핵심습관을 만들어 최고의 나를 만나자.

지금 당신이 가지고 있는 악습관은 무엇인가? 버리고 싶은 습관은 무엇인가? 하나, 둘, 셋 딱 3가지만 적어보자! Just Start!

하나 _____
_____
_____

둘 _____
_____
_____

셋 _____
_____
_____
_____

하나, 둘, 셋 악습관 버리기

8

나를 바꾸기

> "인생에서 실패한 사람의 대부분은 성공이 눈앞에
> 왔는데도 모르고 포기한 사람들이다."
>
> -토마스 에디슨

지금 새로운 목표가 있는가? 아니면 찾고 있는가? 아니면 목표 자체에 관심이 하나도 없는가?

지금 마지막에 질문에 YES라면 그건 사실이 아닐 확률이 꽤 높다. 지금 이 책을 보고 있는 자체만으로도 새로운 목표를 찾기 위한 행동이기 때문이다. 우리가 손가락 하나를 구부리기 위해서도 수많은 명령과 관절들 사이에 신호가 있듯이 모든 건 사소하게라도 링크가 되어있다. 완전히 제로는 없다는 것이다.

단, 목표가 정말 없는 게 목표가 되면 정말 큰 일이다. 제발 한번 밖에 주어지지 않는 소중한 인생에게 이러지는 말자!

설령 목표가 없다면 다시 희망의 심지를 가슴에 깊게 품고 새로운 목표를 찾아 끝을 반드시 내보자. 산꼭대기에 정상에 오르면 힘들게 올라온 여정은 생각도 나지 않고 정상에 올라 이마에 맺힌 땀방울 씻겨주는 시원한 바람 속에 멋진 경치만 보게 된다. 이처럼 정상에 오르는 사람만 정상의 기분을 느낄 수가 있는 법이다.

목표는 지금 상황에서 시간을 투자하고, 행동을 플러스해서 얻어내야 하는 과정이다. 하기 싫은 것도, 어려운 것도, 힘들어도 해내야지만 목표를 이룰 수가 있다. 적은 노력으로 목표를 이루다 보니 만족감도 떨어지고, 중간에 지쳐서 포기하게 된다. 결국, '나는 안 되는구나' 하고 스스로를 과소평가하고, '역시 너니깐 해낼 줄 알았어!' 하고 경쟁자를 과대평가하게 된다. 참 이럴 땐 인정의 속도가 빠르다. 이젠 당신의 잠재된 능력을 꺼내어, 개발해서 스스로를 과대평가를 해볼 차례다. 언제까지 상대방에게 박수만 칠 것인가?

이젠 박수를 무조건 받을 차례다. 여러 번 박수를 받다 보면 어느 순간 나를 위한 환호성이 들릴 것이다. 그 소리가 들릴 때까지 우리는 절대 포기하지 말고 매 순간 하나, 둘, 셋으로 항상 평온함 속에 긴장감을 유지해 반드시 승리의 환호성을 질러야 한다.

전쟁터에서 승리하는 군대는 먼저 승리할 기반을 갖춰 놓은 뒤 전쟁을 벌이지만, 패하는 군대는 일단 전쟁을 일으키고 이길 방도를 찾는다. 코로나19 시대에 세상이 멈춰 섰고, 이제 곧 급변화할 시기가 돌아온다. 승자가 되어 승리의 기쁨을 느낄 수 있기를 바래본다. 아니 세상은 지금 이 순간도 급 변화 중일 것이다.

지금 두 눈을 크게 번쩍 뜨고 똑바로 움직이지 않으면 범접할 수 없는 복잡한 세상의 무질서함에 아무 힘도 못 써보고 약자가 되어 강자에게 길들여지게 될 것이다. 아직 늦지 않았다. 하나, 둘, 셋 지금, 이 순간부터 다시 힘을 내보자. 지금 세상 곳곳에서 총성 없는 전쟁이 시작되고 있다.

정말 지금의 나를 바꾸고 싶다면 3가지 질문에 명확하게 답을 해보자!

① 언제 어떻게 시작할 것인가?
두·부만 먹지 말고, 바로 지금이다

다이어트를 결심했다. 다음 주부터 하겠다. 오늘 저녁까지만 먹고 하겠다. 과연 지켜지는가?

시작은 두·부 때문에 어렵다. 이제 더 이상 두·부를 먹지 말고 결심한 순간 하나, 둘, 셋을 외치고 시작을 해보자. 다이어트를 결심한 저녁 식사 시간에 밥을 절반만 먹자가 아니라 밥 담는 용기를 유아용 식판으로 바꿔라. 영어회화가 목표라면, 학원 수강부터 하지 말고 우선순위 기초 영어단어부터 마스터 하자.

기초 영어단어 마스터 없이 유료강의를 신청하는 건 밑 빠진 독에 물을 붓는 것과 같은 행동이다. 한마디로 돈 낭비, 시간 낭비다. 멍청한 동기부여의 섣부른 행동에 불과하다. 최대한 시작의 강도를 아주 작게, 사소하게, 쉽게 생각하고 시작은 무조건 결심한 순간 바로 Just Start 해보자! 이렇게 하면 더 이상 두·부를 경험하지 않게 될 것이다. 최대한 시작은 쪼갤 수 있는 데까지 더 쪼개라, 점이 모여 선이 되고, 선이 모여 면이 된다.

언제나 모든 시작의 어려운 이유는 두·부스럽기 때문이다. 이제 시작의 순간에 두·부의 감정이 들기 전에 하나, 둘, 셋에 바로 시작을 Just Start 해보자!

시작의 타이밍은 바로 내일이 아니라, 바로 오늘이다. 아니 지금이다.

② 어떤 방법으로 해낼 것인가?
박수를 부르는 나만의 성공루틴

영어 회화가 목표라고 준비도 없이 슈퍼세일 때 1년짜리 강의를 신청한 적이 있는가? 일정 기간 출석을 하고, 수강하면 100% 환급을 받는 매력적인 마케팅에 우리의 의지력은 비참하게 실패를 하게 된다. 또한, 필자의 지인은 헬스장을 1년을 끊고 1주일도 못 가고 나머지 355일은 그냥 사용도 못 하고 유효기간이 만료가 되었다. 1년이 아무리 금액이 싸도, 3개월~6개월 단위로 등록을 하는 게 나을 뻔했다. 결국 돈을 아끼려다가, 돈을 더 낭비한 셈이다.

분명 시작 전에는 나를 믿었지만, 결국 수많은 핑계와 자기합리화로 자신의 믿음을 버리게 된다. 생각해보면 이런, 행동도 한두 번이 아닐 것이다. 이제부터라도 이렇게 비생산적인 행동이 절대 반복되지 않게 해야 한다. 이런 반복이 습관이 되면 바로 돈을 쓰는 게 아니라 돈을 낭비하는 것이다.

시작할 때도 "무조건하면 된다" 식으로 불도저처럼 도전의 강도를 무리하게 높게 책정해서 하지 말아라. 운이 좋아서 순간 결과가 좋을 수도 있지만, 대부분 시작이 반이라는 말처럼 반도 못 가서 멈추게 된다. 도전 과제를 멈춤으로써 오히려 나의 의지력을 강화하려는 훈련이 나의 의지력을 고갈을 시켜버리기도 한다.

삶의 루틴이 있는 사람과 없는 사람은 새로운 도전과제에 대해서 받아들이는 강도에 따라 삶의 방식과 도전과제에 대한 해결 능력도 천지 차이이다. 루틴 없이 살아가는 삶은 정해진 시간 없이 배가 고프면 밥을 먹고, 잠이 오면 잠을 잔다. 그리고 시간에 얽매여 일을 하고 나머지 시간은 자유롭게 휴식을 마음대로 취한다. 한마디로 그들은 시간이 많은데도 불구하고 도전과제가 시간이 없어서 무언가를 제대로 못 한다고 매번 습관처럼 거짓말을 하고 있다.

반면에 루틴이 있는 삶은 정해진 시간과 공간 즉 일정한 삶의 프레임 속에서 생활 방식이 마치 기계처럼 자동화되어 움직이는 삶이다. 한마디로 이들은 시간을 다스릴 줄 아는 능력을 매일 업그레이드 하면서 하루 24시간도 부족함을 느끼며 내일이 항상 기대되고, 설레는 삶을 살아가고 있다.

이렇게 루틴이 있는 삶은 생체 시계가 기계처럼 반복적으로 돌아가기 때문에 삶의 속도가 일정하게 흘러 점차적으로 강해지고, 날카로워져 삶 자체가 단단해지게 된다. 바로 그들은 날마다 조금씩 성장해 나아가는 방법을 알고 있다는 뜻이다.

시작은 좋았지만, 방법이 영리하지 못하면, 마무리가 자연스럽게 되지 않는다.

이 영리한 방법을 3장에서 소개를 하겠다. 무조건 따라만 하면 루틴이 있는 삶을 살게 될 것이다. 참고로 책을 읽을 시간이 없다면 3장부터 먼저 봐도 좋다. 일단, 새로운 목표 달성을 위해서 아래 3가지 사항을 적어보자!

① 환경

→ 새로운 도전의 과제를 위해서 환경을 어떻게 바꿀 생각인가?

_____

_____

② 새로운 사람

  → 도전과제 중 나에 도전을 알리고, 도전에 멘토가 되어줄 사람은?

  _____

  _____

③ 시간 관리

  → 24시간 중 온전히 나를 위한 시간은 몇 시간? 시간을 다스려라!

  _____

  _____

③ 어떻게 해서 끝을 낼 것인가?
   마법의 주문 하나, 둘, 셋

끝은 새로운 도전의 또 다른 시작이다. 혹 결과가 만족스럽지 못해도 마무리를 했다면 이건 나에게 또 다른 시작을 알리는 성장의 메시지임이 틀림없다.

반대로 결승점에 다 도달해서 포기한다면 그 시작 자체가 나에겐 흑역사가 되고, 더는 새로운 시작을 할 수 없는 깊은 구렁텅이로 빠지게 된다. 그래서 무조건 '시작하면 끝을 봐야 한다'라는 말이 생긴 거다.

새로운 도전과제를 마주 할 때면 힘들고, 어려워서 중간에 포기하고 싶은 순간들이 수없이 찾아올 것이다. 이런 감정이 들지 않게, 매 순간 하나, 둘, 셋 구호를 외치면서 순간의 부정적 감정이 내면에 들어오지 않게 하는 게 포인트다. 뇌가 최대한 하기 싫은 감정을 느끼지 않게 해야 한다.

운동하는 도중에도 힘이 들 때 하나, 둘, 셋을 반복적으로 외쳐봐라! 공부하다가 그만하고 싶다는 순간이 들 때 하나, 둘, 셋을 외쳐봐라, 생각 없이 그냥 외치다 보면 마치 마법의 주문이 효력을 발휘하는 것처럼 순간의 하기 싫은 감정이 하나, 둘, 셋 구호의 반복 다짐으로 인하여 리셋이 되어 시작의 끝을 경험하게 될 것이다. 이게 바로 끝을 내는 저력이다! 실제로 경험을 해보면 신비롭다는 생각이 들 것이다.

이렇게 모든 시작은 쉽고, 빠르게, 영리한 방법으로 꾸준히 하나, 둘, 셋 소리를 내면서 시작과 끝을 반드시 마무리를 꼭 해서 지금의 자신을 더 멋지게 바꿔보자.

달리는 기차가 기계 오작동으로 잠시 철로에 멈출 순 있어도 그 기차에서는 절대 내려선 안 된다. 반드시 그 기차는 목적지에 도착하면 그때 내려야 한다.

제2장

이해하고, 공감하기

하나, 둘, 셋 Just Start!

인생의 포인트를 꾸준히 적립하고,
당장 효과도 없는 비타민을 먹어라!
지금부터 아름다운 인생을 살기 위해 팔 벌려 뛰기
한 개부터 시작을 해야 한다. 내일의 목표는 두 개가 되어야 한다.
그리고 기억해라 습관이 멈추면 삶도, 인생도 멈춘다.

1

인생의 포인트는
왜 적립을 안 하는가?

"한 번에 바다를 만들려고 해서는 안 된다.
우선 작은 강물부터 만들어야 한다."

-유대 격언

아내의 39번째의 생일이었다. 그래서 무언가 해줄 수 있다는 생각에 기분 좋은 발걸음으로 마트를 향했다. 신선한 미역과, 소고기를 사고 계산대에서 차례를 기다렸다. 그 어느 때와 비슷하게 많은 사람이 물건을 사고 결제를 하면서 포인트 적립을 하고 있었다. 물론 필자 역시 포인트 적립을 지금까지 남들처럼 해왔다. 오늘도 어김없이 포인트 적립을 하였다. 그러다 곰곰이 생각해보았다. 왜 사람들은 대형마트에서 돈도 별로 안 되는 포인트는 적립하면서, 왜 인생에서 도움이 되는 습관들은 적립을 할 생각을 하지 않을까?

하나, 둘, 셋 당신도 인생의 포인트를 적립해 퀀텀 점프를 해보자.

평범한 일상 중 어느 날 1시간 달리기나 헬스를 하고 나서 땀이 난 상태로 엘리베이터를 기다리는 데 시간이 너무 오래 걸려 하나, 둘, 셋하고 계단을 올라가기 시작한 게 이제 습관이 되어서 날마다 30층 계단을 오르고 있다. 마지막 30층은 나에겐 산 정상과 다름없을 정도로 온몸에 땀이 범벅이지만, 그 쾌감은 이루 말할 수가 없다.

산 정상에서 비가 내리듯 흐르는 뜨거운 땀방울은 오늘 하루 필자가 쌓아 올린 하루의 피로감과 몸속에 쌓인 노폐물을 한 방에 날려 버린 해독제이며 내일의 압박감을 미리 이겨낼 수 있는 비타민 같은 땀방울이다. 이런 이유 때문에 필자는 30층 계단 오르기를 끊을 수 없는 마약처럼 중독이 되어 버렸다.

즉 처음에 3층 계단을 오르는 나와, 30일 차에 30층 계단을 오르는 나는 결국 다른 사람이 아니라 같은 나다. 필자가 한꺼번에 30층 계단을 쉽게 매일 오를 수가 있는 이유는 첫째 날부터 욕심을 부리지 않고 날마다 1층씩만 추가하여 올라갔기 때문이다. 더 이상의 이유는 없다. 이게 전부다. 역시나 가장 어려운 건 계단 앞까지 가는 나를 만나는 것이다.

사실 30층을 가기 위해서는 엘리베이터를 타기만 하면 끝이다. 지금 우리의 목적은 30층 도달이 아닌 30층 계단을 가기 위한 매 순간 시작의 힘과 그 과정을 지켜 내면서 성장통을 체험하는 것이다. 체험 속 삶의 현장이라는 말이 익숙하지 않은가? 삶은 이처럼 가슴으로만 느끼는 게 아니라, 삶 속에서 몸으로 천천히 한 계단, 한 계단 계단을 올라가듯이 강도를 천천히 느껴가면서 안전하게 점진적으로 최고점에 도달해야 한다.

이처럼 강력한 힘은 바로 나오는 게 아니라, 작은 힘들이 차곡차곡 쌓여 어느 순간 강력한 힘을 발휘하는 것이다. 게임에서도 한 개의 아이템으로 적을 대하는 것보다는 3개의 아이템을 모아 적을 공격을 하면 쉽게 적을 이길 수가 있다.

아파트에 살고 있다면 이 실험을 오늘 당장 하나, 둘, 셋을 외치며 해보

자. 혹 아파트에 살고 있지 않다고 안 해볼 것인가? 상가 건물이라도 꼭 도전해보자! 집 근처 5층에 위치한 피자가게에서 엘리베이터가 고장이나 엘리베이터 대신 계단을 이용하면 반값에 피자를 판매한다면 그래도 안 갈 것인가? 한 번쯤은 이유 없이, 조건 없이, 대가 없이, 그냥 해보는 것도 힘든 하루를 살아가는 데 있어서 스스로의 마음의 여유를 불러일으키기엔 충분할 것이다.

하루에도 수차례 맞이하는 엘리베이터 앞에서 이제 더는 머뭇거리지 말고 하나, 둘, 셋에 당신의 발걸음을 엘리베이터 대신 계단으로 움직여보자! 돈을 주고도 해결하지 못한 답을 계단을 오르면서 찾게 되는 행운을 경험할 차례다.

한 권의 양서도 홀로 있을 때는 아무런 의미가 없다. 바로 수백 개의 쉼표와 마침표가 있어야지 비로소 완성된다. 우리의 인생도 0.1%의 노력과 도전이 너무 때로는 시시하고, 너무 우스워서, 당장 성취한 게 없다고, 실망하거나, 낙담하거나, 조급해하지 말자! 새싹이 땅속 깊이 천천히 뿌리를 내려 강한 비바람에도 흔들리지 않듯이 우리 인생도 천천히 깊숙이 뿌리를 내는 과정이라 생각을 하고 인내와 숙고의 시간을 가져야 한다.

참고로 0.1% 시작의 기준점의 강도는 사람마다 다르다. 기준은 어제와 오늘 당신이 행하고 있는 삶의 강도가 기준점이 되고, 그 기준점에서 0.1% 강도를 플러스해서 차곡차곡 적립해 나아가는 것이 핵심이다. 그러다 보면 이제 당신의 경쟁상대는 타인이 아니라 어제의 당신이 될 것이다!

이처럼 1년간 36%를 성장하는 건 사실상 불가능해 보이지만 최소단위 0.1%씩만 적립을 한다면 가능하다. 마트의 적립 포인트처럼 내 인생의 포인트도 0.1%씩 장시간 적립을 한다면 1년 후에는 엄청난 인생의 성공 마일리지가 쌓일 것이다.

당신은 지금 인생의 포인트를 적립하고 있나요?
지금 적립률이 어떻게 되시나요?

　1달을 기준 3%씩만 성장의 기준을 잡고 아직 시작 전이라면 면 하루에 한계 단층만 오르듯이 지금 당장 0.1%씩만 적립해보자. 윗몸일으키기를 오늘은 1개, 내일은 2개를, 어제 영어 공부를 10분 했다면 오늘은 11분을, 헬스장 30분 버티기가 목표라면 날마다 1분씩 더 있어 보기 등 일상에서 쉽게 찾아서 해보자.
　우리가 지금보다 더 나은 삶을 살고 싶다면 끊임없이 시작과 도전을 하는 삶을 습관처럼 살아야 한다. 이 원리는 뇌가 무언가를 멈추고 싶을 때의 속도보다 시작하는 속도가 더 빠르기 때문에 가능하다. 당신의 인생에서 힘찬 퀀텀 점프를 위해 언제나 시작을 알리는 알람을 울려라. 바로 삶의 시작과 도전이 멈추지 않게 매 순간 하나, 둘,셋에 Just Start 하는 삶이다.

미션

- 오늘부터 한 계단층씩 올라가 보자.
- 오늘부터 한 줄씩 감정을 추가해서 매일 일기를 써보자.
- 오늘부터 하루에 한 개씩 팔 굽혀 펴기를 해보자.
- 오늘부터 하루에 한 장씩 책을 더 읽어 보자.
- 오늘부터 걷기운동을 1분씩 더 해보자.
- 오늘부터 1분씩 더 일찍 일어나보자.
▶ 한 달에 3%씩 성장을 목표로 강도를 하루에 0.1%씩만 주는 걸
　잊지 말자!

2
비타민을 먹는
진짜 이유?

"습관은 나무껍질에 새겨놓은 문자 같아서
그 나무가 자라남에 따라 확대된다."

-새뮤얼 스마일스

오늘도 나는 눈을 뜨고 하나, 둘, 셋을 외치고, 아침에 일어나서 30초 동안 윗몸일으키기를 하고, 올챙이처럼 볼록 튀어나온 꼴 보기 싫은 뱃살을 줄이기 위해 지방이 쌓이는 걸 막아주는 ABC 해독 주스를 두 달째 먹고 있다. 참고로 ABC 해독주스에 A는 Apple, B는 Beetroot, C는 Carrot의 약자이다.

순간 '효과도 없는 걸 왜 자꾸 먹고 있지'라는 생각이 들었지만, 아주 작은 습관들이 시간이 지나면 결국 좋은 습관이 된다는 사실을 알고 있기 때문에 나는 당장 효과도 없어 보이는 ABC 해독주스를 먹고 있었다.

습관 형성이 강한 믿음과 확신으로 마음속에 뿌리내리면 확실한 효과가 있다는 걸 경험했기 때문이다.

최근 나는 40대를 넘어가면서 운동을 나름 한다고 하는데도 근육량이 줄어드는 게 보이고, 가끔 술을 마신 다음 날도 쉽게 해장이 되지 않아 숙취가 잘 풀리지 않았다.

체력이 국력이라고 하지 않았는가? 건강한 체력 속에 건강한 생각이 나오는 법이다. 그래서 나의 관심사는 TV 속 버라이어티가 아닌 건강 습관 만들기 프로젝트에서 채널 고정을 하고 있었다.

당장 효과는 없지만 눈, 관절염, 면역력 등에 좋다는 비타민들을 먹고 있다. 하지만 가만히 생각해보면 우린 특별히 몸이 급격하게 나빠지면 병원을 가지 비타민을 일부러 잘 챙겨 먹지 않는다. 물론 몸에 신호가 있어 예방 차원에서 먹는 비타민도 있겠지만 이 역시 부족한 영양소를 채우는 게 목적이지 급격히 좋아진다는 걸 기대를 하지는 않는다.

당장 효과도 없는데 많은 사람이 꾸준히 먹으면 무조건 좋아질 거라는 믿음과 확신을 갖고 있는 셈이다. 마치 효과도 없는 약을 의사의 말 한마디에 나을 수 있다는 믿음으로 병세를 호전시키는 플라시보 효과와 일맥상통한 원리이다.

여기서 말한 플라시보는 라틴어에서 유래된 말로, '기쁨을 주다', '즐겁게 하다'라는 뜻인데 실제 아무 효과가 없는데도 불구하고 사람의 마음가짐에 의해 효과가 나타난다는 것을 말한다.

예를 들자면, 군대를 다녀온 사람이라면 경험을 한 번쯤은 해봤을 것이다. 머리가 아파도, 근육이 뭉쳐도, 배가 아파도 언제나 약은 같은 약이었고, 신기하게도 그 약을 먹고 대부분 호전이 되었다. 바로 군의관의 "이 약을 먹으면 괜찮아질 거다."라는 말 한마디를 강하게 믿었기 때문이다. 군대는 군의관도 병사에게 상사다, 상사의 말을 복종하고, 믿어야 하는 상황에 강한 믿음이 증폭될 수밖에 없기 때문에 대부분 병이 호전되게 된다.

즉 주어진 상황에 어떠한 마음가짐을 갖고 대처하느냐에 따라 상황이 좋아질 수도 있고, 더 나빠질 수도 있다는 뜻이다. 여기서 주의할 점은 좋은 건 무조건 100% 좋아질 거라 맹신이 아니라 더 현재 상태에서 더 이상 악화가 되는 걸 막아준다는 정도로 생각을 하고 더 좋아지기 위해 마음속 믿음의 근육을 늘린다고 생각해보자.

습관도 마찬가지다. 작은 습관들이 당장 눈앞에 보이는 효과는 없지만, 확신과 긍정의 신념을 갖고 반복적으로 멈추지 않고 행동한다면 우리가 나태함이나, 게으름에 빠지는 상황을 방지하고, 비타민처럼 삶의 영양분이 몸에 알맞게 공급되어 건강하고 균형 있는 삶을 반드시 살게 해줄 거라 믿고 끝까지 효과를 볼 때까지 멈추지 않고 행해야 한다.

그러니 당장 효과가 없다고 절대 포기하지 마라, 나이가 들수록 우리는 무조건 비타민, 영양제 없이는 하루도 못사는 세상이 아닌가? 고작 당장 효과도 없는 알약 한 알에 우리의 건강이 좋아질 거라 의지하고 사는데, 우리의 멋진 인생을 위해서 하루에 30초, 3분 적은 노력도 하지 않고 삶이 윤택해지길 바라는 건 말이 안 되는 소리이다.

뇌는 특이하게도 좋은 것보단 나쁜 걸 더 오래 기억하고, 간직하는 습성이 있기 때문에 마치 첫사랑처럼 한번 갖게 되면 뇌가 그 기억을 잊을 수가 없어 쉽게 못 버린다. 첫사랑과 이별하는 방법은 간단하다. 새로운 사랑 또는 지금 사랑하고 있는 사랑에게 집중하면 된다. 아주 천천히 나쁜 습관의 공간을 좋은 습관으로 채우면 간단하다.

그리고 몸에 좋은 비타민을 잘 챙겨 먹는 좋은 습관을 멈추지 않기 위해서는 먹을 때마다, 알람을 맞춰놓고 알람이 울리자마자 하나, 둘, 셋에 바로 먹는 습관을 1달간 지속해야 한다. 몸에 좋은 비타민도 가만 보면 누군가 챙겨줘야 먹지 않는가?

아무리 좋은 명약도 띄엄띄엄 먹거나, 어쩌다 한두 번 먹는다면 약이

가진 효능감이 현저히 떨어져, 뇌가 효과 자체가 당장 없다고 판단이 되어 결국 비싼 약을 먹지도 않게 된다. 결국 유통기한이 지난 상태로 그대로 방치해 정작 필요할 때 먹지 못해 다시 돈을 들여 새로운 약을 사게 된다. 역시 약이라는 건 제때, 제시간에 꾸준히 먹어야 효과가 있는 법이다. 약국에서 약을 처방받을 때 약사가 하는 말이 빈말이 아니다.

"식후 30분 제시간에 제때 꼭 드세요."

이렇게 사소하고 당연한 말도 무심코 지나치지 말아야 한다.

우리가 지키기로 한 좋은 습관도 작심 3일도 못가 멈춰버린다면 스스로에게 부끄러운 줄 모르고 또 다시 새로운 습관을 찾기 위해서 시간과 돈, 체력낭비를 하게 된다. 참고로 몸이 허약해서 보약을 먹을 때도 최소 한제 이상 먹어야지 효과가 있다. 한제는 사극에서 보면 네모난 모양으로 한지 같은 종이에 약을 싸 놓은 것이다. 이 한 뭉치가 바로 한약 2첩으로 3회를 먹을 수 있으니 20첩이면 30일을 먹을 수가 있는 셈이다.

몸속으로 한약의 좋은 성분도 최소 한 달 이상은 보내줘야지 기와 혈이 상호작용을 해서 약의 효능이 전달돼 몸에 좋아지게 된다. 이처럼 우리의 생활 속에서도 좋은 습관을 만들기 위해서는 최소한 1달 이상은 멈춤 없이, 지속적으로 이어가는 훈련을 해야 한다.

또한, 몸에 좋은 약은 효능도 물론 중요하지만, 여기에 약을 매일 매일 빼먹지 않고 먹게 되면 반드시 좋아질 거라는 마음가짐 즉 스스로에 대한 확신을 반드시 유지해주는 게 정말 중요하다. 이제부터 이렇게 하자! 당장 효과도 없는 비타민을 한 알씩 먹을 때마다.

'하나, 둘, 셋! 나의 건강은 1%씩 좋아지고 있다.'라고 다짐을 해보자!

3 나를 알아가는 감정일기

"마음으로 보아야만 분명하게 볼 수 있어.
정말 중요한 것은 눈에 보이지 않는 법이거든."
                                    -앙투안 드 생텍쥐페리

매일 밤 잠자기 전에 하루 3분 감정 일기로 하루 동안 당신이 어떤 감정을 느꼈는지 내면을 관찰해보고, 자신에게 솔직해지는 시간을 갖고, 하루의 마침표를 찍어보자.

과거 일기를 보면 '맞네, 내가 이때는 상황이 이래서, 이런 감정일 수밖에 없었지, 아 그땐 내가 너무 어려서 이렇게 느꼈구나'하고 회상을 하고 지금에 달라진 모습에 대해서 생각과 사고가 달라짐을 인지할 수가 있다.

한마디로, 감정일기를 쓰는 건 자신의 성장을 기록하는 것이다. 아이들의 키도 100㎝, 130㎝ 점점 커가면서, 옷도, 신발도 달라진 키에 맞춰 입고, 신기 위해 수시로 키를 재보는 것처럼 우리의 감정도 정확하게는 아니어도, 선명하게 종이에 옮겨 담아, 그 감정들이 스쳐 지나가지 않고, 고이 간직되어, 시간이 지나도 그때 그 감정과 진지하게 마주해, 우리의 감정이 건강하게 잘 성장하는지 관찰을 해야 한다.

우리가 하루를 지내면서 대부분 좋은 감정들은 머릿속에 '행복하다, 정말 기쁘다, 뿌듯하다'라고 선명하게 기억 속에 남아있지만, 부정적인 감정인 '기분 나쁘다, 억울하다. 속상하다.' 같은 식의 감정은 잘 기억하고 싶지 않아, 흐리멍덩하게 남아있게 된다.

특히나 이런 부정적인 감정은 우리를 항상 괴롭힌다. 감정의 정확한 원인을 확인하고 그 감정은 이제 Good-bye! 하고 보내주고, 그 감정을 반드시 끊어내야 한다. 그리고 이런 감정이 들지 않게, 생각의 관점을 바꾸려고 노력하고, 똑같은 상황에서 어떻게 새롭게 대처할 것인지를 잘 생각해내 감정 옆에 기록을 꼭 해야 한다.

걸음마를 막 시작하는 어린아이처럼, 기록하는 습관이 없는 사람에게는 막연한 감정일기는 너무나 부담스러워 당장 실천하는 게 어렵다. 좋은 건 줄 알지만, 안 하게 되고, 못하게 된다.

역시 모든 건 일반적이기 전에는 자기만의 성장 속도에 맞춰서 눈높이 교육이 실시되어야 한다. 그 기초에 바로 핵심은 아주 짧고, 간단한 훈련이다. 이런 훈련이 학습된 후에, 자기만의 호흡으로, 조금씩 양과 질을 올려 풍성한 감정일기를 써야지 꾸준한 삶의 성장이 이어질 수가 있다.

그래서 필자가 제시한 감정 일기를 쓰는 방법은 바로 아주 간단하다.

1단계: 하루 3줄만 감정일기를 1주 동안만 쓴다.
2단계: 하루 3분만 감정일기를 2주 동안만 쓴다.
3단계: 하루 3분 이상 감정일기를 3주 동안만 쓴다.

오늘부터 포스트잇도 좋고, 연습장도 좋다. 정 쓸 곳이 없다면 핸드폰도 좋다. 이왕이면 스프링이 달린 연습장이 있으면 더 좋다. 메모지는 분실 우려가 있고, 핸드폰은 초기화가 되거나, 분실할 수 있기 때문이다. 참고로 블로그에 글을 장문으로 쓰는 건 애초에 시도조차 안 했으면 좋겠다.

주의할 사항은 처음부터 절대 장엄하게 장문의 일기처럼 인터넷 블로그에 글을 쓰지 마라. 만약 오늘 이렇게 장문의 감정일기를 썼다면 내일은 장담을 못 할 것이다. 처음엔 시작은 좋았지만, 둘째 날은 잘 알지도 모르는 감정들을 세밀히 분석하고, 추적하는 게 부담스럽거나, 사이트에 로그인하는 게 귀찮거나, 또는 누군가 내 일기를 보고 있다는 생각에 솔직함이 결여가 될 수도 있기 때문이다.

아무도 보지 않는, 볼 수도 없는 나만의 노트에 당신의 감정을 단 3줄로 Start 해보자! 1주일간만 하루도 빠짐없이 기록을 해보고, 3분씩 2주만 감정을 표현해도 효과는 반드시 나타난다.

다시 반복해서 이야기하지만 제발 이것만 기억하자 모든 건 가볍게, 작게 시작하고, 끝까지 가는 것이다.

3줄로 쓰다 보면 어느 순간 30분간 자신의 감정을 적나라하게 표현하면서 자신의 내면을 훤히 들여다보는 새로운 자아와 마주하게 될 것이다.

시간이 지나 당신이 써 내려간 감정일기를 열어 보게 되면 바로 당신이 살아온 감정의 역사를 보고 앞으로 당신이 살아가는 미래도 예측할 수 있게 된다. 당신의 감정을 기록하라 당신의 미래가 달려있다. 오늘 당신이 적은 3분 감정일지는 바로 당신이 살아갈 내일의 역사가 되는 것이다.

1단계 감정일기

오늘 나의 말로 인해 상대방에게 상처를 줬다. 말을 조심하자.

어제 내가 결심한 걸 오늘 지키지 못했다. 부끄럽다. 내일은 오늘보다 조금 더 당당해지자.

어제와 같은 오늘이다. 조금만 더 힘을 내서, 오늘도 화이팅하자!

3단계 감정일기

오늘 나는 7살 막내 아이에게 훈육에 실패했다.

내 감정이 흔들려서 그만 소리를 치고 결국 아이는 그 자리에서 손을 놓고 울어버렸다. 미안했지만 그때 상황에서는 어쩔 수가 없었다. 또 같은 상황이 오면 또 이렇게 훈육에 실패할 건지 나 스스로를 꼭 지켜보겠다. 상황이 부정적으로 돌아가기 전에 하나. 둘, 셋을 외쳐 마음의 평정심을 최대한 가져 보자. 아이를 혼내기 전에 아이의 마음을 충분히 이해부터 하자, 아직 아이는 혼자서 버스도 못 타는 어린아이이지 않은가?

아이가 잠들면 조용히 귓가에 미안하다고, 아빠가 성숙하지 못했다고, 고백하고 자야겠다. 또 훈육에 실패를 할 수 있다. 조금씩 성숙해진 부모가 되도록 노력해보자. 다음부터 아이에게 혼을 내기 전에 우선 아이의 말부터 들어보자!

가끔 삶이 피곤하고, 힘들고, 어려웠던 건 이처럼 자신의 감정을 제대로 모르고 남의 감정 앞에 나도 잘 모르는 감정들을 내가 가장 잘 안다고 표현하고 행동했기 때문이 아닐까? 하루에 3분 뇌 감정일기로 이제 당신의 감정에 더 솔직해지고, 매일 소통해서, 스스로를 더 알아가는 시간을 가져 보자.

오늘부터 하나, 둘, 셋 딱 3줄만 감정을 마음대로 표현해보자!

Just Start!

4

뇌 속 호르몬을
이해하라

무언가 새로운 결심을 한다. 그러고 나서 하루도 지나지 않아 결심한 걸 감추기도 하고, 운 좋게 작심 3일 또는 1주일까지 가기도 한다. 오죽하면 포기를 방지하기 위해서 스케줄표를 짜서 현관문, 냉장고에 붙여가면서까지 실행을 할까? 그만큼 절실함을 인정하지만, 머릿속 뇌의 의지력을 완전히 믿기엔 한계가 있다는 뜻이다.

도전을 처음 시작할 때, 포기하고 싶을 때, 도전을 성공적으로 마무리할 때, 헬스장에 가기 싫을 때, 헬스장에서 땀을 흘릴 때, 승진시험에서 떨어질 때, 승진시험에서 합격할 때, 오디션 프로그램에서 합격, 불합격할 때, 매운 음식을 먹고 싶을 때, 아무것도 하고 싶지 않을 때, 희망을 품을 때, 남을 도왔을 때 등 모든 다양한 상황에서 다양한 호르몬이 뇌에서 분비가 된다.

호르몬의 성질을 알고, 상황에 맞게 의도적으로 분비를 하거나 조절을 하면 업무수행 능력이 올라갈 수 있다는 뜻이다.

일상에서 알게 모르게 분비되고 있는 호르몬

우리도 일상생활을 하면서 적재적소에 맞는 호르몬 분비와 억제 조절 능력을 키운다면 매사에 긴장감을 풀고, 차분하게 집중을 해서 미래를 사는 현재에 최선을 다할 수 있게 된다.

우리가 아름다운 인생을 살기 위해서는 우리 몸에 이로운 행복 호르몬인 세로토닌, 엔도르핀, 도파민, 멜라토닌, 옥시토신과 해로운 호르몬인 코르티솔에 대해서 한번 알아보자.

코르티솔

스트레스 유발물질로 우리 몸을 긴장 상태에 놓이게 한다. 코르티솔이 다량 분비되면 혈당이 증가하고 체지방이 증가해 결과적으로 면역시스템 저하로 극도로 민감하게 되거나, 질병에 쉽게 걸리게 된다.

그래서 우리는 식단 조절, 규칙적인 운동, 충분한 수면, 현대인들이 놓치기 쉬운 비타민과 무기질, 섬유소 등을 충분히 섭취해서 우리 몸에 좋은 호르몬을 분비해 스트레스 호르몬인 코르티솔을 억제해야 한다. 하지만 일부로 해롭다고 해서 완전히 억제해선 안 된다. 적당한 긴장과 스트레스는 오히려 당신이 그 상황을 잘 극복할 수 있게 단단해지게 해주는 효과도 있기 때문이다.

세로토닌

뇌의 시상하부에 존재하는 신경전달 물질로 행동 과정에 관한 조절, 억제 역할을 하는 마치 생체 나침판과 같은 역할을 한다. 더 쉽게 표현하면 우리 몸에서 생산되는 최고의 우울증 치료제이다. 감정, 인지, 기억, 수면, 기분 조절, 식욕, 성욕 등에 관여한다. 부족시, 폭력적 성향, 우울증과 불안감에 빠지기 쉽고, 식욕 조절 실패, 수면 장애가 올 수가 있다.

엔도르핀

자연 마약이 불리며, 쾌감을 느끼게 하고, 고통을 감소시키는 효과가 있으며 스트레스를 받을 때 증가했다가 즐거워질 때 억제되는 특성이 있다. 축구 경기를 보면 머리를 다쳐 피가 나는데도 붕대를 칭칭 감아 투혼을 불사르는 선수들도 경기가 끝나고 나서 아픔을 호소하는 이유가 경기 중에는 스트레스를 받아 엔도르핀의 분비로 통증을 잘못 느꼈기 때문이다. 엔도르핀을 촉진하는 가장 쉬운 방법은 자신을 칭찬하고, 칭찬을 받으면 쉽게 분비된다.

도파민

행복, 흥분, 쾌감을 증가시키고 매우 중독성이 강한 호르몬이다. 도박, 게임, 쇼핑, 핸드폰, 커피, 술·담배 등에 중독이 되어 과도한 도파민을 분비해서 우리 몸이 망가지고, 어떠한 자극에도 도파민이 분비되지 않으면 최악의 경우 파킨슨병에 걸릴 수 있다. 우리가 살아가면서 행복, 쾌감을 느낄 수 있을 때 느끼지 못하면 불행할 수도 있다. 도파민은 우리에게 꼭 필요한 호르몬이니 도파민 남용을 자제해야 한다.

멜라토닌

뇌에서 분비되는 생체 호르몬으로 불면증 치료에 사용되는 약물이며 항산화 작용을 촉진해 뇌세포 산화를 방지해 알츠하이머병, 치매 등을 예방할 수가 있다. 보통 저녁 8시경부터 분비가 시작되어, 새벽 2시~4시에 최고에 이르고 오전 10시경에 분비가 보통 끝난다. 그리고 나이가 들면 잠이 줄어들고, 새벽에 일찍 일어나는 이유가 50대는 20대보다 멜라토닌 분비량이 절반으로 줄어들기 때문이다.

참고로 사람의 눈에 많은 빛이 유입될수록 멜라토닌의 농도는 최소화되고, 반대로 눈으로 유입되는 빛의 줄어들면 멜라토닌이 활발하게 분비되어 농도가 높게 유지가 된다. 즉 불을 켠 상태로 깊은 숙면을 하는 건 사실상 어렵다. 즉 잠자기 전에 과도한 스마트폰에 나온 빛은 깊은 숙면을 방해하는 최대 적이다.

옥시토신

뇌하수체 후엽에 분비되는 사랑의 호르몬이라고 불린다. 주로 연인 사이에 포옹이나 키스, 신체접촉을 통해 더 높은 쾌락과 안정감을 느끼며 상대방에 대한 애정을 크게 만들어 주는 호르몬이다. 동시에 혈압과 코르티솔 분비량을 낮춰 불안감을 낮춰 긍정적인 사회적 교류를 촉진시킨다.

우리가 명상과 기도를 할 때, 뜨거운 눈물을 흘릴 때, 고통을 느낄 때, 극심한 공포를 느낄 때, 사랑을 할 때 상황에 맞게 다양한 생체 호르몬이 알게 모르게 분비가 되고 있다.

당신이 어떤 행동을 하느냐에 따라 다양한 호르몬이 분비된다. 생각이 행동을 유발하는 스위치라면 호르몬의 뜻을 정확히 알고, 상황에 맞게 호르몬을 분비하고, 조절해 당신의 목표과제를 성공적으로 만들어 낼 수가 있다. 우리의 불규칙한 일상의 무분별한 행동들도 마치 균형 잡힌 식단처럼 균형이 잡혀 건강한 삶을 살게 될 확률도 높아지게 될 것이다.

그렇다고 행복을 유발하는 호르몬이 몸이 좋다고, 과도하게 분비를 하다간, 오히려 생체 리듬이 깨져, 극심한 스트레스를 유발하니 조심해야 한다. 모든 건 적당히, 필요한 만큼, 넘치지 않게 해야 한다.

하나, 둘, 셋 지금부터 아름다운 인생을 살기 위한 행복 호르몬을 분비하는 방법을 알아보자.

① 규칙적인 식습관 및 균형 잡힌 식단 유지하기
② 충분한 수면으로 몸의 기능을 회복하자!
③ 유산소 운동을 꾸준히 하자.
④ 나만의 스트레스 해소법 찾기(명상, 요가, 미술 감상, 피아노 연주, 반 식욕, 등산)

목표 달성을 위해 의지력이 필요하다면 이처럼 뇌 속 호르몬을 이해한다면 조금 더 목표 달성을 쉽게 할 수가 있다. 대부분의 호르몬 분비는 일반적으로 몸에 눈물, 땀, 긴장, 스트레스 등 감정의 변화가 있을 때 생성이 된다. 그 변화의 순간 호르몬의 성질을 주목해 보자.

하나, 둘, 셋 오늘 당신에게 가장 필요한 호르몬은 어떤 것인가?
하나, 둘, 셋 지금 당신에게 성장을 방해하는 과도한 호르몬은 무엇인가?

이렇게 평생을 호르몬 분비를 의식하면서 사는 건 사실상 불가능하지만, 반드시 한 번쯤은 우리가 뇌 속 호르몬의 개념을 제대로 이해하고 행복 호르몬 분비를 위해 최소한 한 번씩이라도 반드시 의도적으로라도 실행해 성공의 확률을 높여 가보는 연습을 해보자!
황금 덩어리를 누가 훔쳐 갈까 봐 땅속 깊은 곳에 묻어두고 평생을 마음 편안하게 살다가 황금을 꺼내지도 못하고 죽게 된다면 그건 황금 덩어리가 아니라, 돌덩어리에 불과할 뿐이다. 우리의 행복 호르몬도 잘 꺼내서 우리가 행복한 삶을 살 수 있게 잘 조절해보기를 바란다.

5

뇌를 마비시키는 방법

"바람이 불지 않을 때 바람개비를 돌리는 방법은
앞으로 달리는 것이다."

-데일 카네기

조금 전 나는 행복 호르몬을 분비해 스트레스를 제거하기 위해서 달리기를 하고 돌아왔다. 복잡한 머릿속 뇌도 풀리지 않았던 숙제가 풀려 기분이 좋아졌는지 벌써부터 내일이 기대되는 밤이다. 복잡한 뇌를 아주 쉽게 마비시켜 뇌를 편안하게 하는 방법을 찾아냈다. 과학적으로 증명을 할 필요도 없이 초 간단한 방법이니 몸 컨디션이 좋다면 당신도 오늘 체험이 가능하다.

그 방법은 바로 매일 밤 하루 한 시간 땀 흘려 운동하기다. 아이들이 모두 잠드는 시간 밤 10시가 돼서야 온전히 나만의 시간을 갖게 된다. 온종일 직장 일에, 퇴근 후 육아에 17년간 반복된 일상에서 찾아낸 유일한 시간이다. 최소 잠을 12시에 잔다면 2시간이면 새로운 하루를 다시 시작하고 마무리하기에 충분했다. 비록 2시간이지만 필자에겐 하루를 2번 사는 셈이다.

오늘도 어김없이 10시가 돼서야 무거운 몸에 하나, 둘, 셋! 에 시작의 힘을 주고 땀을 흘리기 위해 집을 나섰다. 이제 나에겐 시작하는 건 어렵지 않았다. 하지만 시작 후 나의 의지력이 쉽게 고갈되는 걸 막아내야 했다.

행복 호르몬을 분비해 그날의 스트레스와 고통을 없애기 위해서는 땀을 흘릴 정도의 강도 있는 지속적인 동기부여와 에너지 소모가 필요했다.

운동을 멈추고 싶다는 순간 하나, 둘, 셋에 다시 발걸음을 내디디고 앞으로 나아갔다. 순간 달리는데 하나, 둘, 셋에 발이 맞지 않아 셋을 빼고, 하나, 둘, 하나, 둘을 반복해봤다. 나의 발걸음은 10분이 지나고 나서 점점 가벼워지기 시작했다. 30분이 경과가 되자 조금씩 몸에서 땀이 나기 시작했고, 순간 복잡하고, 몽롱해진 뇌는 조금씩 맑아지기 시작했다.

무의식 속 하나, 둘 반복적인 구호가 뇌 속에서 자동화가 되어서 나도 모르는 의지력이 저절로 생성되어 땀이 분출되고, 순간 행복 호르몬 세로토닌, 도파민, 엔도르핀이 분비되어 순간 "그분이 오셨구나! 야호! 해냈다. 천국에 진입했구나." 오늘 쌓인 스트레스가 해소되면서 무거웠던 몸이 새털처럼 가벼워지기 시작했다.

그리고 나는 항상 행복 호르몬이 분비되면 그 순간을 머릿속에 각인을 최대한 시킨다. 그래야지 뇌가 이 상황을 강하게 인식해서 긍정 회로를 만들어 내일 밤에도 쉽게 뇌가 의지력에 기대지 않고 하나, 둘, 셋에 더 쉽게 움직이고, 행할 수 있기 때문이다.

땀을 흘려 행복 호르몬이 분비되면 멈춰있던 내 심장도 마치 심폐소생술을 한 것처럼 다시 쿵쾅쿵쾅 요동을 치는 것 같았다. 도대체 없던 의지력이 어디서 이렇게 생성이 갑자기 생성되는 걸까? 궁금해져 좀 더 자세히 확인해볼 필요가 있었다.

순식간에 하기 싫은 뇌를 마비시키는 마법의 구호 하나, 둘, 하나, 둘!

뇌는 3초가 넘어가면 자기 핑계를 의식으로 가져와야 할 일을 그만두거나 미루는 습성이 있다.

뇌가 하기 싫다. 그만두고 싶다. 쉬고 싶다. 힘들다. 라고 판단하고, 부정적인 생각을 하지 못하도록 하나, 둘, 하나, 둘 구호를 반복적으로 외쳐 뇌를 순식간에 마비시켜 그 생각의 틈을 파고들어 시작의 행동을 유지하는 것이 바로 핵심이다.

하나, 둘, 하나, 둘 구호를 반복적으로 외치다 보면 어느새 복잡한 뇌는 순식간에 마비가 되고, 마음이 고요해지면서 마라톤 선수처럼 강력한 러너스 하이(runner's high)의 순간은 아니어도, 땀을 흘리는 순간 하루에 찌든 때를 말끔히 털어 버리는 작은 러너스 하이를 경험을 하게 된다. 바로 30분이 이상 달린 후 고통의 정점을 찍을 때 갑자기 찾아오는 고요한 기쁨인 러너스 하이 (runner's high)를 경험해 고통을 감소시키는 호르몬인 엔도르핀(endorphin)이 5배 이상 신경을 조절하는 뇌하수체 전엽에 분비됐기 때문이다. 의지력이 없어도, 힘든 줄 모르고, 행동을 유지할 수 있는 전략이다.

매일은 아니어도, 1주일에 주 1~2회는 땀을 흘려 걷거나, 달리기를 통해 작은 러너스 하이를 경험해 삶의 고통을 완화 시켜 삶을 가볍게 해볼 필요가 있다. 아니 복잡한 현대사회를 살기 위한 당신의 복잡한 뇌를 위해서라도 반드시 해보기를 바란다.

모든 시작의 빠른 시작은 하나, 둘, 셋에 시작하지만, 시작 후 힘이 들 때, 하기 싫을 때 하나, 둘, 하나, 둘을 반복적으로 외쳐 마법을 부려봐라! 당신의 의지와 상관없이 당신도 어느 순간 땀 흘린 기쁨을 만끽하게 될 것이다.

간혹 30분 이상을 달려도 러너스 하이(runner's high)와 비슷한 느낌을 못 받았다면 몸이 컨디션이 좋지 않거나, 마음이 불안정해서이다. 반드시 운동 전에는 몸 상태를 체크하고, 운동을 시작할 때 마음이 혹 불안하면 30초 동안만이라도 하나, 둘, 하나, 둘의 구호를 외치고 하나, 둘, 셋에 힘차게 출발해봐라.

지금 하나, 둘, 하나, 둘 눈을 감고 반복해서 구호를 30초만 외쳐봐라. 신기하게도 당신의 마음이 편안함을 느낄 것이다. 당신의 뇌를 믿기엔 우리가 너무 멀리 와있다. 이제 당신이 무언가 결과를 원한다면 뇌 속에 마법의 주문을 걸 차례다. 하나, 둘, 하나, 둘 한 번의 외침이 아니라, 무한 반복이다. 땀을 흘릴 때까지! 이 방법이 당신의 뇌를 순식간에 마비시키는 가장 쉬운 방법이다.

'가장 쉬운 방법이 가장 위대한 방법이다.'

6

뇌를 애지중지해라

좋은 습관이라는 건 무의식 상태에서 의지력과 저항력 없이 일련의 행동이 반복의 연속이다. 이런 반복이 바로 뇌가 사용하는 언어이다. 우리는 새로운 뇌의 언어들을 배워 행동에 옮김으로써 인생을 조금씩 윤택해진다는 걸 알고 있다. 하지만 생각보다 그게 참 어렵다. 그래서 가만히 두면 부정적인 생각부터 하는 뇌를 좋은 생각을 자주 할 수가 있게 갓난아이 다루듯이 뇌를 애지중지해 줘야 한다.

그럼 정말 복잡하고, 이해하기 어려운 뇌의 구조에 대해서, 3분만 의지력을 발휘해서 이해를 해보자. 하나, 둘, 셋 Just Start!

뇌는 용량은 1,250~1,500㏄ 정도이며, 신문지 한 면 정도의 크기 (A4 종이 4장)의 영역을 차지하고 있고 무게는 사람 몸무게의 2.5% 정도밖에 되지 않는다. 하지만 극히 작은 부분 단 몇 ㎜만 손상이 되어도 식물인간이 될 수도 있다. 또한, 수천만 가지의 신경 호르몬이 오가는 장소이다. 그만큼 뇌가 차지하고 있는 비중은 엄청나고, 초 미세할 정도로 민감한 영역이다.

생각해보면 우리가 좋은 습관을 만들기 위해서도 팔 굽혀 펴기 1개, 한 줄 메모, 30초 뇌 청소하기, 10초 매일 웃기 등 강도가 아주 작은 행동들을 미세하게 쪼개는데 다 이유가 있었다. 뇌의 언어 전달은 이렇게 대뇌

피질 신경세포에서 신호를 주면, 마지막 해마, 대뇌 번역 계로 보내져서 이런 흐름을 통해서 뇌의 기능적인 언어가 반복적 학습을 통해 습관처럼 형성되는 것이다.

미국 듀크 대학의 스콧 휴텔 박사는 뇌의 한 실험에서 부자나, 성공한 사람의 뇌에서 특이한 점을 발견했다. 그건 바로 그들은 전전두엽을 일반인보다 훨씬 더 많이 사용하고 있다는 뜻이다. 그만큼 뇌 속 전두엽을 잘 발달시키면 좋은 습관을 많이 만들 수 있다는 뜻이다.

하나, 둘, 셋! 한번 손바닥으로 바로 이마를 대보자

전두엽의 위치는 바로 이마 뒤편이고 뇌의 앞쪽에 위치한다. 전두엽의 기능은 한마디로 지휘관처럼 의사 결정, 행동 실천 능력, 올바른 판단 능력을 내릴 수 있게 도와 삶의 기능성을 향상 시켜주는 중요한 영역이다. 한 예로 최근 빈번히 나타나고 있는 묻지 마 범죄의 주역들 역시 전두엽 부분의 기능이 손상되거나, 급격히 떨어졌기 때문이다. 만약에 사고를 당해 전두엽이 손상되면 의식상태나 언어에는 지장을 크게 받지 않지만, 적응하고, 계획을 세우는 일은 힘들어져 동정심, 죄책감 등을 느끼지 않는 경우가 발생이 되기도 한다.

아무리 좋은 습관도 뇌가 오염이 되고, 멈추고, 피곤하면 작동을 하지 않게 되는 법이다. 핵심은 우리의 삶의 기능성을 향상해주는 좋은 습관을 만들기 위해서는 뇌 속에서 가장 중요한 전두엽 부분을 갓난아이를 키우는 것처럼 애지중지하고, 끊임없이 꾸준히 관찰하는 습관을 갖고 지내야 한다. 갓난이가 혼자서 무엇을 할 수 있겠는가? 반드시 엄마의 손길이 없이는 존재 자체가 불가능하다. 그만큼 중요하다는 뜻이다.

그래서 전두엽의 기능을 활성화하는 방법과 건강한 뇌를 위해 피해야 하는 습관들에 대해서 알아보고, 일상생활에서 한 가지씩, 천천히 지켜 나가 보자. Just Start!

전두엽 기능을 활성화하는 방법

- 새로운 경험을 통해서 자극받기

뇌는 반복되는 일에 대해선 쉽게 자극을 못 받는다. 그래서 알고 있는 길도 똑같이 가지 말고, 새로운 길로 가면서 새로운 사람을 만나고, 새로운 걸 보고, 새로운 걸 느껴 보는 것이다. 쉽게 말하자면, 제주도를 갈 때 비행기 대신 배에 자전거를 싣고 가서 자전거로 제주도를 여행해보는 것이다.

- 독서를 통해서 새로운 삶을 살아보기

책은 한 사람의 깊이 있는 인생을 쏟아내서 담아 놓은 것이다. 저자가 수십 년간 살아오면서 느끼고, 깨달음을 압축시켜 놓은 것이다. 한 번밖에 주어지지 않는 인생을 다시 새로운 사람으로 살아보게 되는 최고의 간접 체험이다. 다양한 인생을 경험하고 싶다면, 다양한 책을 꾸준하게 읽어봐라.

- 매일 규칙적인 운동하기

모든 운동은 뇌를 활성화해 뇌의 호르몬이 원활하게 분비되도록 돕는다.

즉 따로 전두엽을 위한 운동은 없다. 일상에서 하는 운동을 장기간 멈춤 업이 하루 소량이라도, 몸을 움직여 전두엽에 신호를 줘서 멈춤. 신호가 발생하지 않게 하는 게 포인트다.

– 매일 암기하기

사람의 기억을 연구했던 독일 심리학자 에빙하우스의 망각곡선에 의하면 일반적으로 암기를 하고 나서 10분 후부터 망각이 시작되며 한 시간 뒤에는 50%가, 하루 뒤에는 70%가, 한 달 후에는 80% 이상을 망각한다고 한다. 이처럼 어른이 될수록 기억력이 저하 되는 이유는 학생들처럼 공부하지 않기 때문이다. 이처럼 노화로 인한 신경세포가 위축되는 것을 방지하기 위해 뇌가 암기하고, 공부하고, 학습을 꾸준히 해서 전두엽의 기능을 회복할 수가 있다고 한다. 심지어 핸드폰을 손에 쥐고도 핸드폰을 찾기도 한다. 그래서 노화가 되면 유독 고스톱이나, 게이트볼, 바둑, 장기 등 머리를 쓰는 취미활동을 많이 해 알게 모르게 전두엽을 발달시키거나, 동시에 뇌를 단련시키는 것이다.

건강한 뇌를 위해 피해야 할 습관 List

아침 식사를 거르는 것, 과한 설탕 섭취, 흡연, 수면 부족, 과식, 만성적 스트레스, '나는 피곤하다'라는 자기암시, 장시간 일하기, 시간에 쫓기며 일하기. 같은 자세 오랫동안 유지하기, 불규칙한 생활하기, 늦은 밤까지 일하기, 하기 싫은 일 억지로 하기, 자외선 그대로 노출하기, 무리해서 운동하기 등이다.

위에 말한 대로 피해야 할 것들은 피하고, 지켜야 할 것들은 지켜가면서 전두엽을 발달을 촉진해서 건강한 뇌를 만들어 건강한 습관을 만들어보자.

한 가지라도 제대로 실행해보려고 의식하고, 노력해보자. 가장 나쁜 방법은 방법을 알고도 행동하지 않는 방법이다. 하나, 둘, 셋! 시작을 Just Start 해보자.

나를 애지중지하는 마음으로 뇌를 애지중지하자! 언제나 새로운 변화의 시작과 끝은 하나, 둘, 셋의 구호가 당신이 움직이는 곳에 용기를 불러일으켜 줄 것이다. 마지막으로 오른쪽 손바닥을 펴서 당신의 이마에 3초간 지그시 눌러보자! 당신이 지금 무엇을 해야 할지 전두엽에서 당신에게 신호를 줄 것이다.

하나, 둘, 셋 Just Start! 지금이다. 그 신호를 따라가라!

7

자동차는
인간의 뇌와 같다

일상생활에서 자동차를 운전하면 그 사람의 성격을 어느 정도 유추할 수 있다. 성격이 급한지, 차분한지, 인성이 좋은지 나쁜지 그래서 좋아하는 이성이 옆자리에 앉아 있으면 평상시보다 더 침착하게 하려고 하고, 상냥하게 운전하려고 노력을 하기도 한다. 순간 주행 중 앞차가 깜빡이도 없이 끼어들어 욕이라도 하면 큰일이기 때문이다.

그만큼 일상생활에서 언행, 행동, 마음가짐 등이 중요하다는 뜻이기도 하다. 언어의 사용법, 행동의 대처법, 마음을 먹는 척도도 모든 게 익숙한 습관에서 나오기 때문이다. 참고로 듀크대학의 연구 결과에 따르면 우리의 행동 중 45%는 결정이 아니라 습관에서 나온다고 한다. 그만큼 습관이 일상생활에서 차지하는 비중은 실로 엄청나다.

가만 보면 자동차의 기어변속 단계는 삶을 윤택하게 해주는 핵심습관 만들기 과정과 유사하다.

1단은 시속 10~15㎞ 자동차가 시동을 걸고 난 후 최소한의 움직임의 상태다. 우리가 새로운 걸 시작하기 위한 최소한의 움직임이다.

2단은 시속 15~30㎞ 상태로 자동차가 도로를 주행하는 최소한의 상태이다. 즉 무언가 힘을 내 삶에 훈련을 시작하는 상태이다.

3단은 시속 30~60㎞ 상태로 자동차가 속도를 내어 목적지까지 부드럽게 가는 상태이다. 한마디로 시작 후 좋은 습관이 몸에 형성되는 과정이다.

4단은 시속 60~100㎞ 상태로 주행속도가 저속에서 고속으로 넘어가는 상태이다. 즉 좋은 습관이 탄력이 붙어 몸이 무의식적으로 반응하는 상태이다.

5단은 시속 100㎞ 이상으로 고속주행상태이다. 좋은 습관이 익숙해져 우리의 삶을 윤택하게 해주는 핵심습관이 형성되는 상태이다.

이렇게 자동차의 기어 1단~5단까지는 우리가 핵심습관을 만들기 위한 과정과도 비슷하다. 자동차에 시동을 켜자마자 액셀러레이터 페달을 급하게 밟게 되면 급발진, 급출발을 하게 되어 위험하듯이, 모든 일이 갑자기 열심히 한다고, 의지력이 순간 올랐다고 해선 절대 무리를 해선 안 된다.

자동차 역시 1단에서 바로 4~5단으로 기어 변경을 하게 되면 금방 고장이 나기 때문에 천천히 단계적으로 속도를 올리면서 주행을 해야 한다. 이처럼 핵심습관 만들기도 처음부터 강도를 세게 해서 포기하면 안 되고, 강도를 작게 시작해서, 뇌가 무리가 가지 않는 범위 안에서 차근차근 속도를 내야 한다.

이제부터 새로운 도전을 맞이하게 되면 '무조건 열심히 하면 된다'가 아니라, 차라리 처음부터 '무조건 열심히 하면 쉽게 포기할 수가 있다'라고 생각해보자.

하나, 둘, 셋 더 중요한 건 지금부터다. 좀 더 집중해서 읽어 보자!

자동차는 연료 게시판에 경고등이 들어오면 보통 20~30㎞ 정도는 예비 주행거리를 준다. 하지만 연료경고등에 불이 들어와 연료를 바닥까지 사용하게 되면 연료탱크 아래에 쌓여 이는 불순물들이 연료 필터와 펌프로 유입되어 고장을 일으킨다. 그래서 자동차 전문가들은 반드시 연료경고등 불이 들어오자마자 주유를 해야 한다고 한다.

인간의 의지력, 인내심이 고갈되면 다시 시작하기가 어렵다는 뜻과 동일이다. 항상 모든 게 제로가 되면 다시 시작하기 어려우므로 반드시 제로 상태로 가는 걸 조심해야 한다. 예를 들어 영어단어를 날마다 10개씩 외우는 게 목표인데 몸이 피곤해서 못하게 되면 1개라도 외우는 시늉이라도 해야 한다. 윗몸일으키기가 날마다 10개가 목표라면 하루에 1개라도 해야 한다. 1개도 뇌는 시작했다고 판단해서 아무것도 안 했을 때 느끼게 되는 죄책감을 최대한 덜 느껴 내일 다시 힘을 내서 할 수가 있게 된다.

한 주를 시작하는 월요일의 시작은 선택이 아니라 의무다!

혹시 이런 경험을 해봤을 것이다. 다이어트를 하기 위해 주말에 동기부여를 받아 월요일부터 하루 30분 운동하기를 결심했지만 첫날부터 지키지 못해, 결국 시도조차 못 하고, 도전 자체를 숨기게 된다.

주말에 결심한 하루 30분 운동은 물 건너간 셈이다. 제발 월요일은 목에 칼이 들어와도, 심지어 전쟁이 터져도 지키려고 노력을 해서 반드시 스스로가 결심한 최소한 양심에 티라도 내봐야 한다. 월요일에 시작은 작심 3일을 바라지도 말고, 월요일이니깐 무조건 해야 한다. 월요일의 시작은 한주가 달려있고, 멀리는 당신의 운명에도 영향을 끼치게 된다.

설령 월요일은 지키고 화요일은 지키지 않았다면 그 부끄러운 마음을 추적해서 수요일, 목요일에는 한 번 정도는 더 하게 된다. 제발 뭐든지 결정하고 멈춤을 조심해라. 하기 싫은 날은 강도를 부담이 가지 않을 정도로 최소화해서 0.1%라도 무조건 해라. 아주 작지만 0.1% 변화도 시작의 일부분이다. 바로 이게 핵심이다.

헬스장 가기가 목표라면, 헬스장까지 가는 엘리베이터만이라도 타고 집으로 돌아와라! 하루에 1시간 공부라면 책상에 앉아 1분이라도 펜을 잡고 굴려봐라. 확실한 건 뇌가 무언가를 반드시 했다는 게 중요하다.

이처럼 '인생은 곱셈이다.'라는 말이 있다. 갑자기 어떠한 찬스가 와도 자신이 제로 상태면 아무런 의미가 없다는 뜻이다.

앞장에서 뇌를 편안하게 해야 하는 이유를 설명했다. 우리의 뇌는 작은 신경세포인 수십억 개의 뉴런으로 이루어져 있다. 자동차 역시 주행하기 위해서는 수천 가지의 부품들이 서로 결합해야지 가능하다. 이렇듯 우리의 뇌는 자동차와 비슷하다.

올바른 자동차 운전 습관이 좋은 습관을 만들기 위한 뇌를 편안하게 해주는 방법과 유사하다면 올바른 자동차 운전 습관을 지닐 때마다 당신의 좋은 습관이 몸속 깊이 천천히 뿌리내린다고 생각해보자.

우리는 몰라서 안 한다. 알면서 안 한다. 하다가 멈춘다. 이 3가지를 조심해야 한다. 사실 알면서 하지 않는 건 고칠 수 없는 고질병이다.

그 병에 걸리지 않게 마법에 주문을 외워 매 순간 하기 싫다는 감정이 들기 전에 하나, 둘, 셋 구호를 외쳐 이 3가지를 한 방에 날려 Just Start 해보자.

지금, 이 순간부터 우리의 내면의 의식을 지켜주는 소리! 매 순간마다 하나, 둘, 셋 Just Start! 구호를 외치면서 안정감 있게, 부드럽게 인생을 멋지게 드라이브해 보자!

8
빨간불 다음에는
반드시 초록불이다

마음속 숫자 세기 하나, 둘, 셋을 하지 않으면 아침 기상미션 30초는 없다. 아침 30초 기상미션이 없으면 3분 훈련은 없다. 3분 훈련의 끝은 좋은 습관을 만들기 위한 하루 30분간 습관을 유지하기 위한 신호탄이다. 신호탄이 없으면, 우리의 생체시계는 절대 제대로 작동하지 않는다. 생체시계가 멈추면 우리의 인생도 멈추게 된다.

불교의 반야심경에서 보면 우주의 만물은 공즉시색(空卽是色)이라고 이야기한다. 의역하면 우주 만물은 다 실체가 없는 공허한 것이지만, 인연의 상관관계에 의해 그대로 제각기 별개의 존재로서 존재한다는 뜻이다.

신호가 없으면 반응이 없다. 즉 신호가 있으면 신호는 반드시 온다.

신호등이 빨간불이 꺼지면 반드시 초록불이 켜지듯이, 우리의 삶 속 인생들도 반드시 신호를 주면 무조건 그 신호가 반드시 언젠가는 어디선가 링크되어 올 거라 굳게 믿고, 절대 목표를 향해 달려갔을 때 결과물에 반응이 없다고 낙담의 골짜기에 빠지지 말고, 절망하거나, 손을 놔서는 안 된다. 포기 없이 끝까지 기다릴 줄 아는 숙고와 인내의 시간을 견뎌내면 반드시 청신호가 온다는 것을 잊지 말아야 한다.

한 가지 유의할 점은 좋은 신호를 주면 좋은 신호가 오고, 나쁜 신호를 주면 나쁜 신호가 오는 법이다. 나쁜 신호를 차단하는 가장 좋은 방법은 그 자리에 좋은 신호를 조금씩 채워가는 것이다.

이렇게 삶에 일어나는 현상은 우연히 일어나는 게 아닌 시간의 흐름 속 관계성의 연속임을 깨닫고 일상에서 삶의 소중함과 삶을 아름답게 만들기 위한 핵심 습관을 개발하는 데 집중을 하게 됐다. 바로 3장에서 소개할 핵심습관 만들기 4단계 법칙이다.

분명한 건 좋은 습관들이 내 몸속에 뿌리내리면 내릴수록 삶은 확실히 달라졌다.

하나, 둘, 셋 시작을 알리는 힘찬 구호를 외치 다 보면 당신이 꿈꾸는 희망의 끝도 결국은 당신이 시작한 아주 작은 점에서부터 시작이 되는 것을 깨닫게 될 것이다.

9

치약 때문에
하루를 망칠 뻔했다

    아침 6시. 그 여느 때와 같은 하루를 시작하는 아침이었다. 양치를 하려고 하는데 다 써버린 치약이 뚜껑도 없이 나를 기다리고 있었다. 마치 처음 가보는 길을 내비게이션도 없이 운전하다가 길을 잃어 제시간에 못 가 갈팡질팡하는 느낌이었다.

    "누가 지금 치약을 쓰고 지금 이렇게 놔둔 거야?" 감정이 화가 났다.

    아침부터 나는 가족 중 누군가에게 강한 부정적인 생각을 품고 치약을 밑에서부터 말아 올라가면서 마지막 치약이 나올 수 있게 힘을 내 겨우 양치질을 하였다. 그리고 새로운 치약을 찾아서 다시 꺼내 놓았다. 분명한 건 마지막에 쓴 사람이 버리고, 새로운 치약으로 세팅을 해놔야 했는데 하지 않았던 것이다. 가족 중 누군가 알면서도 하지 않는, 좋지 못한 습관을 갖고 있었다.

    아침은 하루를 시작하는 첫 신호다. 하루가 시작되자마자 부정적인 사고인 마음의 의심을 품고, 치약을 다시 찾아 준비해야 하는데 작은 시간과 에너지 낭비를 했다. 고작 1분이라도 아침 출근 시간에는 1분도 엄청나게 긴 시간이다.

    마치 무언가 아침에 손해를 본 느낌이 들었다. 시간 낭비, 돈 낭비를 한 셈이다! 사실 오늘 나는 1년간 공들인 고객과 아주 중요한 미팅을 하는 특별한 날이었다. 아침부터 고작 치약 사건 하나로 내 마음의 평정심이 무너져 1년간 공들인 나의 고객이 사라진다면 안 될 일이다. 그만큼 사람의 감정은 아주 민감한 영역이다. 그래서 사소한 감정도 조절에 실패하면, 일이 그릇될 확률이 높아지는 법이다.

하루를 시작하는 아침부터 고작 치약 하나로 나의 맑은 감정과 싱싱한 뇌가 오염이 된다면 안 될 노릇이다. 이렇게 사소한 치약 하나만으로도 사람의 감정에 변화가 오는걸. 좀 더 깊게 들여다보고 싶었다.

아래 사항은 당장 우리 삶에 당장 돈이 되지 않거나, 중요하지 않은 사항들이지만, 가장 기본적인 사항들이다. 이런 기본적인 습관들을 우리가 무시하고, 새로운 좋은 습관을 만드는 건 어불성설이 아닐까? 기본기가 충실해야지 실전에서도 잘 먹히는 법이다.

운동을 배울 때도 마찬가지다. 야구에서 기본기는 타격자세와 배트를 잡는 방법이고, 테니스에서는 라켓을 잡는 방법과 리시브 자세가 기본기다. 프로 선수들마저도 한번 슬럼프에 빠졌다는 느낌이 들면 기본기부터 체크를 해서 슬럼프를 극복한다. 반대로 기본기가 탄탄하지 않으면 슬럼프는 오랫동안 지속되고, 편법으로 극복을 하게 되면 항상 한계점에 다다르게 된다.

삶도 마찬가지도 기본적인 생활 습관들이 탄탄하면 심적으로 안정감을 유지해서 삶의 질을 높일 수 있는 확률이 높아지게 된다.

아침에 일어나 이불 개기, 잠자기 전에 양치질하기, 이웃집 사촌을 만나면 먼저 인사하기, 밥 먹고 식탁 의자 넣기, 옷걸이에 옷 제대로 걸기, 양말 뒤집어 놓지 않기, 다 쓴 화장지 채우기, 오늘 할 일 내일로 미루지 않기, 거짓말하지 않기, 욕하지 않기, 쓰레기 버리지 않기 등 가장 삶에서 당연시되고, 기본이 되는 습관들이다.

이처럼 기본적인 습관을 지키지 못하게 되면 바로 눈앞에 큰일은 일어나지 않지만 작은 감정들이 오염되고, 손상되어, 결국 커다란 감정까지 손상 시키게 된다. 시간과 에너지 역시 알게 모르게 낭비가 된다. 뭐든지 큰일은 작은 일에서부터 발생하는 원리와 일맥상통하다.

이렇게 일상에서 경험하는 이런 사소한 기본적인 습관들이 잘 지켜져야지 좋은 습관, 갖고 싶은 습관으로 연결이 되어 나에게 필요한 습관이 되어 당신의 삶을 윤택하게 해줄 것이다. 하지만 우리가 좋은 습관을 만들기 위해서는 당장 돈이 안 돼서 그 노력을 하지 않는다. 그래서 돈을 벌기 위해서 가장 먼저 기본적인 습관에 충실하고, 그런 다음 좋은 습관을 만드는 걸 목표로 삼아 보자고 당신의 뇌에 인식을 시켜보자.

정말 돈이 되는 좋은 습관은 기본적인 습관을 제대로 지키는 습관이 아닐까?

기본적이고 당연한 습관을 지키지 못해 다시는 시간 낭비, 감정 낭비 즉 돈 낭비를 하지 말자. 이런 잘못된 습관이 지속되면 당신의 소중한 인생이 이유도 없이 시간과 돈만 낭비하다가 가버리게 될 확률이 점점 커지게 될 것이다.

하나, 둘, 셋! 명심하자!
돈 버는 습관은 삶에 기본적인 습관을 지키는 것이다.

치약을 다 쓴 후에 해야 할 일

다 쓴 치약은 마지막에 쓴 사람이 밀어 올려서 1번 더 쓰고 버린 후,
새 치약으로 교체하기

10
당신의 능력은
팔 벌려 뛰기 한 개

"많은 인생의 실패자들은 포기할 때,
자신이 성공에서 얼마나 가까이 있었는지 모른다."

-토마스 에디슨

　새로운 도전을 시작하고, 마무리까지 가기 위해서는 우리는 행복 능력
을 업그레이드해야 한다. 여기서 행복 능력은 인내력, 잠재능력, 의지력,
체력, 집중력이라 정의한다. 새로운 도전을 한다는 건 지금의 삶을 더 조
화롭게 해서 삶의 질이 윤택해지기 위해서이다.

　하지만 모든 시작은 좋지만, 항상 끝까지 가지 못하고 중도 포기가 문
제이다.

　마음을 먹고 행동까지 하다가 중도 포기를 하는 이유는 무엇일까? 도
전 중 우리의 행복 능력을 업그레이드하지 않았기 때문이다.

　한마디로 같은 힘, 같은 속도로는 결승점까지 가는 건 어렵다. 잠깐의
휴식, 중도 포기, 환경의 유혹, 체력고갈, 동기부여 저하로 인해 행복 능
력이 서서히 고갈되기 때문이다.

　새로운 도전은 우리를 이롭게 한다. 하지만 도전이라는 단어 앞에서만
우리의 인간은 에너지를 내려고 하고, 순간 갑작스러운 도전 앞에 항상

멈칫하고 망설인다. 매 순간 도전정신으로 살아도 모자랄 판에 도전의 시작과 포기를 저울질하고 있다.

지금은 with 코로나 시대다. 코로나 이전 시대보다 우리는 더 긴장감을 유지하고 매 순간을 도전의 기회를 엿보고 그 도전의 결과를 반드시 차곡차곡 쌓아가야 한다. 그렇지 않고 손을 놓고 어물쩍거리다간 한순간에 인생이 쉽게 매몰 되어, 힘을 잃고 허우적거리는 삶을 살게 될 것이다.

마치 밀림의 왕 사자가 먹잇감이 없어 힘없이 물가를 어슬렁거리다가 한순간 물 밑에서 잠복해 있던 악어에게 잡아먹히는 격이다. 지금은 적자생존의 원칙보다 더욱더 치열한 시대이다. 하루만 잠을 자고 일어나도 세상은 급변하고 있다. 한마디로 먹잇감이 생기면 바로 확 낚아채야 한다. 그렇지 않으면 밀림의 왕 사자처럼 악어에 잡아먹힐 수도 있다. 이처럼 우리는 일상생활에서 미래의 도전에 대해서 매 순간 준비 태세를 갖춰야 한다.

전쟁에서 승리의 깃발을 뽑는 건 일단 살아남고 나서의 문제이다. 적장의 목을 베는 심정으로 전쟁터에 나가진 못하더라도 최소한의 군사훈련을 충실히 받아 전쟁터에서 살아남을 수 있게 해야 한다. 그렇지 않으면 우리는 의도치 않게 급격한 환경에 쉽게 매몰되어 꿈을 위해 사는 사람이 아니라, 꿈이라는 단어를 평생 가슴속에만 품고 살아가다가 죽게 될 것이다.

격변의 시대에 새로운 도전정신을 발휘해서 자신을 발현시키기 위해서는 우리가 가지고 있는 행복 능력을 지속해서 예열하고, 업그레이드해야 한다.

마음이 있는데 체력이 안 돼서 포기하고, 체력은 되는데 의지력이 없어서 그만두고, 의지력은 있는데 집중력이 약해 흐지부지하고, 분명할 수 있는데도 포기하게 된다.

사실 인간의 모든 능력은 몇 점? 이렇게 책정되어 있지 않다. 지금 나의 행복 능력들은 어느 정도일까? 성능을 업그레이드하기 위해 물음표를 던져 느낌표를 찍어보자. 30년도 넘은 무기로 최 성능 무기를 보유한 적군을 이기는 건 이제 손자병법에 나온 손자나 삼국지에 나온 제갈량이 아니고선 어림 턱도 없다.

그렇다고 매 순간을 급하게 마음을 먹고, 강하게 마음을 먹고, 죽을 각오로 임하라는 뜻이 아니다. 이 마음은 기회가 왔을 때 마치 사자가 배가 고파 먹이를 사냥할 때 폭발적인 힘을 낼 때 사용을 해야 한다.

평상시에는 항상 자신의 능력을 일정하게 유지하면서, 천천히 힘을 더해가는 연습을, 기회가 올 때까지 포기하지 않고 꾸준히 도전을 해야 한다.

도전정신도 이제 습관이 되어 몸속에 뿌리를 내려야 한다. 비바람이 불어도 나무가 버티는 이유는 수십 개의 잔뿌리, 중간 뿌리, 핵심 뿌리가 서로 링크되어 끈끈한 결속력이 발휘되기 때문이다. 지금 당신이 승리 깃발을 뽑고 싶다면 하나, 둘, 셋에 당장 일어나서 팔 벌려 뛰기 1개만 해보자.

해보았는가?

이제 당신의 능력은 팔 벌려 뛰기 한 개다. 그리고 내일은 두 개다.

이렇게 꾸준히, 참을성 있게, 집중해서, 무언가를 작은 단위로, 미세하게, 양을 늘려 가면서 행복 능력들을 업그레이드해야 한다.

행복 능력을 업그레이드하기 위해서는 동, 서양의 고전을 통해서 자신 스스로를 사유하고, 내면이 깊어지기 위해 스스로에 쉼 없이 정중하게 질문을 해보는 걸 추천한다. 지금 당장 인생의 답이 없는 것보다 스스로에게 질문이 없는 게 더 비참하지 않은가?

'인생은 한순간이다.', '인생은 왜 이리 길고도 짧은 걸까?' 가만히 보면 마침표 대신 물음표가 내면의 감성을 잘 터치한다. 절대 우리 자신을 감히 정의 내리지 말고, 가능성을 끊임없이 의심해야 한다.

공자가 제시한 인간 본성에 근본을 두고 끊임없이 성찰하고 수행하는 삶, 스토아철학이 제시한 현대사회를 살아가기 위한 실용적인 네 가지 덕목 용기, 절제, 정의 그리고 지혜를 통해 삶의 기술을 터득해서 내면을 강화하는 삶.

이렇게 우리는 역사 속 철학자들의 삶을 통해서 현재 우리의 내면을 꾸준히 업그레이드하기 위해서는 우리가 지닌 행복 능력들을 꾸준히 업그레이드해야 한다.

조금 전 팔 벌려 뛰기를 해보았는가?

우린 팔 벌려 뛰기를 하는 것이 중요한 게 아니라, 팔 벌려 뛰기를 아무 이유 없이 하는 내면의 깊은 심지를 건드려 내면과 마주하는 것이다.

오늘 팔 벌려 뛰기 한 개는 내일은 두 개가 되고, 마지막 날은 30개를 한 번에 하게 된다. 총 1달간 합이 465개를 하게 되는 셈이다. 시작은 1개로 시작했지만, 1달 동안 당신의 내면은 465번을 성찰하고, 내면의 좋은 감정과 능력들을 지속해서 업그레이드 한 것이다.

비록 시작은 한 개지만, 하다 보면 끝은 이렇게 우리가 예상치 못한 결과를 만들어 내는 기적을 유발하는 데 충분한 힘을 갖게 된다.

중요한 건 절대 1달간 멈춤이 없어야 한다는 것이다. 그럼 무조건 상황은 변하게 되어있다.

언제나 시작은 하나, 둘, 셋에 Just Start 하는 것을 잊지 말자!

11

인생이 달라질 수 있는 키워드

"배는 항구에 정박해 있을 때 가장 안전하다.
그러나 그것이 배의 존재 이유만은 아니다."

-괴테

니체의 책 『차라투스트라는 이렇게 말했다』에서 인간의 정신을 낙타와 사자의 삶으로 비유를 했다. 낙타가 의미하는 것은 의무와 복종이며, 사자는 자유의지의 상징이다. 즉 낙타처럼 계속 먹이만 주면 무거운 짐을 싣고 뜨거운 사막을 횡단만 하면 된다. 생각하지도 않고, 생각할 필요도 없는 편안한 삶이다. 대신에 자유가 없고, 남을 위해 살고, 남에게 의존하는 삶이 바로 낙타의 삶이다.

반면의 사자의 삶은 자유롭긴 하지만 한마디로 위험하다. 배가 고파도 다른 이가 주는 먹이를 절대 먹지 않을 정도다. 아무리 사냥에 뛰어난 사자라 할 지어도, 코끼리 떼의 앞발에 채여 죽거나, 얼룩말 뒷발에 차여 죽음까지도 감수해야 하면서 스스로 먹잇감을 사냥한다. 스스로가 주인이고, 법칙인 주체적인 삶을 사는 것이다.

지금 당신은 급변하고, 복잡한 현대사회에서 낙타처럼 먹이만 있으면 되는 수동적인 삶을 살고 있는가? 아니면 사자처럼 스스로 위험을 무릅

쓰고 개척해 나아가 영향력을 마음껏 펼칠 수 있는 능동적인 삶을 살고 있는가? 스스로의 삶을 한 번쯤 되돌아보는 시간을 가져 보자. 혹 사자처럼 산다고 하고, 낙타처럼 살고 있진 않은지 생각해보자.

자 이번에는 지금부터 낙타처럼 살고 있다면, 일상에서 맞이하는 키워드로 낙타가 사자처럼 살아가는 방법을 알아보자. 혼란의 시대를 살아가고, 살아남기 위해서는 낙타의 삶보다는 사자의 삶이 당신을 더 단단하게 만들어 줄 것이다.

하나, 둘, 셋 「문득」
'생각하는 힘'

'문득'이라는 단어 참 재미있는 단어가 아닌가?

생각지도 못한 걸 문득 생각하게 하고, 행동하게 된다는 뜻이다. 조금은 즉흥적이지만 문득 든 생각과 행동이 실생활에 적용이 되면 큰 이슈를 남겨준다. 나는 최근 대학원 진학을 위해서 인터넷 서치를 하다가 문득 심리상담사라는 자격증 과정을 보게 되었다.

그래서 평소에 심리학에 관심이 있었기 때문에, 문득 따면 좋겠다는 생각이 들었다. 그래서 공부를 하고 마침내 심리상담사 1급을 땄다. 문득 생각하지 않았다면 난 따지 못했을 것이다.

지금 당신도 하나, 둘, 셋하고 문득 떠오르는 게 있는가?

바로 문득 떠오르는 단어가 당신이 성장하는 데 있어서 필요한 밑거름이 될 것이다. 살다 보면 스스로를 성장하게 해주는 것들은 눈앞에 당장 나타나지 않고 마치 '꼭꼭 숨어라. 머리카락 보일라' 노랫말의 숨바꼭질처럼 어딘가에 숨어있는지 잘 찾아봐야 한다. 그 어딘가에 당신도 모르고 있는 멋진 자아가 생각지도 못하게 빛나는 인생을 살고 있을 것이다.

하나, 둘, 셋 구호를 외치고 이제 당신의 진짜 자아를 찾아 떠나갈 시간이다.

하나, 둘, 셋 「하다 보니깐」
'꾸준함의 힘'

좋은 습관을 만들기란 참 어렵다. 하지만, 하다 보니깐 작은 습관이 하나씩 형성 되다 보니깐, 하나의 좋은 습관은 다른 좋은 습관을 만들어 내고 있었다. 굳이 애를 쓰지 않아도, 반복적으로 하다 보니깐 삶 속에서 힘을 내는 방법을 자연스럽게 터득하기 시작했다. 확실한 건 같은 장소, 같은 시간에 무언가를 꾸준히 하다 보면 그곳에서 당신의 역사가 반드시 시작되고 기록된다는 것이다.

이처럼 무언가를 꾸준히 하다 보면 삶이 달라지는 게 재미가 있고, 신기해서 점점 삶에 호기심을 갖게 된다.

우리가 밥만 먹고 일만 하고, 잠만 자는 데에서 느끼는 일반적인 감정이 아닌, 특별하고, 짜릿하고, 임팩트 있고, 스펙터클한 감정에서 꾸준함이라는 힘을 느껴 볼 차례다.

가장 좋은 방법은 일상에서 그 순간을 자주, 꾸준히 경험하는 것이다.

혹 당장 효과가 없다고, 돈이 안 된다고, 며칠 하다가 포기할 거면 시작 자체를 하지 마라, 우리가 알고 있는 세계적인 무용수 발레리나 강수진은 이렇게 말했다.

"지루한 반복이 오늘의 나를 만들었다. 나의 일상은 지극히 단조로운 날들의 반복이었다. 잠자고 일어나서 밥 먹고 연습, 자고 일어나서 밥 먹고 다시 연습, 어찌 보면 수행자와 같은 하루하루를 불태웠을 뿐이다. 조금 불을 붙이다 마는 것이 아니라, 제가 한 톨도 남지 않도록 태우고 또 태웠다. 그런 매일 매일의 지루한, 그러면서도 지독하게 치열했던 하루의 반복이 지금의 나를 만들었다."

필자 역시 매일 TV를 보면서도 배우려고 하는 자세로 시청을 하다 보니깐 수많은 아이디어가 나오고, 매일 3줄 감사 일기를 쓰다 보니깐 지금 이 책을 쓰게 되었고, 매일 아침에 윗몸 일으키기를 30개씩 하다 보니깐 바디 프로필을 찍게 되었다. 이렇게 꾸준히, 반복적으로 하다 보니깐 조금씩 삶이 천천히 채워지면서 풍성해지는 걸 느낄 수가 있었다. 놀라웠다. 꾸준함의 힘은 역시 그 끝을 반드시 경험해봐야 알 수가 있다.

하나, 둘, 셋 「갑자기」
'실천의 힘'

스스로가 성장하고 싶을 때 무언가 갑자기 해보면 좋다. 사고가 전환되어, 당신의 뇌가 리프레시 되어 기분이 전환되는데 최고의 효과다.

갑자기 평생 한 번도 안 해본 파마를 해보기, 한 번도 안 가본 여행지를 홀로 떠나기, 아내에게 10년 만에 꽃 선물하기, 새로운 운동을 배우기, 노후 준비해보기, 나쁜 습관 고쳐 보기, 갑자기 한 시간 일찍 잠자리에 들기 등 실천해보면 확실한 건 대부분이 절대로 후회하지 않을 행동들이다.

우리 삶에서 갑자기란 너무나 좋은 현상이 아닌가? 물론 갑자기 실패, 좌절, 슬픔, 분노가 나타날 수 있겠지만 지금은 이런 부정적인 생각을 할 시간도, 그 상황에 깊게 들어가 고민할 시간도 우리가 이 세상을 살아가는데 너무 아까운 시간들이다.

좋은 생각을 더 깊고, 강하게, 꾸준히 하자! 그러다 보면 부정적인 생각은 점점 희미해질 것이다. 부정적인 생각은 무조건 생각의 속도를 줄여 없애는 게 답이다. 이처럼 우리를 성장하게 해주는 갑자기 든 생각은 일상 속 소재들이고 분명 예고 없이 나타난 현상이다.

당신이 지금 삶을 조금 더 드라마틱하게 연출하고 싶다면 일상 속 사소한 소재들도 조금 더, 생동감이 있게, 정성스럽게 대하는 태도를 가져보자. 인생의 아름다운 문을 여는 것은 당신이 삶을 대하는 태도라는 노크에 따라 그 결과가 달라지는 법이다.

무언가 새로운 도전을 하고 싶어 실천하기가 어렵다면, 지금 당신이 하고 싶은 일 중에서 갑자기 떠오르는 단어 3가지만 적어보자. 그중에 당신이 주인공이 될 키워드가 분명 있을 것이다.

바로 적어보자! 그냥 적어보자!
하나, 둘, 셋 너무 많은 생각을 하지 말고, 그냥 적어봐라. (바로 적기)

1. _____
2. _____
3. _____

* 이 중 한 가지만 하나, 둘, 셋에 그냥 Just Start 해보자!

위에서 언급한 말들은 모두 일상에서 자주 나타나고, 때론 인생이 달라질 수 있는 개연성이 있는 말들이다. 우리에게 이처럼 평범한 일상은 비범함을 숨김 채 지금도 연속되고 있다. 그 비범함을 깨울 것인가 말 것인가는 당신의 몫이다.

하지만 우리가 흔히 알고 있는 언급한 키워드는 우리가 의식하지 않으면 그냥 일상대화에서 쉽게 묻히게 된다. 그래서 하나, 둘, 셋 구호를 외치면서 항상 깨어 있는 삶을 살게 되면 키워드 하나에도 인생의 운명이 달라질 수 있다는 걸 믿고, 느끼고 경험하게 될 것이다.

우리는 이처럼 인생의 운명을 달라지게 하는 키워드 앞에 설레임을 안고 매 순간, 하나, 둘, 셋을 꾸준히 외쳐 평범한 일상에서 새로운 일상으로 탈출을 시도해봐야 한다.

문득, 꾸준히, 외치다 보면, 어느 순간 갑자기 당신도 성공하는 사람들의 대열에 허리를 꼿꼿이 펴고 서 있을 것이다. 그럴 수 있다는 당신을 무조건 믿어라!

오늘부터 무조건 나는 할 수 있다. I can do it!이라는 정신력으로 지금부터 새로운 삶을 하나, 둘, 셋 구호를 힘차게 외치며 Just Start 해보자.

12

습관이 멈추면
내 삶도 멈춘다

"처음엔 우리가 습관을 말하지만,
그 다음에는 습관이 우리를 만든다."

-존 드라이든

마음속에 비장함을 품고
역풍을 견뎌내다

삼국지에 보면 춘추전국시대에는 끊임없이 전쟁의 연속이었다. 이런 난국이 없었더라면 유비, 장비, 관우의 캐릭터는 존재하지 않았을 것이다. 우리나라 역시 일제의 끊임없는 침략 속에 임진왜란이 발생이 되었고, 이순신 장군 역시 12척의 낡은 배로 133척의 적을 막아내 나라를 구했다. 바로 영웅은 난세에 탄생하는 것이 아닌가? 유관순 열사 역시 죽음을 무릅쓰고 대한독립 만세를 외치는 것도 역시 마찬가지다. 그들이 역사 속에서 이토록 잊혀지지 않는 이유가 그들이 처한 상황에서 목숨을 잃는 두려움보다 나라를 구하겠다는 비장함이 더 컸기 때문이다.

이처럼 우리 선조들의 비장함을 토대로 지금 우리가 처한 코로나19도 스스로를 더 강하게 만들어주는 인생 최고의 순간이라 생각하고 비장함을 갖고 위기를 기회로 삼아야 한다.

순풍이 부는 어느 일상에 코로나19는 한마디로 가만히 서 있지도 못하게 하는 역풍이었다. 그 역풍을 견디기 위해 우리도 모르는 초능력을 발휘해 스스로의 한계점을 극복하고 역풍을 다시 순풍으로 돌려놔 다시 자신 삶의 가치를 높여야 한다.

연은 순풍이 아니라, 역풍에서 가장 높이 난다.

－전 영국 총리 윈스턴 처칠

"시대는 영웅을 밝히고, 영웅은 역사를 남긴다."

이 말처럼 코로나19 시대에 세상이 한 번쯤 나 자신에게 영웅이 될 기회를 주는 거로 생각을 해보자. 꿈을 실현하는 무대는 잠시 멈췄지만, 주인공의 역할과 퍼포먼스는 멈추지 않아야 한다. 필자 역시 오랫동안 해왔던 일들이 모두 한순간에 멈춰 섰지만, 삶 속에서 하나, 둘, 셋 Just Start 구호를 외치고부터는 언제나 무언가를 시작하고 있었다. 한마디로 내 삶의 겉모습은 멈춰 섰지만, 내 의식만큼은 절대 멈추지 않았다.

그때부터 나는 지금 내가 처한 역풍의 환경이 아무리 노력을 해도 쉽게 변하지 않으면 내 몸이라도 변해야 한다는 생각밖에 들지 않았다. 내 몸이 변하면 내 생각과 행동이 변할 것이고, 이로써 환경이 변할 거라 확신이 들었기 때문이다.

나는 이때부터 거부권 없이 하루에 1시간을 지금도 빠짐없이, 땀을 흘리는 핵심습관을 갖게 되었다. 간혹 사정이 생겨 정해진 시간에 지키지 못한 날은 따로 시간을 내서라도 그 땀방울의 양을 채우기까지 했다.

이때부터 나는 모든 매 순간을 하나, 둘, 셋 구호를 외치고 Just Start하고, 버텨내는 습관을 갖게 되었다.

오늘따라 기운이 나지 않아 나의 멘토 11살 둘째아들과 아파트 단지를 달리기를 시작했다.

전반전에는 내 의지력에 몸을 맡기고, 후반전에는 아이의 자전거 뒷바퀴만 믿고 달리기 시작했다. 마치 아파트 단지는 국가대표 태릉선수촌, 나는 국가대표, 아들은 나의 코치님이었다. 달리기를 시작한 지 불과 10분도 안 돼서, 멈추고 싶어서 아들에게 "포기하자"라고 말을 하자, 도윤이는 "아빠 안 돼, 아빠가 그랬잖아, 포기는 김장할 때만 쓰는 거라고! 하나, 둘, 셋 힘내세요!"

"오케이 다시 뛰자 그럼 우리 마지막 코스는 우리 집이 21층이니 아빠는 1층에서 계단으로 갈 테니 너는 엘리베이터를 타고 10층에서 내려서 아빠랑 같이 올라가자!" 하나, 둘, 셋! Just Start!

또다시 힘이 들었는지 5층부터 숨이 막히기 시작했다. 도윤이는 10층에 도착해서 "아빠 어딨어요? 왜 안 와요?" 하고 계단 층 사이로 소리가 들렸다. 마치 깊고 깊은 시커먼 터널에서 사랑하는 아들이 나에게 "아빠 인제 그만 그 터널에서 나오세요."라고 하는 것 같았다.

순간 내 몸은 힘듦의 감각을 잃고 그냥 두 다리가 아들이 있는 목적지로 향해 갈 뿐이었다. 10층이 도달해서 "도윤아 가자! 하나, 둘, 셋 Just Start!" 힘들었지만, 아들 앞에서만큼은 포기하는 모습을 보여주고 싶지 않았다.

헉헉거린 나를 보고 도윤이는 "아빠 벌써 지쳤네!"라고 하자! 이번에는 "아빠 포기할 줄 알았어"로 들렸다. 순간 나는 나도 모르게 무의식적으로 하나, 둘, 셋, 하나, 둘, 셋을 반복적으로 외치면서 행복 호르몬 분비하고 있었다. 어느새 온몸에 땀이 줄줄 흐르면서, 머리가 맑아지고, 온몸이 가벼워진 느낌을 받았다.

결국, 나는 멘토와 함께 21층까지 오르는데 무사히 임무를 마칠 수가 있게 되었고, 순간 칠흑같이 어두운 긴 터널을 빠져나갈 수 있다는 작은 희망과 용기를 얻게 되었다.

하나, 둘, 셋은 내가 시작이 어려워 망설일 때 시작을 쉽게 하게 해주고, 힘이 없어 주저앉고 싶을 때도 끝까지 버티게 해주는 정말 마법 같은 기적의 소리였다.

난 최근 의도치 않게 시간적 여유가 많아 좋은 습관을 많이 만들었다. 이중 대표적인 3가지는 하루에 3시간을 이렇게 분배했다. 혹 시간적 여유가 없다면 강도를 50%~70%까지 줄여도 충분히 삶의 필요한 에너지와 힘을 얻을 수가 있다.

① 1시간 책 읽기
② 1시간 글쓰기
③ 1시간 운동하기

만약에 이렇게 좋은 습관들이 멈추게 되면 링크된 작은 습관들에게도 막대한 지장이 있다는 것을 난 깨달았다.

책을 읽어서 글을 쓰게 되고, 글을 쓰기 위해선 체력이 필요해 1시간 운동을 꼭 해야만 했다. 한순간에 일은 한 가지만 해서는 절대 쉽게 일어나지 않고, 습관의 연속성처럼 모든 게 링크가 되면 비로소 위대한 일이 벌어졌다. 매일 아침 동쪽에서 뜨는 태양이 저녁이 되면 서쪽으로 지는 건 단 한 번이 아니다. 또 내일 아침이 되면 태양은 또다시 습관처럼 동쪽에서 뜨고 서쪽으로 지는 걸 반복한다. 이렇게 지구의 일련의 법칙도 이렇게 습관처럼 반복 작용을 하거늘 우리는 왜 이걸 못하는 걸까?

지금 좋은 습관이 있으면 절대 멈추지 마라!
자신도 모르게 습관이 멈추면 인생이 멈추게 될 수도 있다.

그리고 항상 긍정적인 생각을 하려고 노력하자. 현실 탓에만 의존하는 사람은 기회에서 어려움을 찾아내지만, 긍정적인 사람은 어려움에서 기회를 찾아낸다.

지금 코로나19로 삶이 힘들다고 멈추지 말고, 잠시 새로운 도약을 하려고 숨 고르기라 생각하자. 언젠간 끝날 코로나19 이후에 시대를 위해 매 순간, 하나, 둘, 셋에 도움닫기를 하고, 멈춤과 포기 없이 매 순간 Just Start 해보자!

제3장

훈련하고, 적응하기

하나, 둘, 셋 Just Start!

당신의 삶이 윤택해지는 방법은 아주 간단하다.

⋮

쪼개고, 없애고, 버리고, 기록해서 당신의 운명을 바꿀 수 있는
핵심습관을 만드는 것을 시작하라.
바로 이것이 인생 최고의 비밀병기가 될 것이다.

1
순식간에 업데이트하는 방법

"진정으로 당신의 삶을 바꾸고 싶거든
당신을 에워싼 것부터 바꿔라."

– 앤드류 메튜스

지금 당신은 어디에서 책을 읽고 있는가? 혹시 회사나 집에서 읽고 있다면 고개를 좌우로 움직여 봐라! 당신이 놓여 있는 환경이 정리 정돈이 잘 되어있는가? 그렇지 않다면, 지금 무슨 생각이 드는가? 치워야겠다는 생각은 들지만 하지 않은 이유는 무엇인가?

지금 당신이 무언가를 시작하려고 할 때 마음가짐은 어떠한가? 혹, 불안정하고 어지러워진 상태라면 뇌는 시작도 전에 스트레스를 받아 시작의 힘을 내는 걸 알게 모르게 부담스러워 해 시작의 힘을 제대로 낼 수가 없게 된다.

- 지금 당신이 컴퓨터로 업무를 할 때, 항상 반복되는 귀찮음은 무엇인가?
- 지금 당신이 핸드폰을 사용하면서 가장 큰 스트레스는 무엇인가?
- 당신의 지금 의식주를 하면서 가장 불편한 환경은 무엇인가?

• 당신의 인생을 업데이트하기 위해서는 지금 무엇이 필요한가?

살면서 가장 기본적인 사항들을 업데이트하지 않고, 알면서도, 그 상황을 반복해서 몇 날, 며칠, 심지어 1년, 수십 년이 지나도 하지 않는 이유는 무엇일까? 사실 특별한 이유는 없다. 그냥 너무 상황이 가벼워 안 해도 그만이기 때문이다. 한마디로 음식을 먹을 때 손을 씻지 않고 먹는다거나, 운동을 할 때 스트레칭 없이 바로 운동을 하는 것과 같다.

바로 너무 기본적인 사항에 대해서 너무 무관심하고 인색하기 때문에 당신의 인생이 쉽게 업데이트되지 않는 건 아닐까?

한마디로 당장 하지 않아도 중요하지 않다고 생각하는 마음이 항상 변함없기 때문이다. 이런 상황이 오랫동안 축적되면 결국 육체적, 심리적, 경제적 손실을 알게 모르게 있다는 걸 우린 깨닫고, 그 손실을 이제 최소화해야 한다.

하나, 둘, 셋 지금 어긋나 있는 당신의 환경을 업데이트해 보자!

위의 질문에 답을 잘하고, 자신의 환경을 꾸준히 업데이트하면 당신의 삶은 단순화 되고, 자동화되어 당신이 정말 성공하기 위해서 꼭 필요한 부분이 무엇인지 그 키를 찾게 될 것이다. 마치 어긋나있던 톱니바퀴가 모두 작동이 되어 서로서로 맞물려 완벽하게 자연스럽게 작동이 되는 것처럼 말이다.

수천만 원을 호가하는 최고급 명품시계도 수백 계의 작은 톱니바퀴 중

바퀴 하나만 어긋나고, 녹이 슬면 그 시계는 바로 고장 난 시계에 불과하다.

그만큼 매 순간을 신경을 곤두세워, 오류 적인 신호가 오면 바로 고치고, 환경을 꾸준히 업데이트해야 한다. 하지만 이게 말처럼 쉬운 게 아니다. 하지만 너무 걱정하지 마라! 지금부터 매 순간을 아주 쉽게 업데이트하고, 바로 효과를 볼 수 있는 방법을 제시하겠다. 방법을 알고 싶다면, 지금 당신의 주변이 어지러워져 있다면, 무언가 시작하기 전에 30초만 정리 정돈을 해보자.

물티슈가 있다면 책상을 닦는 것도 좋고, 없다면 책상 위에 불필요한 비품을 제자리에 놓기만 해도 좋다. 비틀어진 액자가 있다면 똑바로 세워보고, 쓰레기통이 찼다면 쓰레기통을 비우기만 해도 좋다. 연필심이 달았다면 연필을 깎아보고, 프린트 기기에 A4가 없다면 채워 넣어봐라.

지금 바로 해보자! 하나, 둘, 셋 Just Start!

해봤다면 곧 불필요한 마음들이 알게 모르게 사라지고, 정돈되고 차분하고, 깨끗한 작은 마음들이 그 자리를 순식간에 차지했을 것이다. 무언가 30초간 주변을 정리하고 시작하는 마음 바로 그 마음이다! 바로 이거다.

집안 대청소를 1~2시간 하고 나면 기분이 개운하고, 후련하지 않은가? 그때 그 감정의 강도가 10이라면 아마 30초 동안 느낀 감정은 1이다. 너무 강도가 약해서 크게 느껴지진 않지만, 감정의 강도만 틀릴 뿐이지 기분이 개운하고, 후련한 상태의 본질은 같다.

이게 바로 필자가 당신에게 제시하는 방법이다. 해봤다면 바로 전에

30초간 느꼈던 그 마음을 잘 기억하고, 한 번 더 눈을 감고 느껴 보자. 확실히 마음가짐이 달라졌을 것이다.

핵심은 무언가를 시작할 때 하나, 둘, 셋 Just Start를 하고 30초만이라도 주변 환경을 좋은 환경이 될 수 있게 시작하는 마음을 마중 나가는 것이다.

마중지봉(麻中之蓬) '삼밭에서 난 쑥'이라는 이 성어는 "구불구불하게 자라는 쑥도 곧게 자라는 삼밭에 있으면 곧아진다."라는 뜻이다. 이처럼 어지러워진 마음도 정리하려는 마음이 이끄는 환경에 도달하면 순식간에 그 마음이 사라지고 평온하고 안정된 마음을 갖고 시작을 하게 된다. 마치 물 흐르듯이 순조롭게 다음 일들을 시작을 할 수 있게 될 것이다.

언제나 우리가 무언가를 시작할 때 환경도, 마음도 중요하다.

설령 아무리 좋은 환경도 시작할 때 마음가짐이 흐트러져 있다면 결과가 좋을 수가 없다. 이렇게 무언가를 시작 전 30초간 주변 환경설정을 해서 마음 정화를 확실히 하고 시작을 해야 한다.

일상생활에서도 마찬가지다. PC나 핸드폰을 사용하다 보면 일정 시간이 되면 시스템업데이트 문구를 보게 된다. 또는 바이러스에 노출이 되어서 경고 메시지를 받기도 한다.

이런 사항들을 무시하고, 사용한다면 어떻게 되는가? 성능이 저하되고, 결국 바이러스에 걸리거나, 시스템이 고장이 나서 멈춰버리기도 한다. 이로써 시간적, 경제적, 정신적 손실이 오게 된다. 지금 우리가 이럴 때가 아니지 않은가?

우리는 매일 사용하는 PC가 멈추기 전에 주기적으로 환경설정을 표시하는 톱니바퀴를 눌러서 보안상태점검, 시스템업데이트, 바이러스 경고 체크, 장기간 미사용 파일, 쿠키 삭제 등을 통하여 업데이트를 주기적으로 해야 한다.

인간의 감정 역시 마찬가지다. 좋지 못한 감정을 그대로 두고 새로운 시작을 한다면 아무리 좋은 환경에서도 좋지 못한 감정에 지배가 되어 결국을 위해 환경으로 서서히 동기화될 수가 있다.

이처럼, 사람의 마음과 우리가 살아 숨 쉬는 일상에서의 환경설정을 꾸준히 업데이트하지 않으면 힘들게 만들어 낸 좋은 습관, 핵심습관도 결국 멈추게 돼버린다. 우리 삶의 다양한 환경을 신체적, 정신적, 직업적, 가족적, 경제적 등을 균형 있게 체크를 주기적으로 환경을 업데이트해야 한다.

조심해야 할 것은 자신의 환경설정을 대충하면서 난 완벽하게 하는 중이라고 완벽한 거짓말을 반복적으로 하는 것이다.

심지어 업데이트해야 하는 데 알면서 내버려 두는 행위이다. 제발 부탁이다. 반드시 환경을 업데이트하자! 가족이 있다면 이제 당신 혼자 사는 세상이 아니지 않은가.

시작 전 30초간 주변 환경정리를 하고, 필요한 사항은 반드시 메모한 후 시간을 내서 환경 업데이트를 반드시 해보자.

오류가 점점 줄어들어 망설임 없이 시작하게 되면 당신의 삶도 항상 새로운 시작의 연속이 될 것이다. 그렇지 않고 또 똑같은 오류를 반복해서 경험하게 되면 당신은 언제나, 같은 자리에서 같은 고민을 하면서 시간을 낭비할 것이다.

우리의 인생도 마찬가지다. 1년, 2년, 10년, 20년 살면서 같은 고민과 생각만 하지 말고, 주기적으로 인생 환경설정을 업데이트해서, 한 번밖에 없는 당신의 삶을 항상 설레게 하고, 가슴 뛰게 해보자. 그 시작의 선봉이 바로 시작 전 30초만 당신의 주변을 업데이트하는 것이다. 별거 아닌데, 효과는 정말 기가 막히다!

인생 환경설정 업데이트 하기
① 최근 3개월 가장 가슴 뛰게 시작하고 싶은 일은?
② 최근 3개월간 카드 지출 명세서에 특이한 점은?
③ 지금 나의 비만도는? 상위 몇 %?
④ 가족들이 나를 어떤 사람으로 인식하고 있는가?
⑤ 회사에서 필요로 하는 나의 자질과 능력은 무엇인가?
⑥ 지금 가장 불안해하고 걱정되는 부분은?

위에 사항은 참고용이며 각자의 삶의 기준에 맞게 질문을 스스로가 해서 최소 3개~4개월에 한 번씩 분기별로 질문에 답을 해보기를 바란다.

만약 동일 현상이 발전 없이 중복되고 있고, 개선사항이 없다면 당신의 삶에 성장을 기대하는 건 지나친 욕심이다. 만약에 주기적으로 질문의 답을 찾고, 꾸준히 삶을 개선시키고, 환경을 발전시켰다면 당신은 9회 말 마지막 공격 투아웃 투 스트라이크 쓰리 볼에 투수가 던진 마지막 볼에 만루홈런을 쳐서 극적인 승리를 안겨주는 행운을 경험할 것이다. 그것도 4번 타자가 아닌 9번 타자가 말이다!

삶은 이처럼 극적인 반전처럼 변화들이 있어야지 재미가 있고, 설레고, 가슴 뛰는 삶을 살 수가 있다. 지루한 삶은 참 재미가 없다. 재미가 없다는 건 결국 아무것도 하고 싶지 않은 삶이다. 재미있는 삶을 살고 싶다면 무조건 그 지루함을 잘 참고 견뎌 내야 한다.

지금 우리는 현실에 완주하지 않고 우리가 가보지 않는, 경험하지 않는 세상의 도전을 하고 있다. 지금부터 꾸준히 당신의 인생의 톱니바퀴를 굴려보자.

계속 굴리다 보면 풀리지 않는 답이 보일 것이고, 한 번도 만나보지 못한 호기심 가득한 당신의 자아가 또 다른 문으로 당신을 이끌어 줄 것이다.

그리고 그 문을 열고 천천히 한 걸음씩 나아가면 한 번도 경험하지 못한 새로운 세상이 펼쳐질 것이다. 바로 그곳에서 당신은 성장의 기쁨을 느끼고, 당신의 참된 자아를 만나게 될 것이다.

지금부터 당신이 성장하는 삶을 살고 싶다면 시작하는 매 순간 하나, 둘, 셋 Just Start! 구호를 외치며 힘차게 성장의 문을 꾸준히 열어보는 습관을 30초만 꼭 지녀 보자.

2

3초 만에 유혹을
쉽게 뿌리치는 방법

"우리가 이겨낸 유혹의 기억보다
더 만족스러운 기억은 없다."

-제임스 브랜치 캐벌

히말라야 고산족은 양을 사고, 팔 때 소, 돼지처럼 몸집의 크기에 따라 값을 매기는 게 아니라, 양의 성질에 따라 값을 매긴다고 한다. 양의 성질을 테스트하는 방법이 참 흥미롭다. 그럼 양을 매매하는 현장 히말라야의 가파른 산비탈로 한번 가보자. 양을 살 사람과, 팔 사람이 함께 양을 풀어놓고 양이 산비탈에서 위로 올라가는지, 아래로 내려가는지를 유심히 지켜본다.

이때 양들이 풀을 뜯으며 힘들더라도 산비탈 위로 올라가면 값이 오르고, 반대로 아래로 내려가면 살이 찐 양이라도 값은 내려가게 된다.

즉 산비탈 위로 올라가는 상향양(上向羊)은 비록 현재는 힘들지라도, 위로 올라갈수록 경쟁이 적어지고, 드넓은 초원에서 편안하게 살을 찌우고, 생명도 길어지게 된다. 반대로 산비탈 아래로 내려가는 하향양(下向羊)은 당장은 편안하게 풀을 뜯고 있지만 아래로 내려갈수록 좁은 협곡이나 평지에 다다르게 되면 다수의 경쟁으로 결국 굶주려 죽게 된다.

한마디로 우리의 시선은 보이지 않는 의미 있는 것들보다 당장 눈앞에 보이는 쉽고, 가벼운 현상에 유혹을 더 쉽게 받고 살아간다.

현재 상황이 아무리 힘들고, 순간의 유혹을 뿌리치기 어려워도 상향양(上向羊)처럼 편안하고, 시운 길 대신, 좁고 험난한 길을 건너 편안한 생활을 하듯이 우리가 지금보다 더 넓은 곳에서 더 값진 세상을 경험하기 위해서는 매 순간 맞이하는 일상의 가벼운 유혹들에 대해서 슬기롭게 대처를 잘해야 한다.

성경에도 이런 말이 있다. '너희는 좁은 문으로 들어가라, 멸망으로 이끄는 문은 넓고, 길도 널찍하여 그리로 들어가는 자들이 많다(마태 7:13).'

필자는 매일 매일 1시간씩 운동을 해서 땀을 흘려 복잡하고, 피곤한 뇌를 편안하게 해서 내일을 산뜻하게 시작하는 좋은 습관을 갖고 있다.

1시간 동안 땀 흘리기 좋은 습관은 새로운 목표 '내 인생의 마지막 초콜릿 복근 식스팩 만들기'가 생겼고, 그 목표를 지켜 내기 위해 저녁 식사 이후에 야식을 금지하고, 밀가루 성분 자체를 먹지 않는 습관 역시 필자에게 좋은 습관으로 자리를 잡아가고 있었다.

하지만, 일상에 무질서하게 펼쳐진 온갖 유혹을 뿌리치고 좋은 습관을 유지하는 건 생각보다 쉽지 않았다.

어떻게 하면 일상에서 순간의 유혹을 쉽게 뿌리칠 수 있을까?

습관이 오래되면 천성이 된다는 말이 있다. 율곡 이이 선생은 '오래된 습관은 단칼에 무를 자르듯이, 뿌리까지 싹 다 잘라 버려야 한다.'라고 했다. 하지만 율곡 이이처럼 욕망을 절제하고 한순간에 유혹을 뿌리치는 건 인간으로서는 너무 어렵다.

『아주 작은 습관의 힘』의 저자 제이스 클리어는 이처럼 말했다.

"자제력은 단기적 전략이지, 장기적 전략은 아니다. 우리는 한두 번쯤 유혹에 저항할 수 있겠지만, 매번 자신의 욕구를 무시하는 의지력을 끌어올릴 수는 없다."

'치킨을 먹지 말자'라고 하면 오히려 더 생각나서 먹고 싶다는 욕구는 더 커지게 된다. 이 생각을 계속할수록 그것은 우리의 의식 속에서 활성화가 되어 생각을 안 하고 있을 때보다 더더욱 하지 말아야 할 것을 더 하고 싶어지게 하기 때문이다.

우리의 마음의 상태를 결정하는 건 신경전달 호르몬이다. 바로 도파민은 치킨을 먹음으로써 쾌락을 추구하고, 노드아드레날린은 '지금 왜 고민하는 거야? 먹으면 되지! 뭘 망설여!' 하고 공격성을 띤다. 이 둘을 조절하는 게 바로 세로토닌이다. 즉 세로토닌을 잘 분비하기 위해 다양한 건강 습관을 유지해야 한다. 하지만 순간의 유혹 앞에 세로토닌을 갑자기 분비해서 유혹을 뿌리치는 건 현실적으로 불가능한 일이다.

그만큼 어렵다는 뜻이다.

결국, 기존의 방법은 알아도 지키기가 어렵고, 한마디로 더 영리한 방법이 필요했다. 방법은 언제나 간단하고, 당장 우리가 쉽게 행동할 수 있어야 한다. 바로 유혹을 당할 때 하나, 둘, 셋에 할 수 있는 행동을 넣어 시작해보는 거다. 조금 더 쉽게 말을 하자면, 유혹을 뿌리쳐야 하는 상황에 무엇을 할 것인지를 미리 생각해 놓으라는 뜻이다.

단순하지만 이 방법은 바로 효과가 있다. 유혹의 욕망이 꿈틀대는 찰나의 순간 그 틈을 갑자기 뇌가 무의식적으로 비집고 들어가 유혹을 차단하는 것이다.

반드시 새로운 행동이 시작될 때까지 구호를 끝까지 외치는 걸 잊어서는 안 된다. 그리고 대체 행동은 아주 쉽고, 효과가 없는 수준의 강도로 설정을 해야 한다. 이 두 가지 방법만 지켜 내면 최소한의 실패는 없을 것이다.

바로 하나, 둘, 셋으로 대체 행위를 바로 Just Start! 하는 것이다.

다이어트 중이라면 밤에 저녁을 먹고 치킨은 절대 먹지 않기가 아니라, 치킨이 순간 먹고 싶게 되면, 볼록 튀어나온 뱃살을 만지며 '하나, 둘, 셋에 양치하기!'로 해보자. 입에 칫솔을 대면 바로 성공이다.

밥을 한 공기를 다 먹고, 한 숟가락만 더 먹고 싶을 때, '더 먹지 않기'가 아니라 바로 '하나, 둘, 셋 냉수 한 컵 마시기'로 바로 대체 행동을 해보자.

핸드폰을 그만 보고 공부를 해야 하는데 그렇지 못할 경우, 핸드폰 그만하기가 아니라, '하나, 둘, 셋 주변을 한 바퀴 돌아보기!' 로 대체 행동을 해봐라.

TV를 보다가 매일 밤 9시 저녁 운동을 하기 위해 'TV 시청 그만하기'가 아니라 '하나, 둘, 셋에 팔 굽혀 펴기 3개'하기로 해보자.

즉 유혹을 뿌리치는 게 아니라, 유혹이 뿌리내리지 못하게 유혹의 감정을 전환하는 방법이다. 마치 일상에서 기분전환을 해서 새로운 감정이 드는 것처럼 말이다.

여성들이 스트레이트파마를 하고, 손톱 다듬기를 하고, 남자들이 세차를 하고, 업무 중 팔 기지개를 한 번만 펴도 잠깐 찰나에 기분전환이 되는 것과 같은 맥락이다.

지금 당신이 이런 순간의 가벼운 유혹도 뿌리치지 못해 산비탈 아래 쉬운 길로 내려가 수명도 짧아지고, 몸값도 내려가는 히말라야 하향양이 되고 싶은가? 아니면 시운 길 대신 어려운 길을 선택해서 산비탈 정상 드넓은 초원에서 편안하게 풀을 뜯고 오랫동안 장수하는 상향양이 되고 싶은가?

이제 선택은 당신의 몫이다.

지금 제시한 방법은 당신이 성장하기 위한 최소한의 노력이고, 가장 쉽게 하는 방법이다. 너무 쉬워서 효과가 없을 것 같은가? 그러니 단 한 번의 시도도 좋으니 꼭 해봐라!

유혹을 뿌리치는 대체 행동을 미리 메모해서, 준비해놓고, 유혹의 매 순간 망설이지 말고, 하나, 둘, 셋에 바로 준비해놓은 대체 행동을 바로 Just Start! 해봐라. 한 번의 작은 성공으로 인한 성취감과 높아진 자존감은 당신의 삶에 작은 희망의 불씨가 되어 당신의 삶의 질을 점점 단단하게 해줄 것이다.

가능하면 오늘 밤 당신이 욕망의 유혹에 덫에 걸리는지 안 걸리는지 한번 테스트를 직접 해보자. 욕망의 유혹을 가장 쉽게 뭉개버리는 방법 하나, 둘, 셋에 새로운 대체 행동을 외치면 된다.

언제나 시작의 힘은 간단하다. 하나, 둘, 셋에 Just Start다!

혹시 필자처럼 바디 프로필을 찍기 위해 다이어트에 도전하고 싶다면, 운동은 본인의 신체에 맞게 꾸준히 하면서, 아래의 표처럼 하나씩 지켜낸다면, 꽤 효과가 있을 것이다.

다이어트 후 몸짱 되기

① 시간 설정을 해라.

  (저녁 식사 후 야식 금지보다는 → 취침 전 4시간 전에는 음식 섭취하지 않기.)

② Before vs After를 이미지화 해라.

(초콜릿 복근 사진만 붙이기보다는 → 현재 나의 뱃살도 추가로 붙여 놔라.)

③ 나쁜 습관 Day를 정해라.

(치킨데이, 피자데이를 정해서 한 달에 1~2번으로 정한다.)

④ 목표 달성 종착지를 정하고 D-day를 설정해라.

(보통 좋은 습관은 2달이면 효과가 난다. 오늘부터 60일간 도전)

⑤ 목표 달성 보상계획을 세워라.

(2달 후에 뱃살이 7㎝가 줄어들면 입고 싶은 옷을 산다. 바디 프로필을 찍는다.)

⑥ 자세히 측량해서 기록한다.

(보통 3~4일에 한 번씩 해서 변화의 쾌감을 느끼고, 소수점까지 기록한다.)

⑦ 운동 방법이 질리면 무조건 바꿔라.

(뇌는 항상 새로운 거에 흥미를 갖는다.)

⑧ 1주일 단위로 제3자에게 도전과제를 알린다.

(한 명의 관객을 위해서라도 반드시 하게 된다.)

3

단기간 좋은 결과를
내는 방법

"내가 의지할 곳은 오직 흔들리지 않는 나뿐이다.
바탕이 단단한 사람은 어떤 곳에 가서도 결국 해낸다."
　　　　　　　　　　　　　　－『다산의 마지막 습관』 중에서

　3주간 10㎏ 감량 프로젝트, 30일 보장 바디프로필 찍기, 단기간 자격증 시험 합격하기, 토익 100일 완성 꿀팁, 단기간 주식 부자 되기, 일상생활을 하면서 단기간에 효과를 보기 위해 시간에 얽매이거나 어쩔 줄 몰라 발버둥을 치고 있는 사람들에겐 그냥 지나칠 수 없는 말들이다.

　대부분 이런 말들에 관심을 두게 되는 이유는 시간이 없어서, 적은 노력으로, 단기간에 무언가를 빨리 효과를 내고 싶어 하기 때문이다. 단언컨대, "아무것도 하지 않으면 아무 일도 일어나지 않는다." 아직도 당신은 아인슈타인이 말한 정신병의 초기증세를 보이고 있는가?

　이런 방법만 믿고 있기엔 왠지 불안한 마음은 누구나 한 번쯤은 느꼈을 것이다. 한편으로는 그들은 장기간 방법이 효과적이지 않았거나, 도전에 대한 이해와 집중을 제대로 하지 못했을 확률이 높다.

　그렇다고 지금 내가 바쁜 당신에게 단기간 효과를 낼 수 있게 시간을 쪼개라, 기록을 기록해라, 단기, 중기, 장기를 정하고 실행목표를 쪼개라,

눈에 보이게 해야 한다. 자제력이 문제다. 자아 고갈을 막아야 한다 등 인터넷에서 검색해도 나올법한 내용을 이야기하려고 하는 게 아니다.

지금 당신이 단기간에 정말 효과를 내고 싶다면, 기존의 익숙한 습관을 자세히 들여다보자. 5가지 공통점이 우리의 궁금증을 풀어줄 키를 갖고 있을 것이다. 바로 평범한 삶을 사는 사람들에게 비범한 삶을 살 기회의 시간을 갖게 해 줄 것이다.

① 적은 노력으로 큰 결과를 내려고 한다

세계적인 선수이자 우리나라 남자 최고의 골프선수 최경주에게 후배가 벙커샷 즉 모래가 있는 구덩이에서 스윙을 잘하는 비결을 물을 때 그는 이렇게 말했다. "비결? 그런 게 어디 있어? 벙커에서 나오지 않고, 하루에 8시간씩 한 달만 연습해봐."

그리고 서울대 의예과 수석합격생이 말했다. "독서실에서 마지막까지 남아 공부를 한다. 웃기는 일이었다. 내가 공부를 제일 잘하는데, 내가 제일 열심히 했다."

우리는 참 적은 노력만으로 무언가를 많이 얻으려고 하는 못된 심보가 있다. 그 못된 심보를 단칼에 버리고 단기간에 더 큰 노력을 할 생각을 해야 한다. 자신의 노력이 부족함을 인정하고, 남들보다 더 조금 더 해야 한다는 뜻이다.

② 익숙한 습관으로 계속 도전을 한다

토익 LC Part를 연습하면서 듣기 중간에 멈춰 '한 번만 더 들으면 확실히 알 것 같은데, 1번만 더 들어보자'라는 익숙한 습관은 막상 시험장에서 1번만 듣고 모르게 되면 다음 문제로 넘어가지 못해, 시험을 망칠 수가 있는 나쁜 습관이 된다. 즉 순간의 위기 극복을 위해 익숙한 습관으로 행동을 계속하게 되면 다음 순간을 망쳐버릴 수도 있다. 차라리 단기간 극복을 해서 효과를 내기 위해서는 1.2배속으로 문제를 풀거나, 모르면 그냥 지나가는 게 더 효과적이다. 가만 보면 꼭 시험을 보면 틀린 문제는 또 틀리게 된다.

익숙한 습관은 때론 반복의 힘으로 습관을 만들어 주기도 하지만, 당신의 삶이 조금씩 발전할수록 익숙한 습관도 조금씩 변화와 개선을 통해서 최적화시켜야 한다. 그렇지 않으면 삶의 기준에 어긋나거나, 속도에 뒤처져 힘을 잃어 재미가 없어지게 되어 당신이 힘을 내는 데 오히려 걸림돌이 된다는 사실을 기억하자. 줄곧 걷기만 하지 말고, 걷다가 달리기도 하고, 옆으로도 걸어보고, 제자리에서 뛰어보기도 해라.

③ 도전을 멈추는 것을 반복해서 한다

단기간에 효과를 내기 위해서는 그 기간에는 하루도 멈추지 않아야 한다. 30일간 프로젝트를 작심 3일만 하다가 멈추거나 도전이 끝나기도 전에 손을 떼고 나서 '아~어렵다. 힘드네, 어쩔 수 없네, 난 역시 안돼'라고 마치 당신의 의지력을 사망 선고하듯 결정하지 마라! 멈췄기 때문에 효과가 없는 것이다.

단기간의 효과를 내기 위해서는 단 한 번의 도전으로 멈추지 말고 끝내야 한다. 심지어 비범한 사람도 며칠만 손을 놔도 평범한 사람이 된다는 걸 명심해라.

④ 마음의 여유가 없고, 항상 급하게 행동한다

마음의 여유가 없는 건, 아무것도 하지 않는 '불안감' 때문이다. 단기간의 목표도 어떻게 보면 하나의 짧은 인생을 사는 것과도 같다. 인생이란 게 급하게 산다고 계획대로 되는 법인가? 오히려 뒤죽박죽 살게 된다. 급할수록 돌아가라는 말을 기억하고, 침착함 속에 최 성능 무기를 꺼내 속도를 낼 생각을 해라. 동시에 속도는 상대적이다. 중요한 건 것은 나에게 맞는 호흡법을 반드시 찾아내야 한다.

⑤ 얻기 위해서 잃을 생각을 하지 않는다

단기간 효과를 내기 위해서 어떻게 하고 싶은 걸 매일 반복적으로 할 생각인가? 당신이 단기간에 최고의 효과를 얻기 위해서는 얼마나 당신이 포기할 수 있는지 답을 해야 한다. 좋아하는 TV 프로그램을 그만 봐야 하고, 좋아하는 치킨을 한 달에 1번만 먹어야 한다. 이렇게 줄이고, 포기할 생각에 벌써 긴장이 되는가?

절대 긴장은 하지 말고, 침착하게 생각하고 답을 해서, 당신을 위해서 잠시 불필요한 사항을 내려놓자.

단기간에 효과가 나타나서 당신의 삶이 나아졌다면 그때 당신이 편리함 대신 불편함을 택했고, 오르막길 대신 내리막길을 걷고 있었기 때문이다.

무언가 새로운 취미가 생기면 그 취미가 재미있어질 때까지는 상당한 시간이 걸린다. 예를 들어 테니스는 최소 6개월~1년 정도는 배워야지 내 몸에서 라켓을 통제해서 재미를 느낄 수가 있다. 재미가 있기 전까지는 길고도 험한 여정일 정도로 시간, 체력이 소진된다. 그래서 대부분 지인을 통해서 개인지도를 몇 번 받고, 연습 없이 대충 테니스를 치기 때문에 재미가 없다. 반대로 연습을 꾸준히 한 사람은 재미를 알기 때문에 확실히 만족도가 높다.

나 역시 중간에 테니스를 배우다가 포기를 하고 싶었지만, 잘 참고 이겨낸 결과 이젠 집에서도 예능 TV 대신 테니스 중계를 볼 정도다. 여기서 나는 모든 새로운 취미는 연습의 꾸준함을 절대 손 놓지 않겠다는 다짐이 필요함을 느꼈다. 동시에 함께 하는 동료의 조언과 격려도 필요하다.

최근 나는 골프 레슨을 1달 이상 받고 있다. 언제나 새로운 도전은 나를 설레게 한다. 하나, 둘, 셋을 외치면서 골프채를 휘두르는 순간 문득 어느 순간 '워런 버핏이 나에게 골프 라운딩을 하자고 하면 어떻게 하지?'라는 터무니없는 생각을 해봤다. 2021년 기준 세계 인구를 80억 명으로 보았을 때 80억분의 1의 확률이다. 혹시 아나? 0.1%의 성공확률이 나에게 빛과 소금이 될지!

흥미로운 사실은 하나, 둘, 셋에 구호를 외치며 새로운 도전에 Just

Start를 하게 되면 실패에 대한 두려움보다는 0.1%씩 성공확률이 점차적으로 오를 일에만 관심을 두게 된다는 뜻이다. 실패라는 단어 자차에 하나도 관심이 없어지게 된다는 뜻이다.

혹 로또 당첨이 된 후 당첨금을 밑천으로 사업에 대성공을 거둬 자산이 엄청나게 불어나 세계 최고 부자들의 기부 클럽인 '더기빙플레지(The Giving Pledge)'에 가입해 워런 버핏을 만나게 될지? 아무도 모르는 일이 아닌가?

'더기빙플레지(The Giving Pledge)'는 2010년 8월 빌 게이츠 마이크로소프트(MS) 창업자와 워런 버핏 버크셔해서웨이 회장이 재산 사회 환원 약속을 하며 시작한 자발적 기부 운동이다.

참고로 가입 조건은 재산이 1조 이상과 재산의 절반 이상을 사회에 기부라는 두 가지 조건이 충족해야 한다. 지난 2월 우리나라에서 최초로 배달의 민족을 운영하는 김봉진 대표가 '더기빙플레지' 회원이 됐다.(출처: 중앙일보)

나라고 '더기빙플레지' 회원이 안 될 이유는 없지 않은가? 내가 정말 0.1%의 성공확률과 천운이 따라 대성공을 거둬 '더기빙플레지'에 가입을 해서 같은 클럽 회원으로서 워런 버핏에게 만남을 시도해 그를 만날지 안 만날지는 아무도 모르는 일이다.

원래 인간은 태어날 때부터 능력이 정해지지 않았다. 그리고 주어진 운도 능력이고, 그 운의 크기는 굳은 신념을 바탕으로 한 끊임없는 행동에 의해 결정이 된다.

하룻밤 사이 로또에 당첨이 되든, 다른 방법으로 성공을 해서 부를 축적하는 게 중요한 게 아니다. 내가 지금 세계 최고의 부자 워런 버핏을 만날 의향이 진짜 있는가 없는가가 더 중요한 것이다. 있다면 만나기 위한 노력을 절대 멈추지 말아야 한다. 바로 이게 핵심이다.

매일 밤 나는 잠자리에 들기 전에 하나, 둘, 셋을 외치면서 워런 버핏과 골프 라운딩을 10년 안에 꼭 해내자!를 수십 번 중얼거리다가 자는 습관이 있다. 한 달이 지나서야 결국 나의 간절함은 꿈속에서 워런 버핏을 만나게 되었다. 비록 꿈이지만 간절함이 짙어지면 꿈속에서도 꿈은 이루어짐을 경험했다.

이렇게 하나, 둘, 셋을 외치며 무모한 생각을 할수록 나의 패기와 열정은 더욱더 강해져만 갔고 나의 자신에게 대한 효능감은 더욱더 강해졌다.

'여의길상(如意吉祥)'이란 말이 있다. 좋은 일을 생각하면 좋은 일이 생긴다는 뜻이다. 가질 수 있다고 믿으면 그것을 결국 갖게 되고, 그 신념은 산을 움직이게 하고 자신에게 무한한 힘을 공급하여 원하는 걸 실현해 준다는 뜻이다.

이렇게 우린 불가능이란 상태에서도 무모한 말도 안 되는 도전을 하다 보면 가능성이라는 상태에 도달에 새로운 가능성을 보고 성장을 할 수가 있다. 한마디로 무모한 도전은 불가능을 가능으로 바꿀 수 있는 하나의 신념과도 같았다.

새로운 도전이 있다면 절대 무리해서, 급하게 서두르지 말고, 절대 멈추지도 말아라. 언제나 하나, 둘, 셋에 망설임 없이 바로 Just Start하고 끝까지 가겠다는 신념을 가져라.

바로 이 방법이 당신이 단기간에 효과를 낼 수 있는 최고의 방법이고 당신이 평범함에서 비범함으로 가는 첫걸음이다.

잠자기 전 미션

당신의 목표는 무엇인가? 그 목표의 최고의 경지에 오른 인물은 누구인가?

오늘 밤 잠자기 전 하나, 둘, 셋에 당신이 만나고 싶은 인물을 만나보자! 외치다 보면 반드시 만나게 되는 행운을 경험할 것이다. 만나게 된다면 무슨 말을 듣고 싶고, 하고 싶은가? 꿈속에서의 만난 행운의 기운이 당신의 현실 속 삶에서 빛나길 진심으로 바란다.

나의 목표는?

나의 롤 모델은?

롤 모델에게 하고 싶은 메시지

"

."

4

쪼갤수록
삶이 윤택해지는 방법

"작은 성공부터 시작하라. 성공에 익숙해지면
무슨 목표든지 할 수 있다는 자신감이 생긴다."

-데일 카네기

최근 실험에 의하면 이스라엘 헤브루 대학의 심리학자인 슐로모 브레즈니츠(Shlomo Breznitz)는 '아무리 힘든 목표도 작게 쪼개서 생각하면 쉬워진다'라는 것을 군인들의 행군(soldiers march) 실험을 통해서 주장했다고 한다.

실제로 군인들에게 똑같은 40㎞ 행군을 시키면서 한 그룹에게는 60㎞라고 하고, 다른 그룹에게는 30㎞만 행군을 시키고, 다시 10㎞를 행군하게 했다.

행군이 끝난 후 각 그룹 혈액을 채취해 스트레스 호르몬 수치를 측정한 결과 흥미롭게도, 각자가 믿은 거리에 따라 신체적 반응이 나타났다. 즉 행군 거리와는 상관없이 앞으로 얼마나 더 걸어야 하는가 하는 생각에 따라 수치가 요동을 친 것이다. 결국 도전의 과제를 작게 쪼갤수록 상상 속 현실에 대한 무게감이 최소화되어 목표에 대한 집중력과 인내력은 실제로 더 높아진다는 점이다.

당신이 거대한 목표 앞에 매번 무너지는 이유는 한마디로 하나같이 힘들고, 어렵고, 극복 불가능하다고 인식을 해서 인간의 무력감과 불안감이 가중되기 때문이다. 절대 목표에 대한 의욕과 능력이 없어서가 아니다. 그럼 도전의 목표가 무너지지 않게 하기 위해서는 어떻게 해야 하나?

목표의 강도를 뇌가 부담이 가지 않는 상태로 잘게 쪼개서 시작하고, 최대한 작은 성공을 자주 해서 성취감을 자주 느끼고, 점차 강도를 높여 매 순간 시작의 임계점을 높여가는 게 포인트다.

필자의 알고 있는 지인은 하루에 잠을 자고, 먹는 시간을 제외하고는 하루를 몸이 열 개라도 모자랄 정도로 바쁘게 지낸다. 운동하기, 글쓰기, 살림, 육아, 직장생활에, 심지어 봉사까지.

한번은 필자가 물었다. "왜 이렇게 바쁘게 사시나요? 어떻게 하루에 그 많은 걸 다할 수가 있나요?" 막상 지인의 대답은 "저는 바쁘지 않아요. 지금 전 한 가지 더 새로운 걸 해볼까 고민 중입니다."라고 말했다. 이유는 그가 하루에 모든 행동을 '작게 쪼개서' 그가 충분한 성취감이 들 수 있도록 아주 작게 목표를 설정하고 실행하는 습관을 만들어 놨기 때문에 가능했다.

작은 목표가 가져다준 작은 성취감이 곧 그를 매 순간 움직이게 한 것이다. 작은 성취감을 느끼는 것도 습관이 되어야 한다.

지금의 삶보다 조금은 나은 삶을 살고 싶다면, 생각도 반으로 줄이고, 행동도 더 잘게 쪼개는 연습을 해봐라. 예를 들면 영어 공부 주 3회 1시간씩 하기를 목표를 잡으면 과연 지킬 확률은 몇 프로가 될까? 반면 영어 공부 하루 10분 주 3회는 어떤가? 확실히 부담이 가지 않아 지켜 낼 수 있다는 생각이 들었는가?

지금 당신의 뇌가 할 수 있다는 신호가 온 거라면 당신이 지금 목표를 잘 게 쪼개낸 것이다. 그렇지 못하면 더 잘게 쪼갤 수 있는 데까지 쪼개도 좋다.

영어 공부 하루 3분 주 3회 하기! 이건 너무 쉽지 않은가? 바로 이거다. 쉽고, 부담이 가지 않아야지 지켜 내기가 쉬워 작은 성공의 성취감을 맛 보는 것이다.

음식도 맛이 있어야지, 또 먹고 싶어지는 법이다. 바로 우리가 원하는 건 이런 작은 성취감의 중독성을 느끼는 것이다. 에이 하루 3분 하나 마 나죠! 지금 결과, 효과를 생각하는가? 틀렸다. 지금 당장 효과를 볼 거면 머리를 깎고 절에 들어가거나, 고시원에 들어가서 핸드폰을 끄고 공부를 해야 한다.

반대로 큰 효과를 보기 위해 매번 무리한 계획을 세우게 되면, 작심 3 일도 못 가서 포기하거나, 시도조차도 없이 도전에 실패해 패배자라는 인식에 사로잡혀 심리적 압박감을 받게 된다. 즉 앞으로 작은 일에도 쉽 게 포기하거나, 두려움에 찌들어 살아갈 확률이 높아지게 된다.

쪼개고 또 쪼개라
그럼 무엇이든 다 할 수가 있다

설령 지금 당신이 패배 의식에 사로잡혀 있다면 지금 하나, 둘, 셋에 바 로 양손을 펴고 손뼉을 세 번만 쳐보자. 해 보았는가?

'뭐야! 이거 당연히 할 수 있지! 이게 머 어렵다고!'

순간 당신은 아주 작은 승리를 했고, 패배감에 젖어 있는 당신의 의식은 분명히 0.1% 이상 분명히 줄어들었을 것이다.

사실 우리가 정말 무서운 건 패배보다는 패배감의 의식을 갖고 살아가는 것이다. 패배감 대신에 작은 성공으로 작은 성취감으로 그 자리를 반드시 채워 나가자. 채워갈수록 작은 성공은 또 다른 작은 성공을 유발해 당신에게 큰 성공을 가져다줄 것이다.

아직도 그때 그 순간을 생각하면 온몸에 소름이 돋고 전율이 난다.

2016년 리우데자네이루 올림픽 남자펜싱 에페 결승전에서 우리나라 박상영은 헝가리 선수 임레에게 10-14로 뒤지다가 '할 수 있다!' 작은 성공의 구호를 외치며 한 포인트, 한 포인트 작은 성공을 해내면서 결국 15-14로 극적인 역전승을 하고 결국 금메달을 따내고 말았다.

만약 지고 있는 상황에서 5점이나 내야지 하는 큰 욕심을 부렸다면 금메달은 결국 따지 못했을 것이다. 1점씩, 1점씩 따내면서 작은 성공의 성취감을 차곡차곡 쌓여 경기 중 심리적 압박감을 털고 이겨냈기 때문에 승리할 수 있었다.

헬스장을 가서도 처음부터 몇 십 킬로그램짜리 아령을 들었다간, 근육이 손실이 나서 그날 이후 헬스장과는 거리가 멀어질 수가 있다. 헬스장을 가는 이유가 몸이 건강해지고, 건강해지면 할 수 있는 일을 많이 해낼 수 있기 때문에 가는 게 아닌가? 스트레칭 5분~10분은 기본이고, 1kg 아령부터, 3kg, 5kg, 10kg, 15kg 조금씩 중량을 늘려 가면 목표했던 아령은 무조건 들게 될 것이다. 점에서, 면으로 점진적으로 변화하는 그 느낌! 그 느낌을 미세함을 천천히, 꾸준히 강하게 느껴야 한다. 그래야지. 면이 모여 그림이 된다.

욕심을 부렸다간, 세상사에 항상 포기 같은 양보만 하게 될 것이다.

매일 매일 작은 성공을 기록하라

우리의 삶도 하루가 쌓이면 한 달이 되고, 한 달이 쌓이면 1년이 되고, 1년이 쌓이면 수십 년이 되어, 바로 인생이 된다. 우리의 인생도 쪼개고 쪼개면 바로 1일이 시작점이다. 즉 하루를 사는 건 인생을 사는 것이다. 오늘부터 인생을 한 줄로 기록하는 작은 습관을 통해, 작은 습관 성공의 맛을 축적해보자.

잠자리에 들기 전 오늘 하루 동안 가장 잘한 게 무엇인지? 작은 성공을 한개만 기록을 해보자. 작은 성공을 한개씩 기록할 때마다 당신이 바라지도 않는 진짜 성공이 눈앞에 성큼 다가와 있을 것이다.

예) 취침 시간을 제대로 지켰다.
    9시 이후에 음식 섭취를 하지 않았다.
    회사에서 부장님께 칭찬을 받았다.
    달리기해서 땀을 흘렸다.
    아이들에게 사랑한다고 말했다.
    고향에 부모님께 안부 전화를 드렸다.

우리가 나무를 바라볼 때도 땅속에 뻗어있는 수많은 잔뿌리, 중 뿌리, 굵은 뿌리를 보지 못한다. 오직 땅 위에 드러난 줄기, 잎, 열매, 꽃만 볼 수 있다.

지금 도전의 작은 성공의 크기가 아주 작고, 강도가 약해 신호를 제대로 못 받고 있더라도 절대 낙담하지 말고, 좌절하지 말자. 꾸준히 신호를 주면 나무의 뿌리가 깊게 내리듯 당신의 성공 뿌리도 깊게 뿌리내릴 것이다.

언제나 새로운 도전은 작게, 시작해서 작게 성공해, 작은 성취감을 꾸준히 맛봐라! 오늘부터 매일 작은 성공을 한 줄로 기록해보자.

언제나 시작은 망설이지 말고 하나, 둘, 셋 Just Start 해라!

당신이 오늘 경험한 작은 성공은?(바로 적기)
하나, 둘, 셋 기록하기 Just Start

하나: _____

둘: _____

셋: _____

_____

5

부정적인 삶의 패턴을 제거하는 방법

"행복한 삶을 사는 데는
그다지 많은 것이 필요하지 않다.
그것은 모두 당신 자신 안에 있는
당신의 사고방식에 있다."

-마르쿠스 우렐 리우스

성공하고 싶다면 성공하는 사람들의 길을 그대로 쫓아가라는 말이 있다. 하지만 그들이 성공하는 데는 남다른 특별한 이유가 반드시 있다. 부모의 유전적인 요인, 타고난 재능, 피나는 노력, 천운, 핵심습관, 그들이 하는 사고방식 등 하지만 가장 좋은 건 성공하는 사람들을 직접 만나 그들의 말을 현장에서 들어보고, 나의 삶에 맞게 실천하고 적용해보는 것이다.

하지만 주변에 성공하는 사람들이 없다면, 사실상 우리는 책이나, 영상을 통해서 그들의 이야기만 듣고, 실상에서는 그들의 삶을 잘 쫓아가지 않는다. 심지어 TV에서 부자가 되는 시크릿 노하우를 시청을 하면서 그들의 이야기에 동의하고 동경도 하지만, 시청이 종료되면 어느새 TV 채널은 예능 프로그램을 보면서 조금 전 알게 된 시크릿 노하우는 수증기처럼 증발하고 만다.

이유는 성공한 사람들의 이야기를 들어보면 그들의 이야기가 마치 딴 세상 이야기처럼 느껴지기 때문이다. 더 솔직하게 말을 하자면 그들처럼 열심히 살 자신이 없기 때문이다.

그래서 우리는 대기업의 총수가 쓴 유명 베스트셀러 보다는 무일푼으로 연 매출 10억 원을 달성한 김밥집 사장님의 성공스토리가 더 가슴에 와 닿는 법이다. 바로 성공한 사람들은 다 이유가 있지만, 난 그 이유를 찾아낼 수가 없어! 불가능해! 어려울 거야! 난 능력이 너무 부족해! 그들이니깐 가능하지! 지금 시작하는 건 이미 늦었어! 하고 성공하는 사람들의 성공 요인을 바탕으로 무의식중에 자신을 스스로 패배자로 인식하기 때문이다.

하지만 이런 사고는 실제로 현실에서는 선입견에 불과하지, 실상이 아닐 확률이 높다. 아직 시도조차 못 하고, 우리가 가지고 있는 잠재능력을 묵살시키기에는 우리의 인생은 너무 길고도 아깝지 않은가?

성공의 변화를 주기 위해 가장 좋은 방법의 하나는 부정적인 사고를 하는 패턴을 완전히 제거하는 것이다. 부정적인 사고의 패턴을 완전히 제거하기 위해서 이렇게 한번 해보자.

우리는 대부분 집을 떠나 새로운 곳에서 새로운 걸 느끼기 위해 여행을 가고, 여행 자체를 좋아한다. 여행을 싫어하는 사람은 극히 드물 것이다.

우리나라에 없는 행정구역 부정군 실패면, 낙담리 골짜기에 가지 말아라!

위 행정구역은 알다시피 우리나라에 없는 행정구역이다. 사람이 살지 않는 곳에서는 우리가 어떤 것도 느낄 수가 없다. 기쁨도, 슬픔도, 부정적인 사고도!

즉 부정적인 사고는 하면 할수록 돈, 시간, 체력 낭비라 인식을 하고 그 근처도 가지 않으려고 하는 사고를 무의식적으로 갖는 게 포인트다.

긍정은 긍정을 낳고, 부정은 부정을 낳는다. 이 말처럼 우리는 부정적 사고를 하는 패턴 자체를 머릿속에서 완전히 제거하는 사고의 습관을 만든 후, 성공하는 사람들의 방식과 비법을 연구하고 분석해서, 반드시 자신에게 맞는 호흡법을 찾아내는 것이 핵심이다.

하나, 둘, 셋 Just Start! 부정적 물음표를 긍정의 느낌표로 바꿔라!

뭐든지 할 수 있어! 라고 느낌표를 줘도 모자랄 판에 할 수 있을까? 실패하면 어떻게 하지? 하고 물음표를 줘서는 안 된다. 이제부터 새로운 도전의 부정적 물음표에 납득 가능한 답이 아니고선 건강이 허락만 한다면 무조건 부정적인 물음표는 사용하지 말자!

자동차 운전 면허증을 따고, 드디어 처음으로 혼자 자동차를 운전하는데 '난 분명 사고를 낼 것 같아, 어쩌지?'라고 부정적인 생각을 한다면 과연 자동차의 키를 꽂고 도로로 나갈 수 있겠는가?

하나, 둘, 셋 무조건 침착하게 운전해보자! 별일 없을 거야 하고 긍정적인 사고로 키를 꽂고 운전을 하면 무사히 첫 도로 주행을 홀로 마칠 수가 있을 것이다.

국가대표가 5년간 땀을 흘려 나간 올림픽 무대에서 '아~ 떨린다. 어떻게 하지?'라고 생각하면 예선탈락이 될 확률이 높다. 반면에 '하나, 둘, 셋 그동안 땀 흘린 만큼 최선을 다해 즐겨보자!'라고 하면 적어도 예선탈락은 면할 수가 있을 것이다."

갑자기 내 뒤에 있는 자동차가 핸드폰을 하다가 정신이 팔려 나를 박아 버리면 어떻게 하지? 배달 오토바이가 신호등을 무시하고 나를 향해 어금니를 꽉 물고 돌진을 하면 어떻게 하지?

우리가 살면서 이렇게 기를 쓰고 부정적인 생각을 해도 실상에서는 일어날 확률은 극히 희박하다. 미래의 시간에 대해 불안함은 당연하지만, 이 불안함이 일상을 지배하면, 부정적인 사고 패턴에서 쉽게 벗어날 수가 없다.

무언가 기를 쓰고, 무언가를 꾸준히 긍정적으로 생각하고, 행하면 행할수록 부정적인 요소는 우리의 눈 밖에서 멀어지게 돼 있고, 그러다 보면 우리의 의식에서 서서히 소멸하게 된다. 반대로 우리가 긍정적인 생각과 행동을 멈추면 다시 부정적인 사고의 힘은 커지게 된다.

하지만 우리가 부정적인 사고의 패턴에 사로잡힌 상태에서 바로 긍정적인 사고 패턴을 갑자기 가는 건 쉽지 않다. 뇌가 그렇게 호락호락할 거면 이런 이야기도 안 했을 것이다.

긍정적 사고 앞에 하나, 둘, 셋 마법의 구호를 붙여라!

일단 부정적인 사고의 패턴을 제거하는 방법은 이렇게 긍정적인 사고의 패턴 앞에 하나, 둘, 셋을 넣어서 생각의 매듭을 꾸준히 지어보는 것이다. 매일 매일 습관적으로 뇌에 되새기는 것이다. 하나, 둘, 셋 긍정적인 생각하기!

밤새 나를 괴롭히는 악몽을 꿨다면 하나, 둘, 셋 꿈은 반대니 좋은 일이 있겠지! 다이어트를 하는데 몸이 변화가 없어 실망이 크다면, '와! 그래도 살이 더 찌지는 않네, 조금 더 참고해보자!' '예상치 못한 카드값에 우와 내가 이렇게 잘 먹고, 잘살고 있었구나!' 다음 달에는 조금 더 줄여보자!

이 단순한 법칙을 입에 달고 살아가면, 자연스럽게 뇌가 긍정적인 회로에 익숙해지게 될 것이다. 바로 뇌 속에 기억을 담당하는 해마라는 뇌의 부분을 자극해서 뇌새김을 하는 원리와 비슷하다.

동시에 부정적인 사고를 했을 때 느끼는 패배감, 열등감, 불안감 등은 긍정적인 사고를 통해서 얻게 된 성취감, 희망감, 자신감에 의해서 조금씩 힘을 잃어 당신의 도전이 좀 더 탄력을 받게 해줄 것이다.

지금부터 곰곰이 최근 1주일간 당시의 삶에서 부정적인 습관의 패턴이 무엇인지 생각해보고, 반드시 메모를 해서 행동의 변화를 꼭 줘보자. 사람은 생각하는 데로 살지 않고, 행동하는 데로 살아가는 법이다. 그러기 위해선 메모는 선택이 아니라, 필수이다.

하나, 둘, 셋 한 가지만이라도 지금 적어보자! Just Start!

내가 정말 버리고 싶은 부정적 생활 패턴은   다.

당신이 메모를 한 가지라도 했다면, 메모하지 않는 습관도 당신은 지금 버린 것이다. 정말 잘했다! 희망이 보인다. 이렇게 하나씩 희망을 보게 되면 당신의 심신이 가벼워져, 삶의 무게중심을 어디로 둬야 할지 스스로가 깨닫게 될 것이다.

one day 나의 부정적인 패턴 list

① 아침에 알람 소리를 듣고 바로 일어나지 않는다.

② 퇴근할 때 책상 정리를 대충하고 퇴근한다.

③ 잠자는 시간이 불규칙적이다.

④ 잠자기 직전에도 음식물 섭취를 한다.

⑤ 차량에 주유 불이 들어와도 추가 주행을 한다.

⑥ 빈속에 술을 마신다.

⑦ 나 자신과 자주 타협한다.

⑧ 약속 시간 정시를 항상 어긴다.

⑨ 새로운 사람을 만나면 의심부터 한다.

⑩ 회사의 스트레스를 집에서 푼다.

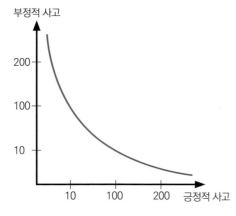

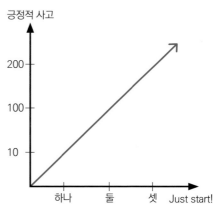

6

마음의 짐을 없애는 방법

"당신을 강하게 만들어 주지 않는 생각은 모두 버려라."
- 카렌 살만손

오늘 하루 당신이 쌓은 마음의 짐은 몇 kg인가요?

지금 하루를 살면서 양쪽 어깨를 짓누르고 있는 짐은 무언인가?

갑자기 생각하고 싶지 않았던 사실을 생각하려니 없던 마음의 짐도 생겨났다면 미안하다. 하지만, 꼭 해주고 싶은 말이 있어 당신에게 물음표를 던졌다.

하루를 살면서 당신이 쌓아 올린 짐을 내려놓지 않고 또 다른 하루를 맞이한다면 결국 그 짐은 쌓이고 쌓여서 당신에게 인생의 불필요한 짐이 되어, 당신의 삶을 무겁게 하게 할 것이다.

가족을 지키거나, 건강을 지키는 건설적인 큰 짐은 절대 내려놓을 순 없지만, 하루를 지내면서 나를 갉아먹는 부정적인 사고의 짐은 반드시 내려놓아야 한다.

난 오늘도 운동하기로 하고 왜 지키지 않았는가?

오늘도 난 약속 시간을 지키지 못하고, 상사에게 혼을 났을까?

조금 전 아들에게 심한 말을 꼭 할 수밖에 없었는가?

오늘 부모님께 안부 전화를 드린다고 하고 왜 안했는가?

아침 6시에 기상을 하기로 해놓고 왜 항상 늦잠을 자는가?

난 왜 오늘 내 멋대로 살아 버렸는가?

모두 이런 물음표는 우리의 뇌 속에서 신호를 받고 생각하게 되는 말이다.

우리 인간의 뇌는 에너지 낭비를 줄이기 위해 생명 유지에 필요한 정보만 기억하려고 한다. 뇌는 언제나 조금만 무리를 해서 고민과 생각을 하면 쉽게 과부하가 걸리고 만다. 그래서 뇌는 숨을 쉬기 위해 쉽게 잊으려고 하는 습성이 학습 후 10분부터 시작된다고 한다.

하지만 우리 뇌가 망각하는 자동실행 능력은 있지만, 우린 그 이상으로 쓸데없는 고민과 생각을 지워내는 연습을 해야 한다. 잘못된 방법은 술이나, 마약을 통해서 순간의 복잡한 마음의 짐을 털어 버리는 것이고, 좋은 방법은, 운동이나, 요가를 통해서 심신을 단련시켜 마음의 짐을 없애는 게 대표적이다.

하지만 하루도 수없이 나를 향해 수면으로 올라와 나를 힘들게 하는 무거운 마음의 짐을 바로 그 자리에서 잠재우지 않으면, 그 짐은 결국 쉽게 사라지지 않는다는 사실이다.

하루 독서 15분을 지키기 위해 책상에 앉아 책을 읽었다. 하지만 무거운 눈꺼풀의 커튼이 나를 잠재우는 데는 3분도 채 걸리지 않았고, 결국 나는 하루 15분 독서를 첫날 실패를 하고 말았다. 난 왜 항상 하는 일마다 이 모양일까? 난 달라질 수 없는 걸까? 순간의 나를 갉아먹는 생각들이 나의 자존감을 밑바닥까지 데려다 놓았다.

다이어트를 결심한 지 3일 차 저녁 야식을 결국 시키고 나서, '역시 난 왜 작심 3일도 못 가는 사람일까?' 라고 하면서 단기 다이어트를 평생 다이어트로 결정해버리는 걸까? 의지력이 땅바닥에 달라붙은 껌딱지처럼 납작해졌다.

물음표 대신 느낌표
그리고 두더지 게임

가만 보면 이런 감정들 뒤엔 항상 물음표가 따라온다는 걸 알 수가 있다. 이 물음표 하나 때문에 우리는 마음의 짐을 알게 모르게 하루에도 수십 번씩 지고 있었다.

"자기 인생에 물음표를 던지지 마! 그냥 느낌표만 딱 던져!" 난 될 거다. 이번엔 꼭 될 거다! 느낌표만 알았어? 영화배우 조정석 씨의 명언이다.

처음에는 무슨 말인지 쉽게 이해가 가지 않았지만, 한마디로 나는 오늘도 하루를 망쳤네? 라고 질문을 하는 게 아니라, 오늘 하루를 망쳤지만, 내일은 더 잘되겠지! 라고 물음표 대신, 느낌표를 줘서 하루의 마음의 짐을 털어내는 것이다.

즉 오늘 하루의 쌓아 올린 무거운 짐을 그냥 단순 과거 덩어리로만 단순 묘사하고 더 이상 뇌가 부정적인 사고를 못 하게 차단해주는 원리다.

혹시 "형상화와 사고 실험" 에 대해서 알고 있나요?

한마디로 어떤 사물의 모습을 상상 속에서 재현하는 것을 말한다.

일상에서 순간의 마음의 짐은 느낌표로 차단을 하고, 느낌표로 차단하지 못한 짐은 하루를 마감하는 저녁 시간에 헬스장에 가서 땀을 흘리거나, 요가나, 명상을 통해서 상상 속 두더지 게임을 통해 마무리를 하는 것이다.

땀을 흘리거나, 깊은 호흡을 할 때마다 두더지를 타격한다고 상상하는 것이다. 더 이상 내 머릿속에 있지 마! 땅속으로 들어가라 이 무거운 마음의 짐 덩어리들아!

두더지 1개는 1개의 마음의 짐이고, 망치는 짐을 제거하는 무기다. 즉 미처 제거하지 못한 물음표, 마음의 짐을 제거하는 상상 속 실험이다.

두더지게임 30초를 하기 위해선 동전이 필요하다. 바로 이때 동전 대신 하나, 둘, 셋 구호로 Just Start 해라! 따로 물체가 있거나, 시간을 내서 하는 게 아니기 때문에 손쉽게, 바로 할 수 있으니 꼭 해보기를 바란다.

이렇게 해도 잠자기 직전까지 머릿속에 마음의 짐이 남아있다면 그 짐을 종이에 싸서 두 주목으로 종이를 구겨서 쓰레기통에 넣어봐라, 순간 마음속이 시원한 살얼음 냉수를 마시는 것처럼 속이 다 후련해질 것이다. 나중에 쓰레기를 열어보게 되면 그 무거웠던 짐도 별거 아니라는 걸 깨닫게 될 것이다.

내일을 시작하기 위해
오늘을 제거하라

만약 오늘 생각한 수만 가지의 고민을 버리지 못하면, 일부 고민은 마음의 짐이 되어 최소 1주일, 해결이 되지 않으면 1달을 끌고 가게 된다. 쌓이면 바로 이게 마음의 짐이 되는 것이다. 이로써, 목표에 대한 행동의 변화가 희미해지게 되고, 도전 자체에 대해서 힘을 잃고 중도 포기를 하게 된다.

당신이 오늘 하루 짊어진 마음의 짐은 무엇인가!

오늘 하루 내가 버려야 할 마음의 짐은   다!

필자가 첫 문장에 당신에게 질문한 이유가 바로 이 3가지 방법을 알려주기 위해서다. 하나, 둘, 셋 이것만 기억하자!

순식간에 무거운 마음의 짐을 없애는 3가지 방법

① 물음표 대신, 느낌표로 상황을 단순 묘사하자!

② 매일 밤 잠자기 전에 두더지게임을 하자!

③ 종이에 써서 그 짐을 휴지통에 버리자.

7

기록하고
행동하는 방법

> "내가 역사를 기록하려 하므로
> 역사는 내게 친절할 것이다."
>
> -윈스턴 처칠

요즘 나는 기행에 빠져있다. 흔히 우리가 어디를 가서 여행하는 동안 보고, 듣고, 느끼고, 느낀 것을 적은 기행문의 기행이 아니다. 내가 말한 기행은 기록하고, 행동하는 말에 앞 글자를 딴 것이다.

나는 매 순간 느낀 점을 기록하는 좋은 습관을 지니고 있다. 심지어 집 안 천장에 볼펜 줄을 매달아놔 언제든지 메모장에 기록을 한다. 그 결과 기록하는 좋은 습관은 기행에 가속도가 붙어 지금 이 책을 불과 3개월 만에 쓰게 되었다.

모든 행동은 이처럼 생각을 기록해서, 그중에 우수한 기록은 선택받아 삶의 질을 높여가기 위한 행동으로 이어지게 한다. 마치 기록하는 습관은 아이디어 뱅크와도 같다. 우리는 아이디어 뱅크에 기록이라는 돈을 저축해서 행동이라는 수익을 낳고 있는 셈이다. 그 수익이 크기가 작고, 크고는 얼마나 많은 순간을 깨닫고 기록했느냐에 따라 결정된다. 살면서 우연히 떠오르는 기억도 좋지만, 순간적으로 머릿속으로 아! 이거야! 라고 외치는 기록들이 참신하고, 독특하고, 깊이가 깊어 실제 생활에서 초능력을 발휘하는 데 한몫을 한다.

책을 보고, 유튜브를 보고, TV를 보고 감명을 받고 아무런 행위도 하지 않는다면, 그건 내 것이 아니다. 반드시 기록을 해야 한다. 그리고 반드시 그 메모를 행동에 옮겨 봐야 한다. 여기까지 가야지 당신이 받은 감명은 비로소 당신 것이 된다.

비대면 시대에 우리는 핸드폰과 TV를 보면서 너무나 수동적인 사고방식을 하면서 살아가고 있어 이기주의, 개인주의, 자기합리화 속에 빠져 살아갈 확률이 높다. 즉 생각이 단순해지고, 사고 자체가 확장되지 않기 때문이다.

앞으로 삶이 윤택해지기 위해서는 능동적인 삶은 선택이 아니라 필수다.

우린 이 명제를 알고 있기만 쉽게 풀지 못한다. 왜냐면 핸드폰과 TV는 끊을 수 없는 마약처럼 우리 삶에 너무나 깊숙이 침투해있기 때문이다.

정말 질 좋은 핵심적인 아이디어는 한순간에 나오는 게 아니다. 수많은 생각과 기록들이 모여 융·복합적 에너지들이 서로 충돌해서 한순간 자연스럽게 정리가 되어서 나오는 법이다. 필자는 인터넷 카페를 비공개로 만든 후 삶의 기록을 꾸준히 지금도 하고 있다. 바로 나만의 판도라상자를 만들어 연도별, 월별, 날짜별, 나이별로 기행을 하고 있다.

여행 중, 이동 중 PC가 없어도 핸드폰 메인화면에 바로가기 설정을 통해서 기록을 언제든지 쉽고, 빠르게 할 수가 있다. 참고로 인터넷 카페 개설은 누구나 쉽게 버튼 몇 번이면 쉽게 만들 수가 있다. 지금 당신이 삶의 역사를 기록하고 싶다면 필자처럼 인터넷 카페에 판도라상자를 만들어 삶의 소중한 순간을 기록해봐라. 정말 위대한 기행적인 습관이라 자부한다.

필자 역시 대부분 좋은 아이디어가, 차를 타고 운전하다가 문득 떠올라 차를 세워서 적거나, 운동하다가 땀을 흘리는 순간 기록할 때 주기적으로 유레카를 외친다.

이처럼 생각의 축척, 기록의 축척, 아이디의 축척, 축척의 힘은 절대 우리의 미래를 배신하지 않는다. '기록하라. 기록적인 삶을 살 것이다.' 기록의 중요성을 강조한 말이다.

사실 이렇게 하라고 해도, 돈이 안 돼서, 눈앞에 결과가 없어서 시도조차 하지 않을 수도 있다. 그래서 반드시 천장에 볼펜 줄을 매달아 놓거나, 방 곳곳에 메모지와 볼펜을 비치해둬서 조금 더 기행 하기 시운 환경을 만들어야 한다.

돈이 안 된다고 무시하지 마라, 돈이 안 되니 한 달만 기행을 해봐라! 1달 후 당신의 삶이 지금보단 100% 변해 있을 거라 확신한다.

지금 나는 기행을 강조하고 있다. 기록하게 되면 행동하게 된다. 반대로 기록하지 않고 흘려보낸 것은 누군가의 것이 되어 나중에는 누군가의 말을 듣고 행동하게 될 것이다.

또 한 가지 중요한 사실을 알려주겠다. 바로 '펜은 키보드보다 강하다'이다.

프린스턴과 캘리포니아 대학의 저명한 심리학자인 뮬러와 오펜 하가머는 327명의 학생을 상대로 한 실험을 했다. 테드 강연을 보고 내용을 기록 후 30분 후에 시험을 치렀다. 절반의 실험자는 노트북으로 기록을 했고, 절반은 노트에 펜으로 기록을 했다. 그 결과의 사실적인 부분은 비슷했지만, 개념을 이해하는 부분에 대해서는 펜으로 기록하는 실험자가 높은 점수를 받았다.

즉, 노트북 사용 실험자는 단순 입력방식이지만 노트에 펜으로 기록하는 실험자는 적극적인 청취 자세, 인지적 개념 강화, 기억의 연속성 등 개념적 사고를 불러일으킨다. 한마디로 노트북은 수동적 사고를 노트에 펜을 기록하는 건 능동적 사고를 하게 된다. 이런 결과는 탑 저널 중의 하나인 〈심리과학 저널〉에 게재되었다. 논문의 제목은 "펜은 키보드보다 강하다"이다.

일을 조금이라도 남들과 차별성 있게 창의적으로 하고 싶다면 매 순간 아이디어가 떠오를 때마다 스프링노트나 포스트잇에 메모하고 반드시 기계장치(핸드폰, 비공개 카페&블로그)에 저장한 후 선택된 기록을 잘 정리하고 분석해서 하나, 둘, 셋에 Just Start 해봐라!

버진그룹의 리처드 브랜슨은 가장 소중하게 생각하는 것은 뒷주머니에 작은 노트라고 하였다.

이 노트가 없었더라면 버진그룹은 없었을 겁니다.
                                              -버진그룹의 리처드 브랜슨

그리스 선박왕, 오나시스도 항상 노트를 갖고 다니면서
아이디어가 떠오르면 모두 기록하세요라고 하였다.
                                              -그리스 선박왕 오나시스

하나, 둘, 셋 Just Start! 기록하고 행동하라, 당신의 역사에 기록될 것이다.

8
내일이 항상
편안해지는 방법

"아침에 생각하라, 낮에 행동하라,
저녁에 먹어라, 밤에 잘 자라."

-윌리엄 블레이크

반복된 일상 속에서 우리의 삶의 패턴은 뒤죽박죽인 경우가 허다하다.
설령 오늘 운이 좋아, 컨디션이 좋아 최고의 날이었어도, 내일까지 좋을
거라고 기대를 크게 하지 않고 살아간다.

한마디로 삶의 흐름의 에너지가 일정하게 흘러가고 있지 않음을 스스
로가 인정하고 있다는 뜻이다. 오늘 하루가 좋았다면, 내일도 좋아지게
삶의 흐름의 에너지를 일정하게 물 흐르듯이 만들어 내일이 부담스럽지
않고 항상 편안해지게 해보자.

일요일 저녁 시간 당신의 마음 상태는 어떠한가? 회사에 출근하고 싶어
벌써 설렘이 있는가? 아니면 다시 한 주를 보낼 생각에 눈앞이 캄캄한가?
내일 출근에 대한 압박감, 스트레스가 벌써부터 쓰나미처럼 밀려오는가?

대부분이 후자일 것이다. 누구나 직장이라면 왼쪽 가슴에 사표를 가슴
에 품고 로또가 당첨되면 제출한다고 한다. 그만큼 먹고살기 위해 억지
로 일을 해야 한다.

이처럼 내일에 대한 출근의 공포심리가 오늘 저녁 내가 경험하는 내일의 첫 느낌이다. 매일 밤 내일에 대한 출근의 두려움, 부담스러움을 최소화해보자.

'오늘 하루도 즐거운 하루 보내세요!'

이 말을 지키기 위해서는 우리는 어젯밤에 별일이 없이 충분한 수면을 통해서 몸과 마음이 생생해져야 한다는 전제 조건을 반드시 충족시켜야 한다.

오늘은 어제의 내일이다. 이처럼 과거와 현재, 미래가 동 시간대에 공존하진 않지만, 시간의 연속성의 흐름을 보면 각각이 아니라 동일한 시점이다. 아름다운 인생을 살기 위해서는 내일이 편안해지는 방법을 찾아, 연속된 하루가 부담 없이 일정하게 편안하게 시작되어야 한다.

삶의 균형이 한쪽으로만 치우쳐져 어제와 다른 오늘, 오늘과 다른 내일을 반복해서 경험하게 되면 삶의 중심을 못 잡고, 쉽게 흔들리게 된다. 목표가 있다면 일정한 삶의 패턴 속에 질 좋은 수면을 통해서 어떤 상황에서도 흔들리지 않을 자기만의 신념이 마음속에 뿌리내려야 한다.

내일이 편안해지는 최고의 지름길 바로 질 좋은 수면이다

좋은 체력을 유지하기 위해 운동도 필수이지만, 운동 역시 몸에 생체호르몬이 정상적으로 활동하고 있을 때 가장 효과가 있다. 옛말에 잠은 보약이라는 말이 있다. 즉 우리는 질 좋은 수면을 통해서 몸속 노폐물도 배출하고, 에너지도 생성하고, 뇌가 편하게 숨을 쉬게 해줘야 한다. 잠을 잘 자고 일어난 경우와 잠을 제대로 못 자고 일어난 경우의 하루 몸 상태의 차이는 하늘과 땅 차이이다.

책 『마지막 몰입』에서도 오리건 보건과학대학교의 제프 일리프 박사는 TED 강연에서 수면을 '세탁 주기'로 비유를 해 더 자세히 설명했다. "뇌는 깨어 있고 몹시 바쁠 때는 세포 공간의 노폐물을 치우기를 미룹니다. 그리고 잠이 들어 그다지 바쁘지 않을 때 일종의 청소모드로 전환되면서 뇌세포 간 공간에 온종일 쌓인 노폐물을 치웁니다." 한마디로 질 좋은 수면은 선택이 아니라 의무사항이다.

그래서 운동보다 더 중요한 건 편안한 내일을 맞이하기 위한 질 좋은 수면법이다. 가장 큰 문제는 일정하지 않은 수면시간과 질 나쁜 수면의 탓이다.

OECD가 발표한 통계자료에 따르면 대한민국 성인 평균수면 시간은 6시간 53분으로 OECD 중 꼴찌다. 이는 미국 국립수면재단에서 발표한 성인 추천 수면시간 더 적은 시간이다. 보통 전문가들은 잠을 8시간이 가장 질 좋은 수면을 하기 위한 시간이라고 말하고 있다.

이제 하나, 둘, 셋에 시작하는 힘을 배웠다면 내일이 편안해지기 위해 질 좋은 수면 습관을 만들어 삶의 패턴을 일정하게 만들어 보자.

내일이 편안해지는 시크릿 비법
① 잠자기 4시간 전에 먹지 않기
② 잠자기 최소 30분 전 TV이나 스마트폰 사용하지 않기
③ 취침 시간과 기상 시간을 일정하게 하기(오늘 꼭 자기)
④ 내일 중요한 일 3가지 리스트 적기
⑤ 자기 전 30초만 좋은 생각 하고 자기(작은 성공, 감사, 봉사, 미래 모습)
⑥ 천천히 하나, 둘, 셋, 하나, 둘, 셋을 반복하면서 잠을 청해보기
⑦ 기상과 동시에 하나! 둘! 셋을 외치고 눈을 뜨고 이불부터 개기

복잡할 것 같아도, 매 순간 하나, 둘, 셋을 외치고 바로 시작하면 어려울 게 없다. 행동에 앞서 뇌와 타협도 하지 말고, 고민과 생각을 해선 안된다. 그냥 셋에 무조건 Just Start 해라! 바로 이게 당신이 내일이 편안해지는 구호이다.

이처럼 하나, 둘, 셋에 움직여 질 좋은 수면을 유지하게 되면 뇌도 생생해지고, 다음날 몸과 마음이 가벼워져 항상 내일이 편안해질 것이다.

물 위에 우아하게 떠 있는 백조의 물밑 사정은 쉼 없이 물갈퀴 질을 하고 있다. 우리가 아름다운 삶을 살기 위해서는 반복된 일상과 단조로운 삶 속에서 백조처럼 쉼 없이 발버둥을 치면서 끝까지 신호가 올 때까지 Just Start 하고, Just Stand 해야 한다.

내일이 편안해지는 첫 순간은 당신이 잠을 잘 자는 순간부터 Just Start다! 언제나 당신의 내일이 편안해져 당신의 내일이 언제나 승리하기를 바란다.

세상에서 가장
어리석은 2가지

새로운 도전에 대한 2가지 키워드 '나중에, 어떻게'는
반드시 지구 밖으로 반드시 던져버려야 한다.

"지금 새로운 사업에 대해서 신규 아이템을 홍보해야 하는데, 너무 걱
정입니다."

"지금 하고 계신 아이템을 스토리로 만들어서 유튜브를 찍어보세요!"

"시간이 나면, 나중에 해보겠습니다. 어떻게 하는지 모르겠어요."

당장 어떻게 해야 하는지 도무지 감이 오지 않는다면 나중으로 미루지
말고 하나, 둘, 셋에 인터넷 검색창에서 '유튜브를 시작하는 방법'을 검색
하고, 그 방법들에 대해서 메모를 하고 숙지를 하고 하나, 둘, 셋에 뭐라
도 무조건 Just Start! 해봐야 한다. 유튜브를 정말 찍게 될지 안 할지는
추후 문제이니 생각 자체를 깊게 하지 말고 움직여야 한다.

물도 흐르지 않고 고이면 그 물은 곧 썩는다. 움직이지 않고 생각만 하
는 상태가 자석의 N극이라면 몸은 자석의 S극처럼 생각 옆에서 꼼작도
안 하고 찰싹 붙어 있을 것이다. 생각을 짧게 하고, 단순하게 해야 한다.
복잡하고, 방법을 모를 때는 Simple is 답이다!

검색하면 블로그, 카페, 뉴스, 동영상 등 수십 개의 정보가 라인업을 하
고 있다. 마치 시장에서 맛있는 음식을 하기 위해 상태 좋은 음식 재료들

을 고르는 심정처럼 정보가 무궁무진할 것이다. 와! 이렇게 하면 되겠구나! 오! 이거 좋네! 이중 한 가지가 당신의 몸을 움직이게 하는 강력한 무기가 될 것이다.

시작하는 의식이 항상 깨어 있으면 행운을 부른다

필자의 지인은 20대에 BMW를 타고 싶어서 "20대에 BMW를 타는 방법"이라고 검색을 해서, 결국 자료조사를 한 결과 자연스럽게 키워드가 "성공하는 방법"으로 바뀌었다. 그 결과 20대 후반에 벤츠를 사게 되는 행운을 얻었다.

그가 행운을 얻게 된 건 그때 인터넷 검색을 바로 했기 때문에 가능한 것이다.

이렇듯 나중에라는 말 자체를 무시하고 하나, 둘, 셋에 바로 시작하면 무조건 새로운 걸 얻게 된다. 검색 후 결과가 중요한 게 아니라 당장 내가 찾고자 하는 걸 바로 검색했는지가 중요하다. 바로 이게 핵심이다.

검색할 힘이 없는가? 그렇다면 배가 고파 맛집 검색은 왜 이렇게 프로페셔널 한 걸까?

무슨 일이든 돈, 시간, 체력 이런 핑계를 언제까지 입에 달고만 살 것인가? 이유가 무거우면 몸이 무겁고, 몸이 무거우면 삶도 무거워진다. 새해를 다짐하는 보신각의 종소리가 당신에겐 더 이상 소음이 되어서는 안 된다. 반드시 당신에게 큰 울림이 되어, 당신의 삶 속에 깊이 퍼져 당신을 이롭게 해야 한다.

지금 당장 무언가 해야 하는데? 했었어야 하는데 생각이 들었다면, 하나, 둘, 셋에 무언가를 흉내만 내도 좋으니 Just Start 해버려야 한다. 아무리 맛있는 음식도 제때 먹지 못하거나, 좋은 음식 재료도 유통기간이 지나면 상해 못 먹듯이 좋은 생각, 신념, 아이디어도 시간이 지나면 그 도전의 열정의 게이지는 점차 식어서 온데간데없어지게 되고, 결국 포기도 소리소문 없이 하게 된다. 이런 삶이 반복돼서 습관이 되면 발전은 더 이상은 없다고 스스로가 인정할 수밖에 없다.

황금알을 낳는 거위는 못 잡아먹을지언정 대신 칠면조 정도는 당장 요리해서 먹어봐야 않겠는가? 혹시 아는가? 칠면조요리를 먹다가, 황금알을 낳을 수 있는 아이디어를 얻을지… 사람 인생은 모르는 일이다. 그러니, 망설이지 말고, 바로 하나, 둘, 셋에 그냥 무조건 Just Start 해라!

세상에서 어리석은 2가지 키워드 대신 그 자리에, 당신의 절실함과 도전정신을 넣어, 작고, 사소한 행동이라도 바로 시작을 하고 작은 성공을 해서, 반드시 자신의 최종목표를 위해 현재 진행형이 되는 것을 멈추지 말아야 한다.

미션

A4 용지나 작은 메모지에 '나중에, 어떻게' 단어를 쓰고, 주먹으로 힘을 줘 똘똘 말아 하나, 둘, 셋에 휴지통에 속 시원하게 버리는 행위를 해보자. 속이 다 후련해져 다음 행동이 가벼워질 것이다. 지금 바로 해보자. Just start!

10

핵심습관이
운명을 바꾼다

"습관이란 인간으로 하여금
어떤 일이든 하게 만든다."

－도스토예프스키

'핵심습관이 바뀌면 삶이 바뀌고, 삶이 바뀌면 운명이 바뀐다.'

이 말은 누구나 공감하는 말이다. 그래서 운명을 바꾸기 위해, 핵심습관을 만들기 위해 수많은 도전과 실패를 반복하고 있다. 하지만 목표를 정하고 실행은 고작 작심 3일로 끝나는 경우가 대부분이다.

수많은 동기부여 책 및 강연 속에 꼭 등장하는 말
"작심 3일만 버티세요, 작심 3일을 끊어서 가세요."

안타까운 부분은 작심 3일을 지키는 사람도 있지만, 작심 3일마저 지키지 못하는 사람이 더 많다는 것이다. 그만큼 3일도 지켜 내기가 어렵다는 것이다. 수많은 핑계가 존재하겠지만 귀찮고, 어렵고, 복잡하고, 재미가 없고, 노력의 티가 당장 안 나기 때문이다.

뇌는 언제나 복잡하고, 어려운걸. 너무 싫어하니 뇌 자체에 easy think, easy start!를 해보는 의식을 갖고 접근해보자.

하수에서 고수로 가는 길!

핵심습관을 만드는 목적은 우리가 인생의 운명을 바꾸기 위해 하수의 삶에서 고수의 삶으로 방향 전환을 하여, 고수의 삶을 유지하는 게 목표이다.

고수라 특별한계 있는 게 아니다. 90% 이상 하수와 차이는 아무리 실망스러운 상황이 와도 포기 없이 바로 작은 성공들 자주 경험해서 바로 좋은 습관들을 몸에 익힐 수 있는 능력을 키워 다양한 핵심습관을 만들어 내는 것이다. 이런 고수의 삶은 하수처럼 억지스럽지 않고, 물 흐르듯이 자연스러운 삶이다.

매일 30분 독서하기가 핵심습관인데 몸이 아파서 읽지 못한다면 책을 한 장이라도 넘겨 자신과의 약속을 지켜 스스로에게 부끄럽지 않게 "나는 책임감 있는 사람이다"라고 평가를 해, 다시 평상시 루틴으로 돌아갈 수 있는 힘을 비축하게 된다. 고수의 삶은 이런 삶의 루틴이 있기 때문에 쉽게 무너지지 않는 법이다.

작심 3일이 아니라, 고수처럼 다양한 핵심습관을 가지려면 한 습관의 행동이 최소 1~2달을 지속적으로 유지해야지 삶에 변화가 있다. 처음에는 어려웠던 사항이 이제 하지 않으면 불편한 단계가 돼야 한다.

이 단계가 당신의 삶 속에서 아주 작은 습관들이 강하게 연쇄반응을 일으켜, 다른 습관에 중요한 영향력을 미치고 스스로 다른 인생을 살 수 있는 엄청난 힘을 갖게 해준다. 바로 우리가 아름다운 인생을 살기 위한 반드시 갖춰야 할 핵심습관(Keystone habit)이다.

우리가 운명을 바꾸기 위해서는 기존에 나쁜 습관은 과감하게 버리고 한번은 이렇게 어금니를 꽉 깨물고 작심 3일을 벗어나 최소 1~2달을 도전해 고수의 삶을 살아봐야 한다!

누구나 고수의 삶을 살고 싶어 하듯이 하수에서 고수의 삶을 살기 위해 매 순간이 시행착오의 연속이고, 삶이 생체실험의 무대이다. 이런 삶은 세상의 온갖 달콤한 유혹과 맞서 싸워야 했기 때문에 결코 쉬운 일은 아니다.

- 하루에 30분 걸어보기
- 아침마다 30초 윗몸일으키기 한 달간 지속해보기
- 주말 하루 동안 생각 없이 아무것도 하지 않고 살아보기
- 매일 30층 계단 오르기
- 저녁 6시 이후에 금식 30일간 해보기
- 60일간 매일 1시간씩 책을 읽어 보기
- 한 달에 1번만 라면 먹어보기
- 잠자기 전 침대에서 핸드폰 한 달 동안 안 해보기
- 매일 한 시간씩 한 달 달려보기 등

힘들고, 재미없는 이런 실험과 훈련들은 시작부터 딱히 목표와 보상이 없었기 때문에 작심 3일만 하고 끝내기 십상이다. 하지만 매 순간 하나, 둘, 셋에 Just Start! 하는 핵심습관을 갖고 있다면 끝까지 실험을 성공적으로 마칠 수가 있다.

100m 달리기 경주에서 출발은 언제나 제자리(하나), 준비(둘), 땅(셋)!에 총성이 공중으로 발사되면 몸이 앞으로 튕겨져 나간다. 그 순간의 느낌을 평생을 기억하고, 간직해라!

해야지! 할 시간이지! 뇌가 생각하는 순간 타협의 길로 들어가기 전보다, 한 박자 빠른 빛의 속도로 하나, 둘, 셋에 바로 시작을 멍청하게 무식하게 멈추지 않고 꾸준히만 하면 된다.

그놈의 효율성, 조바심, 쓸데없는 망상, 체계적, 과정과 결과 언제까지 시작 전에 따지기만 할 것인가? 인제 그만 망설여야 한다. 당신의 인생이 점점 늙어가고 있다는 걸 명심해보자.

훈련 중에도 힘이 들거나, 의지력이 약해지는 신호가 올 기미가 보이면 하나, 둘, 셋을 반복적으로 외치며 상황을 유지하며 마무리 역시 하나, 둘, 셋에 손뼉을 치고 모든 훈련을 마무리하는 습관을 유지해 보자. 이렇게 정말 하기 싫고, 귀찮은 훈련을 하나, 둘, 셋 구호의 힘으로 유리 같은 정신력이 강철 멘탈이 되는 신기한 경험을 자연스럽게 하게 될 것이다.

훈련 중 침대에서 핸드폰 1달간 하지 않기 실험은 개인적으로 너무 힘든 미션이었다. 하지만 지금은 습관이 돼서, 침대에 눕기 전 나는 잘 준비를 마치면 하나, 둘, 셋에 핸드폰을 거실에 두고 침대로 바로 가서 하나, 둘, 셋에 온 힘을 빼고 눕는다. 신기하게 3분도 안 돼서 싱그럽고, 상쾌한 아침을 맞이할 준비를 하게 된다. '뇌는 침대는 잠자는 곳이야!' 라고 머리속에 입력을 확실히 했기 때문이다. 대부분 침대에서 핸드폰을 하다가 잠을 자면 뇌가 갑자기 왜 잠을 자려고 하지? 하면서 뇌가 행동에 저항하게 된다. 결국, 깊은 숙면을 하기가 어려워 렘수면을 못 하게 되고 아침에 무거운 몸으로 기상을 억지로 하는 일상을 보내게 된다.

"살다 보면 흔히 저지르는 두 가지 실수가 있다.
첫째는, 아예 시작도 하지 않는 것이고,
둘째는, 끝까지 하지 않는 것이다."

-파울루 코엘류

필자 역시 유리멘탈 소유자로 너무 힘들어서 실험을 포기하고 싶기도 했지만 나를 위해서만이 아니라 나를 찾아오는 도전자들의 더 나은 미래를 위해서라도 소명의식을 갖고 하나, 둘, 셋 구호와 함께 핵심습관을 만들기 4단계 법칙 프로그램을 개발하게 되었다.

그 결과 지원자 10명 중 8명이 작심 3일을 벗어나서 2달까지 지속적인 실천을 통하여 핵심습관을 만들어 내게 되었다.

도전자들의 삶의 비포와 애프터가 달라졌고, 그 달라진 결과는 내가 운영하는 네이버 '동기부여플랫폼' 카페에 그들이 자발적으로 새로운 도전자들을 위해 자신의 경험담을 고백해주기 시작했다.

핵심습관 만들기 4단계 법칙은 이처럼 우리가 생각하는 힘들고, 귀찮고, 복잡한 훈련이 아니다. 의지력이 없거나, 동기부여가 없어도 좋으니 걱정하지 말자. 모든 시작은 하나, 둘, 셋 구호를 외치며 쉽게 Just Start 하는 게 핵심이다.

뇌를 속여가며, 점진적으로 천천히 강도를 높여가면서 평상시의 의식의 흐름을 일정하게 유지만 하면 되는 훈련이다. 좋은 소식은 4단계 법칙 중 사실 1~2단계는 너무 쉬워 초등학생도 가능할 정도라 포기하고 싶어도 포기가 안 된다.

가장 강한 힘은 가장 작은 곳에서 시작되는 법이다.
그 시작은 미비하나 끝은 창대할지어다.

4단계 중 1단계는 하루에 1분도 되지 않는 우스울 정도로 쉬운 미션
이다. 이렇게 시작은 아주 미세하고 쉽고, 작게 시작하지만, 한 달 이상
힘의 크기를 점차 늘려 가다 보면 어느새 우리 삶 속 깊숙이 침투해 좋
은 습관들끼리 선순환 구조를 만들어 우리의 삶을 조화롭고 윤택하게 해
줄 것이다. 뇌가 눈치 채지 못 하게 시작하는 게 바로 핵심습관의 놀라운
힘이다.

'나는 안돼, 결국 나는 못났어, 역시 이럴 줄 알았어.' 이런 부정적인 마
음을 먹는 것도 이젠 당신에겐 사치에 불과하다. 나와 함께 핵심습관 만
들기를 해보자!

먼저 핵심습관을 만들기 위해서는 핵심 질문을 해보자.

① 왜 도전을 하고 싶은가?

② 어떻게 시작할 것인가?

③ 어떻게 유지를 할 것인가?

④ 핵심습관으로 어떻게 할 것인가?

⑤ 아름다운 인생을 위해서 어떤 노력을 할 것인가?

5가지 질문에 대한 답을 바로 못 내리겠는가?

당연하다. 답을 당장 내려선 안 된다. 해답을 찾는 과정에 초점을 두고
끊임없이 스스로를 성찰하고, 마음을 다스려 새로운 자아를 만나는 경험
을 반드시 해야 제대로 답을 할 수가 있다.

다음 페이지에서 필자가 수천 명의 멘티에게 제시한 핵심습관 만들기 4단계를 소개하겠다. 이미 수많은 실패를 경험한 독자들에게 실패는 더 이상 성공의 어머니가 돼선 안 된다. 시작하면 무조건 실패하지 않는 영리한 전략이니 안심해도 좋다.

의욕이 없다고 의욕을 억지로 부리지도 말고, 의지력을 일부로 내려고도 애쓰지 말아라! 당신이 억지로 힘을 내면 낼수록 당신의 목표와는 거리가 멀어지게 된다.

핵심습관이 형성되는 데는 약 2달~3달이면 된다. 2~3달 이후에 핵심습관으로 파생된 삶의 요소들이 당신의 마음, 성격 일상까지 천천히 변화를 뒤서 당신의 삶도 바뀔 것이고, 마지막으로 당신의 운명까지 바뀌는 경험을 할 것이다. 핵심습관이 형성되면 5가지 능력이 당신을 끝까지 도울 것이다. 시작을 쉽게 하는 능력, 끝까지 버티는 능력, 마음을 다스리는 능력, 시간을 다스리는 능력, 삶을 제어하는 능력이다.

핵심습관을 통해서 운명을 바꾸기를 간절히 원한다면 핵심습관 앞에 위대함이라는 단어를 넣어서 불러보자.

위대한 핵심습관의 특징
① 다른 습관에 파급 적인 영향으로 선순환 구조를 형성한다.
② 핵심습관은 또 다른 핵심습관을 만드는 도화선 역할을 한다.
③ 자기 효능감을 통해 자신의 능력에 대한 믿음이 강해진다.
④ 삶을 균형과 중심을 잡아주는 나침판과 같은 역할을 한다.
⑤ 하수에서 고수의 삶을 살게 해주는 최고의 비밀병기다.

내가 갖고 싶은 핵심습관은 _____ 다.

   그리고 핵심습관을 만들고 나면 핵심습관에 대한 믿음과 자신에 대한 믿음도 더 강해질 것이다. 그만큼 당신의 삶에 중심을 잡아주는 핵심축이 되어줄 것이다!

11
핵심습관 만들기 4단계

"성공한 사람들이 도달한 높은 봉우리는
단숨에 올라간 것이 아니라,
다른 사람들이 자는 동안 한 걸음, 한 걸음
힘들여 올라간 것이다."

-R.브라우닝

모든 시스템에 있어 좋은 결과를 도출하기 위해서는 시스템의 개념과 원리를 제대로 이해하면 보다 효율적인 결과를 만들어 낼 수가 있다. 시험을 풀 때도 우리가 좋은 점수를 못 받는 이유는 개념과 원리를 제대로 이해 못 하고 문제만 잔뜩 죽어라 푸는 연습만 해서 답을 구했기 때문이다.

이처럼 우리의 인생의 운명에 영향을 줄 수 있는 '핵심습관 만들기 4단계 법칙'도 개념과 원리를 충분히 이해한 후에 삶에 하나씩 적용하다 보면 자신만의 호흡법을 만들어 인생 최고의 핵심습관을 만들어 낼 수가 있다.

지구상에는 수많은 힘이 존재한다. 이중 뉴턴의 운동 법칙 중 운동량 (p)이란 어떤 물체의 질량(m)과 속도(v)를 곱한 값이 된다.(p=m×v)

여기서 운동량은 시간에 따라 얼마만큼 증가가 되는가는, 그 물체에 가해진 힘(F)이 어느 정도 큰가로 결정이 된다. 여기서 힘(F)이 바로 핵심습관이다.

힘을 크게 하기 위해서는 속도를 시간에 대해서 미분을 하게 되면 바로 가속도가 된다. 여기서 가속도는 작용 받은 힘에 비례하고, 질량에 반비례한다.

F(힘)=M(질량)×A(가속도), A(가속도)=F(힘)/M(질량) 이 원리가 바로 뉴턴의 제2법칙이다.

쉽게 말해 우리가 핵심습관을 만들기 위해서는 가속도를 높여야 하고, 가속도를 높이기 위해서 질량을 최소화해야 한다는 뜻이다.

이렇게 과학적 이론에서도 좋은 습관을 만들기 훈련은 일맥상통함을 알 수가 있다. 도전과제를 시간에 따라 미분화하고, 도전과제의 질량도 최소화해서 꾸준히 운동량을 늘려 나아가야 한다. 바로 이게 핵심습관 만들기 첫 스텝이다. 이렇게 해야지 가속도가 점차적으로 붙어 작은 습관이 좋은 습관이 되고, 좋은 습관이 핵심습관이 될 수가 있다.

예를 들자면 몸짱이 되기 위해서 처음부터 의욕이 앞서 팔굽혀 펴기를 20~30개를 하다간 힘들어 금방 포기하게 되고, 다시 처음으로 돌아가면 힘은 더 약해져 다시 시작조차 할 수가 없게 된다. 결론은 팔굽혀 펴기 한 개부터 해서 꾸준히 양을 늘려 습관의 가속도를 붙여 어느 순간 100개를 해내야 한다는 것이다.

일반적으로 좋은 습관을 만드는 데 걸리는 시간은 보통 2달이면 충분하고 누구나 도전 후 시작을 멈추지 않으면 대부분 만들 수 있다. 하지만 좋은 습관에서 핵심습관으로 만들어 내는 것은 결코 쉬운 일은 아니다. 대부분의 사람들이 이 구간에서 포기를 하거나, 정체기를 갖게 된다. 쉬우면 핵심습관이 아니지 않은가? 이처럼 남들이 포기하는 과정을 끝까지 버티고, 참아내야지 당신의 삶이 바뀌고, 운명이 조금씩 바뀌는 걸 경험할 수가 있게 된다.

바로 인생을 살면서 한 번쯤은 반드시 퀀텀 점프를 경험해 보자는 것이다.

퀀텀 점프는 물리학 용어로 양자 세계에서 어떤 단계에서 다음 단계로 갈 때 계단의 차이만큼 뛰어오르는 현상을 뜻하는 말이다.

즉 어떤 일이 연속적으로 조금씩 발생하는 게 아니라, 높은 계단을 뛰어오르듯이 다음 단계로 수직상승을 하는 것이다. 갑자기 하루아침에 로또 1등에 당첨되어 재산이 확 늘어나는 것이 아니라, 차곡차곡 쌓은 생활의 좋은 에너지를 모으다 보면 어느 한순간에 에너지가 폭발적으로 강해져 삶의 질이 한 단계 크게 점프하는 것이다. 점이 모여 선이 되고, 선이 모여 면이 되는 원리이다.

이런 원리를 통해서, 이미 수많은 나의 고객들이 핵심습관 만들기 법칙으로 삶의 퀀텀 점프를 해서, 지금 삶을 의미 있게 살아가고 있다. 이런 결과들은 필자가 하루아침에 로또 1등에 당첨되는 것보다 더 값지고 빛나는 삶이다.

나이가 들어, 체력이 다되어, 연륜이 쌓여 삶의 희로애락을 논하며 이른 나이에 삶을 단정 짓고, 젊을 때의 추억을 더듬어 아쉬움을 달래고 후회로 가득한 삶을 살고 싶은가? 그렇지 않다면 하나, 둘, 셋 조금 더 필자의 말에 집중해보자!

나에겐 약속 시각을 그 누구보다 칼같이 잘 지키는 좋은 습관이 있다. 이런 습관은 당장 내 삶의 변화를 줄 수는 없지만, 핵심습관을 위해 강력한 오른팔 역할을 하는 셈이다. 그리고 언제 어디서나 문득 떠오르는 아이디어를 메모하는 좋은 습관도 갖고 있다. 메모하는 습관 역시 내 삶의 변화를 당장 줄 순 없지만, 핵심습관을 만드는 데 강력한 왼팔 역할을 하는 셈이다.

이렇듯 핵심습관은 좋은 습관 없이는 절대 쉽게 형성이 되지 않는다. 매일 한 시간씩 달리기는 나의 핵심습관 중 하나이다. 처음에는 하루에 3분 걷기가 2달 이후는 하루에 1시간씩 달릴 수 있었다. 달릴 때마다 필자는 조금씩 성장을 하고 있다는 놀라운 사실에 하루도 빠짐없이 지금도 달리기를 하고 있다.

그래서 인생에서 강력한 힘을 내기 위해서는 좋은 습관 중에서 일부는 왼팔, 오른팔 역할을 해주고, 일부는 최소 1달~2달간을 인생의 청신호가 올 때까지 멈추지 않고 행동해야 한다. 청신호가 오면 이젠 하지 말라고 해도 하게 될 것이다. 이 느낌을 느끼게 되면 바로 진정한 핵심습관이 몸속에 뿌리내리게 된다.

바로 독자가 핵심습관을 만들어서 인생의 퀀텀 점프를 하는 게 이 책을 집필하는 진짜 목적이다.

닭은 천둥과 번개가 치고, 태풍이 불어도 알을 끝까지 지키면서 알을 부화해, 그 알은 반드시 닭이 되듯이 인생의 성장 과정도 이처럼 강한 믿음을 갖고, 스스로를 마음속에 깊게 품어보기를 바란다.

깊게 품으려 할수록 당신의 삶도 깊어지게 될 것이고, 항상 하나, 둘, 셋 구호를 외치면서 삶의 의식이 항상 깨어 있음을 느끼고 도전적으로 살아간다면 어느 순간 가슴속에 품은 신념이 새로운 나로 탄생이 되어 멋진 퀀텀 점프를 할 수 있게 될 것이다. 자신에게 믿음이 없으면 삶은 절대 스스로 빛날 수가 없으니 매 순간 힘들고, 지치고, 어려워도, 내면을 언제나 밝게 비춰주는 하나, 둘, 셋 구호를 외치면서 최대한 쉽게 생각하고, 쉽게 시작해, 끝까지 버티는 힘을 길러내야 한다.

지금쯤 하나, 둘, 셋을 외치면서 살아가고 있다면 어느 정도 삶의 변화 신호가 있을 것이다. 하나, 둘, 셋에 가기 싫은 독서실, 헬스장을 가고 있는가?

하나, 둘, 셋에 구호를 외치고 회사 문을 열고 하루를 시작하고 있는가?

하나, 둘, 셋에 TV 리모컨을 끄고 무언가를 시작하고 있는가?

자신의 의지와 상관없이, 뇌와 타협 하지 않고 행동하는 자신의 모습을 보면 스스로가 대견할 것이다. 이렇게 하나, 둘, 셋 구호를 내면서 우리는 시작하는 힘을 조금씩, 천천히 축적하는 것이다. 바로 인생이란 밭에 믿음이라는 밑거름을 주는 것이다.

아래는 핵심습관 만들기 실행 지표력 그래프다. 우리의 최종목표는 좋은 습관들을 많이 만들어, 삶의 성장을 줄 수 있는 핵심습관을 만들어 유지하는 것이다.

핵심습관 만들기 4단계 지표

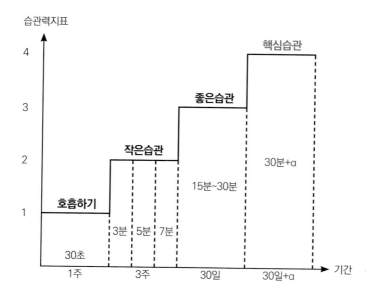

하나, 둘, 셋의 구호를 외치고 있다면 이제! 2~3달 후에 놀라운 변화를 기대해볼 차례다. 일상생활을 하면서도, 천천히, 꾸준히 하는 과정이니, 시간이 없다고, 체력이 없다고, 하는 일이 있어서, 이런 핑계를 핑계 삼아 도전을 안 하거나, 미루는 일은 인제 그만할 때도 되지 않았는가? 그냥 Just Start! 해봐라!

인생에서 최고의 실적을 내보자!
(인지하고, 생각하고, 실행하고, 적용하기)

그리고 사전에 없는 사자성어인 "인생실적(人生實績)"을 1단계~4단계로 단계별로 의미를 부여했다. 1단계는 내가 왜 지금 이 미션을 하고 있는지? 를 인지하고, 2단계에서는 스스로가 좋아하는 일과, 잘하는 일을 생각해내는 것이다. 3단계는 2단계의 소재들을 삶에 더 깊숙이 침투시켜 실행하는 것이다. 마지막으로 4단계는 3단계의 좋은 습관을 내가 추구하는 삶에 적용해서 삶의 효능감을 맛보기 위해 적용하는 바로 핵심습관 만들기 첫 관문이다.

한마디로 인생실적이란 말은 우리가 인생을 살면서 핵심습관을 많이 만들어 인생에서 제대로 한번 최고의 실적을 내보자 하는 깊은 뜻을 담고 있다.

핵심습관 만들기는 총 4단계가 마지막이다. 그중에 1단계는 너무나 쉬워 실패하고 싶어도 실패할 수 없으니 재미있게 그 시작을 해보자!

잊지 말자! 언제나 시작은 망설임 없이 하나, 둘, 셋 Just Start다!

12

핵심습관 만들기
1, 2단계

"우리가 반복적으로 하는 행동이 바로
우리가 누구인지 말해 준다.
그러므로 중요한 것은 행위가 아니라 습관이다."

-아리스토텔레스

시작은 언제나 가볍고, 쉬워야 한다. 1단계는 앞장에서도 언급했지만, 너무 중요한 아침 기상 미션을 하루 30초씩 7일간 훈련하기다. 책 마시멜로 이야기 내용 중 '30초만 더 생각하라, 어쩌면 이 순간이 내 인생을 송두리째 바꿀 수 있다.'라는 문장이 있다. 24시간 중 고작 30초가 작아 보여도, 30초라는 시간이 가지고 있는 특별한 시간의 힘은 반드시 가지고 있다는 뜻이다.

지금 당신이 숨을 크게 들이마시고 입을 다문 채로 얼마나 참을 수 있는지 테스트해 봐라, 아마도 30초 이상을 해내기가 생각보다 쉽지 않을 것이다.

어떤가? 30초라는 단어가 뇌에서 강하게 인식이 되고 있는가? 무언가 새로운 도전을 시작하는 데 있어 30초를 넘기는 일은 뇌가 상당히 부담을 갖고 예민하게 반응한다는 뜻이다. 핵심습관 만들기 4단계 중 1단계는 매일 아침 하루의 시작을 30초만 Just Start 하는 것이다.

아침에 눈을 뜨자마자 하나, 둘, 셋에 기상하고, 초등학생도 가능한 미션을 30초만 실시하면 끝이다. 다시 말하자면 아주 쉬워서 안 하는 건 스스로가 성장을 멈추는 것과 같다고 할 수 있다.

지금 우리가 4층짜리 인생 주택을 짓는데 1층도 없이, 2층부터 짓는 방법은 세상에는 없을 것이다. 1층부터 차곡차곡 탄탄하게 철근 구조물을 땅에 곧게 세워 지진에도 흔들리지 않게, 제대로 된 멋진 인생 주택을 지어보자.

1차 미션은 핵심습관 만들기 4단계의 첫 관문을 노크하는 것이다. 24시간 중에 고작 30초뿐이다. 하루에 30초만 투자하면 운명까지 바뀔 수 있는 핵심습관 만들기 4단계의 첫 관문을 여는 것이다. 하루를 시작하는 아침에 기상과 동시에 딱 30초만 실행을 해보자.

하루 24시간 중 30초 만이라도 자신만의 호흡법을 찾는데 시간을 투자해보자! 바쁜 자아가 나를 위해서만 온전히 생각하는 시간은 뇌가 잠에서 깬 직후 30초가 골든타임이다.

핵심습관 만들기 1단계의 목표는 내용보다는 행위 의식에 초점을 두고 매일 아침에 뇌가 스스로 무언가 무의식적인 사고를 반복적으로 하는 게 핵심이다. 하지만 의욕이 생겼다고 해서 30초 이상을 하게 되면 하기 싫은 뇌가 활성화가 되어 금방 포기하게 될 확률이 높으니 꼭 30초 이상 하는 건 금물이다.

7일간 기상미션 30초를 우습게 생각하고 있는가? 우습게 생각하면 다행이다. 그만큼 쉽고, 간단하기에 목표 달성을 꼭 하리라 생각한다. 혹, 7일간 지키지 못할까 봐 걱정인가? 그래서 30초를 넘기지 말라는 거다.

1단계 30초 기상미션은 핸드폰 시계 타이머보다는 마음속으로 숫자

30을 세어보기를 바란다. 될 수 있으면 숫자 1~10을 3번 세는 게 더 효과적이다. 타이머를 보고하면 시간에 대한 부담감이 있어 빨리 대충 끝내려고 하는 이상한 습관이 생길 소지가 있다. 마음의 숫자 30세기는 내 마음과의 확실한 거부할 수 없는 확실한 약속이다.

바로 1단계 최종목표는 무의식 속 자기 자신에 대한 확신이 내면에 천천히 뿌리내려 하루 시작을 깨우는 것이다.

미션 선정기준: 기상과 동시에 그냥 바로 마음 편하게 할 수 있는 것
예)30초 동안 스트레칭, 윗몸 일으키기, 팔 굽혀 펴기 하기, 심호흡하기 등
훈련 기간: 7일
훈련 시간: 기상 후 30초
주의사항: 30초 이상 절대 하지 않기! 7일간 하루도 빠지지 않기!

1단계는 너무 쉬워서 지키기도 쉽지만, 포기하기도 쉬우므로 반드시 7일간 체크리스트를 만든 후 펜으로 체크를 해라. 바로 하루의 첫 시작부터 당신은 작은 성공을 체크를 하는 것이다. 또한 반드시 제삼자가 볼 수 있는 냉장고나 현관문 앞에 붙여 놓으면 100% 성공을 할 수가 있다. 그리고 가장 하단에 이렇게 문구를 비장하게 적고 매일 볼 때마다 뇌의 시냅스를 강화해 실행 능력을 극대화해보자.

"지금 이것도 못 지키면 난 평생 낙오자다! 알면서 이것도 하지 않는다면 이건 바로 고칠 수 없는 고질병이다. 절대 병에 걸리지 말자!"

7일 후 당신이 느낀 감정은 지금까지 느끼지 못한 새로운 감정일 것이다.

이미 1장에서 아침 기상미션을 하루만이라도 경험해 보았다면 그 느낌이 아직도 머릿속에 남아있을 것이다. 혹은 멈추지 않고 미션을 이행 중이라면, 당신 자신에게 박수를 칠 일이다. 작지만 무언가를 계속해내고 있지 않은가?

지금 살아가면서 먹고, 자고, 핸드폰하고, 일하고, 일상에 기본적인 생활 외에 이렇게 1주일 이상 멈추지 않고 반복적인 행위를 한 적이 얼마나 있는가? 확실히 새로운 변화다!

힘은 약하지만 오랜만에 느껴 본 작은 성취감, 근거 없는 자신감, 알 수 없는 작은 희망 회로가 생기지 않았는가? 벌써 필자는 독자의 변화된 느낌이 궁금하다. 어떤 느낌도 좋다. 무언가 신호가 오기만 하면 된다. 바로 이거다!

고작 30초 미션이지만 매일 아침 눈을 뜨고, 하나, 둘, 셋에 기상미션 30초를 지켜 내는 건 자신과의 약속을 지켜 내고, 자신과 싸움에서 작은 승리를 하는 것이다. 매일 아침 달성한 아주 작은 승리는 차곡차곡 쌓여 큰 승리가 될 것이다.

7일간 하루도 빠짐없이 미션을 진행했다면 자신도 알게 모르게 삶의 신선한 신호를 감지할 수도 있다. 예를 들자면 30초 미션 후 하루를 대하는 마음이 단단해져서 무겁기만 회사 출근길이 가벼워지기도 하고, 30초 미션 후에 어제 풀지 못한 삶의 문제를 풀 수 있는 단서를 찾을 수도 있게 될 것이다.

고작 30초 미션이지만 지하 동굴 저 깊은 곳에서 잠자고 있는 당신의 잠재의식을 깨우는 데 충분한 시간이다.

자 이제 7일간 지켜 냈다면, 앞으로도 평생 30초 미션은 멈추지 말고 핵심습관 만들기 4단계 중 2단계로 넘어 가보자!

핵심습관 만들기 2단계는 3주간 주차별로 3분, 5분, 7분 3주간 훈련하기다. 21일간 훈련으로 뇌에 새로운 습관 회로를 만들어 보자!

2010년 영국 런던 UCLA 대학교 심리학과 제인 워들(Jane Wardle) 교수팀은 12주간 96명의 참가자를 대상으로 연구한 결과에 따르면, 기존 습관을 버리고 새로운 좋은 습관을 만드는 데 걸리는 시간은 평균 66일이라고 발표했다.

하지만 뇌는 이처럼 익숙하지 않은 새로운 일에는 강하게 두려움과 부담감을 갖고 저항을 하기 때문에 새로운 습관을 처음부터 66일간 도전하는 건 쉽지 않다.

행동의 크기를 쪼개고, 더 쪼개라!

전 세계적으로 3,000만 부가 팔린 성공학의 교과서로 일컬어지는 『성공의 법칙』 저자인 성형외과 의사 맥스웰 몰츠는 사람의 손발이 절단되고 나서 3주가 되기 전까지는 신체가 없는 부위에서도 통증이 온다는 걸 발견했다. 즉, 위의 망상 통증이 멈추거나 수술의 결과를 인정하는 데까지 3주가 걸린다는 것이다. 바로 뇌가 새로운 행동과 현상에 익숙해지는 기간이 3주이다.

바로 2차 미션의 기간을 3주로 정한 이유이다. 지금 우리가 의지력 없이 반사적으로 좋은 습관을 만들기 위해 꼭 거쳐야 하는 필수 관문 중 하나이다.

그리고 21일간 무조건 무언가를 한다고 해서 무조건 되는 게 아니다.

아직도 당신의 의지력을 신뢰하고 있는가? 21일간 하루 1시간 운동하기! 21일간 하루 30분 영어 공부하기! 21일간 다이어트 하기! 과연 며칠이나 지킬 수 있겠는가? 답을 알고 있다면 아직은 당신의 뇌를 믿어선 안 된다.

미션 중 온갖 핑계거리로 결국 주 1회도 하지 않게 되면서 성취감, 만족감 대신, 죄책감과 실망감으로 가득 차 포기를 하게 될 확률이 넘쳐날 것이다. 사실 이런 결과를 예상하면서 도전하는 게 우리의 현주소이다. 지금부터 주소지를 한 곳으로만 정하자.

「대한민국 도전특별시 지금구 시작동 기적마을 꿈길대로 123번지」

"아무것도 하지 않으면 아무 일도 일어나지 않는다. 변하고 싶다면 하나, 둘, 셋에 Just Start 해라!"

2단계 훈련법은 21일간 뇌가 부담을 최소화하는 범위 안에서 미세하게 강도를 높여, 뇌가 큰 저항을 못 하게 하는 게 핵심이다.

바로 한 가지 미션을 정한 후 총 3주간 첫 주는 3분으로 시작해서 1주마다 2분씩 늘려 가며 마지막 3주차에는 미션시간을 7분으로 마무리하는 과정이다.

주의사항은 주차 별 정해진 3분, 5분, 7분은 절대 넘기지 말아야 한다.

미션 선정기준: 나의 관심사, 하고 싶은 일, 좋아하는 일, 필요한 일
예) 독서하기, 영단어 외우기, 감사일기 쓰기, 명상하기, 계단 오르기, 샤워하기 전 스쿼시 하기, 줄넘기하기, 영어 공부하기, 필사하기 등

2단계 미션에서 가장 중요한 건 뇌가 재미있어지려는 순간 멈춰야 한다. 그 순간이 바로 의지력이 필요한 순간이며, 뇌는 그때부터 부담을 슬슬 갖기 시작한다. 좀 더 하고 싶더라도 아쉬움을 느끼고 반드시 멈춰서야 한다.

〈국어사전〉에 한계효용체감의 법칙을 검색하면 이렇게 나와 있다. '일정한 기간 소비되는 재화의 수량이 증가할수록 재화의 추가분에서 얻는 한계 효용은 점점 줄어든다는 법칙.' 쉽게 말해 맛있는 상큼한 사과를 1개를 먹을 때보다 2번째, 3번째 많이 먹을수록 맛이 없어진다는 뜻이다.

재미가 있는 순간은 곧 그만두고 싶다는 신호라고 기억을 하자. 그래서 3분, 5분, 7분을 절대 넘겨서는 안 되는 이유다.

운동이 재밌다고 갑자기 무리하면 그다음 날 몸살이 나서 매일 운동을 가기로 한 약속은 한순간에 어긋나게 되는 꼴이다.

컵라면도 3분이 지나버리면 라면의 면발은 퉁퉁 불어 맛이 없게 된다. 이 생각을 베이스로 해서 1주차 3분 훈련을 시작해서 2주차 5분, 3주차 7분 훈련을 3주간 멈추지 말고 실행해보자!

3주차에 7분이 성공할 수가 있는 건 2주차의 5분 훈련과, 1주차의 3분 훈련 그리고, 매일 매일 30초 기상미션이 있기에 가능하다. 1, 2단계를 성공적으로 마무리가 되면 우리는 핵심습관 만들기 4단계 중 실전 게임인 3단계 '좋은 습관'으로 물 흐르듯이 쉽게 넘어가게 된다. 하지만 인생 주택 4층 만들기 중 1, 2층이 부실 공사면 3층, 4층에 아무리 공을 들여도, 그 건물은 곧 무너지게 되어있다. 반드시 1층과 2층을 잘 지어 작은 성취감, 작은 만족감, 작은 기대감을 느끼면서 인생 주택 3층으로 올라가 보자!

삶의 큰 변화를 두기 위해서 아주 작은 변화의 시작은 고작 3분이다.

실패 확률을 줄이기 위해서 2단계부터는 3분 미션을 실행할 핫 스폿과 핫 타임을 반드시 정하자!

'하루에 3분씩 독서하기'
이렇게 계획을 세운다면 과연 며칠이나 지켜질까?
이렇게 해보자.
"매일 저녁 식사 후 9시에 내 방 책상에서 3분 독서 하기" 시간과 장소를 정하면 도전 자체가 확률이 커지게 된다.
반드시 무언가 새로운 도전을 한다면 핫 스폿과 핫 타임을 정해보아라!
핫 스폿과 핫 타임만큼은 세상 그 누가 뭐라고 해도 온전히 자신만의 호흡 공간이다. 이때부터 집중과 선택의 길을 걷는 것도 뇌에게는 하나의 습관으로 인지하게 될 것이다. 바로 좋은 습관은 또 다른 좋은 습관을 만들어 내는 원리이다.
하루 24시간 중 온전히 나를 위한 장소와 시간이 주어진 자체만으로 삶의 에너지를 받고, 도전과제 역시 큰 스트레스 없이 배움의 즐거움 속에서 비명을 지르면서 보내게 될 것이다.
땅에 어떤 씨앗도 뿌리면 바로 거둘 수는 없다. 악기를 배워도, 그림을 배워도 1년은 열심히 해봐야지 소질이 있는지 없는지 판단할 수 있는 법이다. 하루 3분 미션으로 21일간 엄청난 결과가 있기를 기대하는 것도 하지 말자.
식단조절을 위해 처음부터 매일 비린내 나는 닭가슴살을 삶아 물만 넣고 믹서기에 돌려 3주간 하루도 빠지지 않고 먹을 자신이 있다면 모를까?

1단계가 뇌에 신호를 준거라면 2단계는 뇌가 새로운 행동에 익숙해지는 기간이다. 동시에 3단계의 효과를 내기 위한 예열을 하는 과정일 뿐이다.

이제 삶의 작은 변화를 줄 수 있는 3단계 좋은 습관 만들기와 삶의 큰 변화를 줄 수 있는 4단계 핵심습관 만들기로 넘어 가보자!

모든 미션의 시작은 역시나 하나, 둘, 셋에 그냥 Just Start! 하면 된다.

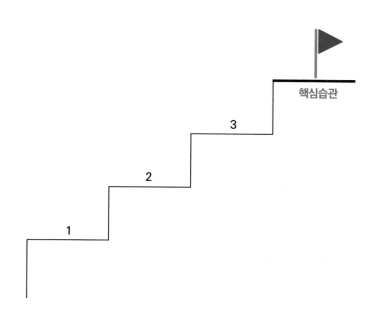

13

핵심습관 만들기
3, 4단계

"만일 의식적으로 좋은 습관을 형성하려고
노력하지 않으면 자신도 모르는 사이에
좋지 못한 습관을 지니게 된다."

-디어도어 루빈

3단계는 하루 최소 15분에서 최대 30분간 1달간 훈련을 통해서 좋은 습관을 만들어 내는 것이다. 3단계 미션 대상은 2단계 미션들 중에서 내가 정말 원하는 습관을 하루에 최소 15분~최대 30분간 1달간 지켜 내는 것이다. 1달간 멈추지 않고 지켜 낸다면 바로 좋은 습관이 몸에 스며들어 당신의 삶에 뿌리를 내리게 된다.

주의사항은 하루 최소 15분 이상, 최대 30분 이상은 넘기지 말자.

미션 선정기준: 나의 성장을 위해 정말 도전하고 싶은 목표
예) 글쓰기, 달리기, 독서하기, 유튜브 제작하기, 영어 공부하기, 스피치 연습하기, 프로젝트 준비, 운동하기, 블로그 마케팅하기 등

이렇게 1~3단계까지 약 2달 만에 좋은 습관이 형성되면 이젠 귀찮고,

부담스럽고, 불편했던 행동들 이젠 안 하면 더 불편하게 느껴지게 될 것이다. 이게 바로 좋은 습관이 형성됐다는 신호이다. 좋은 습관이 형성된 후 이제 당신의 운명을 바꿀 수 있는 마지막 관문 4단계 핵심습관에 도전할 차례다.

미션 주의사항은 하루 3단계 임계점을 넘기기다.

4단계는 30일간 하루 30분+A 시간으로 훈련을 하는 것이다.

4단계 미션 선정기준: 3단계 훈련 중 또는 파생된 임무 중 1가지

모든 행동에 있어서, 효과를 보기 위해서는 최소 30분 이상의 시간은 투자해야지, 효과를 볼 수가 있다. 걷기운동도, 복근운동도 최소한 30분 이상 운동을 했을 때 체지방이 연소가 본격적으로 되는 것처럼 말이다.

4단계 중 유일하게 하루 미션 시간이 자유롭다. 1~3단계는 그 시간을 벗어나면 역효과가 있지만, 4단계부터는 최소 30분 이상도 스스로가 원하면 증량을 해도 좋다. 바로 당신의 운명을 바꿀 수 있느냐 없느냐는 3단계 이후 4단계를 끝까지 마무리하느냐, 안 하느냐의 차이다. 이때부터 우리의 경쟁상대는 타인이 아니라, 어제의 나 자신이 되어야 한다.

하지만 너무 걱정하지 마라! 우리가 충분히 1, 2, 3단계 훈련을 잘 마쳤다면 4단계의 훈련은 너무 어렵지 않게 잘 해낼 수가 있다. 4층 집을 짓는데 3층까지 지었다면 반드시 꼭 대기층은 짖지 말라고 해도 짓게 되어있다. 바로 당신이 살고 싶어 하는 인생 성공 집이 눈앞에 보이기 때문이다.

핵심습관이 가져다준 엄청난 나비효과

헬스장을 가는 게 처음에는 두렵고, 귀찮았지만, 헬스장을 가는 게 핵심습관이 되면 헬스장이 문을 닫는 시간이 너무 아쉬워 어쩔 줄 몰라 하는 단계까지 오게 된다. 힘들게 뇌를 속이지 않아도, 억지로 시간을 내지 않아도, 핵심습관이 몸에 뿌리를 내리게 되면 자연스럽게 별도의 의지력 없이 몸이 그곳으로 향해 가고 있게 된다.

영어 공부를 하루의 양을 3분, 15분, 30분 이상 늘려가다 보면 어느새 영어 공부에 대한 부담감, 울렁증이 사라지고, 영어를 쓰는 직업을 찾고 있을 것이다.

독서를 하는 게 처음에는 하자마자 졸음이 쏟아졌지만, 이젠 핵심습관이 되면 시간 가는 줄도 모르고, 야식으로 치킨을 시켜 배를 채우는 기쁨보다 그 돈으로 양서를 사서 배고픈 정신을 살찌우는 게 당연하다고 생각하게 된다.

이런 생각이 깊어지고, 습관이 되면 책이랑 담을 쌓고 사는 인생도 어느 순간 작가의 길로 가는 특별한 경험을 하기도 한다.

글을 한 번도 안 써본 사람이 3분, 15분, 30분 이상 늘려 글을 쓰다 보면 어느새 글을 쓰면서 자신도 모르는 새로운 자아를 만나게 되는 신기한 경험을 하게 된다. 이로써 '나는 누구인가'에서 '나는 이런 사람이 되고 싶다'로 생각의 질과 생각의 속도가 달라져 삶의 질이 한층 더 윤택해지게 된다.

지구는 멈추지 않고 좌전을 하지만 내 생각은 왜 항상 제자리에서 맴도는가? 우리가 사는 하루는 움직이지 않는 돌멩이가 아니라 매일 매일 갓 구워낸 빵처럼 매일 매일 새롭게 태어나야 한다. 힘들다고 힘들어만 하지 말고 '왜 힘들어하는지?' 늘 생각해야 한다.

우리가 이렇게 4단계를 마치고 핵심습관을 만들 수 있는 이유는 4단계 기간 동안 바로 시작을 쉽게 하는 능력, 시간을 다스리는 능력, 삶을 제어하는 능력, 마음을 다스리는 능력, 자신을 사랑하는 능력, 버텨내는 능력들이 몸속 깊이 뿌리내려 작은 성공의 쾌감을 수차례 맛을 봤기 때문에 가능하다.

조금씩 우리가 한 발짝씩 성장할 때마다 우리는 자연스럽게 더 큰 성공의 쾌감을 느끼고 싶어 하게 된다. 바로 이런 감정들이 스스로가 운명을 바꾸기 위한 본능적 감정들이 내면에 자리 잡기 시작하는 아름다운 신호들이다.

지금 도전 앞에 무엇을 망설이는가? 도전 중에 포기할 핑계거리를 아직도 찾고 있는가? 아니다. 무조건 시작하고 버텨내야 한다. 어려울 게 없다. 이제 우리는 그 운명적인 신호들 앞에 하나, 둘, 셋에 Just Start만 하면 된다.

"실패하는 사람들의 90%는
정말로 패배하는 것이 아니라
포기하는 것이다."

−폴. J. 마이어

14 인생 최고의 비밀병기

"습관보다 더 강력한 것은 없다."

-오비디우스

　모든 식물은 씨앗을 심고, 싹을 틔워, 줄기와 잎을 생성 후, 열매까지 총 4단계의 과정을 겪게 된다. 바로 핵심습관 1~4단계의 과정과 같은 과정이다. 1단계 하루 30초 기상미션으로 매일 자신에 대한 믿음의 확신의 씨앗을 심고, 2단계는 3분, 5분, 7분 미션으로 뇌에 신호를 주고, 3단계 15분 미션으로 뇌에 시냅스의 신경세포를 강화해 습관의 회로를 만들어, 마지막 4단계에 핵심습관이라는 최고의 인생 비밀병기를 획득하게 되는 것이다.

　참고로 모든 식물이 이런 과정을 거치기 위해서는 광합성과 호흡 없이는 성장 자체를 할 수가 없듯이 핵심습관 만들기에서도 매 순간 시작의 힘과 과정의 순간 유지를 위해서, 꼭 필요한 호흡법이 바로 하나, 둘, 셋 구호를 끊임없이 외치는 것이다.

　잘 갈아놓은 밭에만 씨앗을 심자!

우리의 운명을 바꿀 수 있는 핵심습관 만들기 4단계 과정은 짧게는 3달~길게는 4달이 걸린다. 인생을 살면서 한 번쯤 멋지게 스스로의 성장을 위해서 투자해볼 만한 시간이다. 그 아름다운 시간을 위해서 무작정 기분이 좋아서, 가슴이 벅차서, 충격을 받아서, 동기부여를 받아서 바로 시작하지 말고, 차분한 마음과 비장한 각오로 임하는 자세를 반드시 시작 전에 만들고 Just Start 해보자!

작은 씨앗이 커서 큰 열매를 맺기 위해서는 반드시 씨앗을 심기기 전에 씨앗의 뿌리가 잘 내릴 수 있게 밭을 잘 갈아야 놔야 한다. 밭을 갈지 않고 씨앗을 심으면 싹이 나도, 뿌리를 잘 못 내리고, 싹이 난 후 밭을 갈기엔 뿌리에 손상이 가서 쉽게 손을 대기가 어렵기 때문이다.

기다림의 미학, 버텨내면 반드시 승리한다.

핵심습관이 되기 전까지는 무리한 결과 예측을 절대 해선 안 된다. 지금 우리는 눈앞의 보이지 않는 결과에 대해서 낙담하지 않는 훈련과 보이지 않는 내면 자신을 컨트롤 할 줄 아는 능력을 키워내고 있는 중이다.

이렇게 핵심습관이 형성되면 당신의 능력까지도 측정할 수 있으며, 삶 속에서 엄청난 나비효과를 불러일으키게 된다. 결국 승자와 패자의 갈림길은 도전의 지루함을 얼마나 잘 참고 버텨내느냐가 관건이다. 당장 효과가 눈앞에 없다고 포기하는 순간 미래의 삶은 현재의 삶과 다를 바가 없다. 핵심습관 앞에서 포기하는 순간 당신의 성장은 멈춘 것과 다름없다. 이제 선택은 당신의 몫이다.

이제부터 삶을 살아가면서 시간의 변화, 시각의 변화, 환경의 변화, 감정의 변화가 있을 때마다 하나, 둘, 셋 구호를 외쳐 위기의 순간을 기회의 순간으로 만들어 내보자.

이처럼 하나, 둘, 셋의 반복적 구호는 엄청난 힘을 지니고 있다. 새로운 도전과 일상의 시작 앞에 마법의 구호가 있고 없고의 차이는 확실히 다르다. 바로 당신이 쉽게 움직이느냐, 망설이느냐의 기준점이 되어, 당신의 운명까지도 바꿔 줄 수 있는 인생 최고의 비밀병기가 되어 줄 것이다.

하나, 둘, 셋, 이제 4장에서 삶의 변화와 성장을 Just Start 해보자!

제4장

변화하고, 성장하기

하나, 둘, 셋 Just Start!

하나, 둘, 셋 소리를 내는 것은
잠자고 있는 당신의 의식을 깨우는 첫 소리이다.
도전을 시작할 때, 마음이 흔들릴 때,
마음의 불빛이 되어,
당신의 마음을 환히 비춰 줄 것이다.

1

핵심습관이 가져다준 새로운 삶

"생각이 바뀌면 행동이 바뀌고,

행동이 바뀌면 습관이 바뀌고,

습관이 바뀌면 인격이 바뀌고,

인격이 바뀌면 운명이 바뀐다."

-윌리엄 제임스

필자에게는 필자의 운명을 바꿀 수 있는 핵심습관이 운 좋게 3개나 있다. 역시 작은 습관의 신호들이 모여 하나의 핵심습관을 만들고, 한 개의 핵심습관은 또 다른 핵심습관을 만들어 삶의 엄청난 나비효과를 불러일으키고 있었다.

우리는 자신의 성장을 위해 항상 새로운 꿈을 꾸며 살아가고 있다. 하지만 꿈만 꾸고 시간이 없다는 핑계로 아무것도 하지 않는 습관에서 이제 그만 탈출해야 한다. 가만 보면 시간이 없다는 건 가난한 사람들이 밥먹듯이 하는 거짓말 같은 습관이다. 이 가난한 습관을 버리기 위해서라도 현실 속에서 꿈만 꾸지 말고, 하나씩 꾸준히 작은 꿈들을 모아 핵심습관을 만들어 새로운 삶을 살아보자.

① 매일 아침 알람 없이 6시 기상

필자는 항상 12시~1시까지 TV 시청을 하다가 6시에 일어날 생각에 알람을 맞추고, 결국 7시가 지나서 기상하는 삶을 반복적으로 하고 살았다. 가만 생각해보면 내 알람 소리에 잠을 뒤척이는 가족들, 그리고 그것도 매번 지키지 못한 나에 대한 원망, '또 6시 기상을 못 했구나!' 하면서 하루의 시작을 매일 망치면서 시작을 했었다. 티가 나지 않았지만, 나의 감정은 나도 모르게 작은 죄책감이라는 감정의 상처를 매일 입고 있었다.

사람의 신체는 상처가 나면 그 부위를 소독하고, 약을 바르고 치료를 한다. 그대로 방치하면 상처 부위는 덧이 나거나, 더 곪아 상태가 악화가 되고 만다. 그런데 사람의 감정은 왜 상처를 입게 되면 그냥 방치하는 걸까? 사실 몰라서가 아니라 안 해도 좋을 것 같아서, 티가 나지 않아서 그냥 내 버려두는 거다. 바로 이게 문제였다.

새로운 목표와 행복한 미래를 위해 도전하는 삶을 살고 싶다면 이렇게 눈에 잘 보이지 않는 사소한 감정의 상처도 잘 치유해야 한다.

한 번쯤 이렇게 무엇이 당신의 삶을 저당잡고 있는지 용기 있게 자신의 내면을 들여다볼 필요가 있다. 그리고 어떤 습관이 당신의 삶을 이롭게 할 것인지 생각해보자! 바로 이런 용기와 생각이 핵심습관을 만들어가는 첫걸음이다.

필자는 하나, 둘, 셋에 Just Start를 외치면서 알람 없이 6시 기상을 하는 핵심습관을 갖고 있다.

그냥 눈이 6시 근처 5시 45분~6시 사이에 매일 떠지는 신기한 일을 경험하고 있다. 또한, 간혹 의도치 않게 11시를 넘기고, 12시 이후에 잠을 잔 경우도 6시에 눈이 떠지는 건 마찬가지다.

오늘도 나는 잠자리에 들기 전에 알람 없이 "하나, 둘, 셋 오늘 하루도 고생했다고 인사를 하고, 아침 6시 기상과 동시에 "하나, 둘, 셋 오늘도 힘찬 하루 시작하자!" 라고 인사를 한다. 습관이 형성되기 전에는 어려웠지만, 핵심습관이 형성되면 이젠 나에겐 하나의 일상일 뿐이다.

매일 저녁 7시 이후엔 금식을 하고, 밤 11시가 되면 잠을 잔다. 그러면 6시에 알람 없이 눈이 떠진다.

이렇게 하루의 시작이 내 의지대로 마음먹은 대로 '난 할 수 있다' 라는 자기 확신과 믿음의 크기가 커져 삶의 큰 원동력이 되고 있었다. 기상 시간을 지키지 못했을 때 느끼게 되는 죄책감과 부끄러움 감정 대신, 작은 성취감이 생겨 하루를 시작하는 아침부터 작은 승리의 맛을 보고 언제나 하루를 힘차게 Just Start 하게 되었다.

나의 의지력이 자연스럽게 의식하지 않아도 습관이 되어 조절되는 작은 승리는 돈을 주고도 살 수 없는 값진 경험이다. 이런 작은 승리의 경험들이 날마다 느끼고, 이 경험들이 밑천이 되어 더 큰 승리를 불러일으키는 도화선이 되고 있었다.

② 매일 1시간씩 달리기
─왜 매일 달리기를 하나요?

오늘도 나는 아파트 단지를 달렸고, 비가 오는 날은 헬스장에서 가서 러닝머신을 위를 달렸다. 심지어 헬스장이 문을 닫는 날은 대체 행동으로 아파트 계단을 이용해서 달리기를 했다. 매일 같은 시간, 같은 장소에서 달리는 나를 보고 주변의 사람들이 "왜 맨날 달리기를 하시나요?"라고 물으면 이제는 "그냥 달리는 것입니다. 달리면 제 마음이 편안해 지거든요!" 이렇게 답을 한다.

달리기를 안 하는 사람에게 내가 달리기를 하는 이유를 과학적으로 설명을 한다면 나를 이상하게 쳐다볼 게 뻔하기 때문이다. 달리기를 하면 탄성에너지가 생성되고, 아드레날린이 분비되어, 전두엽에 공급 후 뇌를 활성화해서, 머리를 맑게 해준다. 기저핵에서 이물질이 전달되는 시간은…. 휴 벌써 머리가 아프지 않은가? 듣게 돼도 바로 까먹게 되는 말들이다.

더 좋은 질문은 그래서 달리기를 계속하면 어디가 좋아요? 이런 질문을 하면 내가 느낀 점을 더 잘 이야기해줄 수 있다. 일단, 위에서 말한 대로 나는 매일 1시간 달리기는 세상의 그 어떤 환경에 놓여도, 변하지 않는 핵심습관 중 1가지다.

심지어 휴가철에 바닷가를 가도 런닝화를 들고 가서 해안가를 달릴 정도이다. 달리지 않으면 내 인생이 멈춰버린 느낌이 들 정도다. 달릴 수 있는 환경에 달리지 못한다는 건 나 자신과의 타협에서 완전 패배를 하는 것이기 때문이다. 성공이라는 느낌은 사실 패배감이라는 감정 자체를 갖지 않는 것만으로도 이미 성공한 것과 다름없다고 생각한다.

강력한 핵심습관도 매 순간 시작이 아직도 어려운 건 마찬가지다.

하지만 하나, 둘, 셋 구호를 외치면서 언제나 쉽게 시작하고, 반복적 구호로 끝까지 마무리를 하게 해준다. 언제나 시작과 끝이 있고, 어떤 행위가 항상 일정하게 반복되면 바로 그곳에서 인생에서 역사적인 순간이 탄생이 된다.

'큰일을 해내는 유일한 방법은
아주 작은 일의 반복이다.'

-로버트 마우이

달리고 난 후 난 온몸에 땀이 흐르고, 엔도르핀과 세로토닌이 분비되어 정신이 몽롱해지면서 다시 개운해지는 느낌을 받는다. 이 느낌이다!

이 느낌을 하루에 1번씩 느끼다가 느끼지 못한 날은 결국 몸이 찌뿌둥하고, 일상이 자신이 없어진다. 하지만 하나, 둘, 셋 구호를 외치면서 시작과 끝을 마무리하면 절대 실패하는 일은 없게 된다.

올림픽 역사상 메달이 가장 많이 딴 최고의 수영선수 마이클 펠프스가 말했다. '나는 오늘 무슨 요일인지 모른다, 날짜도 모른다. 그냥 수영만 한다.'라고. 나 역시 이렇게 작은 성공을 매일 매일 하는 걸 나도 모르게 즐기고 있었다.

1시간 달리기로 나는 복잡한 뇌 속 고민거리는 마치 엉켜있던 실타래가 풀리듯 풀리기 시작하고, 새로운 에너지가 생성되어 참신하고 기발한 아이디어들이 뇌 속에서 라인업을 하게 됨을 자주 경험하게 된다. 이런 아이디어들이 나의 비즈니스를 성장시키는 데 크게 이바지하고 있다. 결국, 가만 보면 난 달리기를 하는 게 아니라, 새로운 내 미래를 위한 비즈니스를 꾸준히 업데이트하고 있었다.

동시에 강인해지는 체력과 지구력, 버터 내는 인내력은 보너스였다. 달리기를 하기 전에 인기 예능 TV 프로그램을 보며 시원한 맥주에 달콤한 치킨을 먹고 싶었던 생각은 나 자신에게 부끄러운 행동이라 판단이 들면서 스스로 삶을 제어하는 기술도 천천히 터득하게 되었다.

이러니 내가 달리기를 매일 1시간씩 할 수밖에 없다. 지금 글을 쓰면서도 운동할 시간이 곧 다가옴에 나의 마음은 벌써 '설렘'이라는 감정이 스며들 정도다. 이렇듯 핵심습관은 의지력과 상관없이 몸이 반응하게 되면 무조건 나타나는 효과이다.

생각해봐라. 날마다 운동 없이 맥주 한 캔을 평생 마시는 사람과 하루에 1시간씩 달리기를 하는 사람을 1년간 비교만 해도 체력, 생각, 사람의 생각이 천지 차이가 날것이다.

인생의 격차는 이렇듯 축적된 사소한 생활 습관에서 온다. 그만큼 핵심습관의 힘은 엄청 나다는 걸 알 수가 있다.

작심 3일에서 시작되는 핵심습관 만들기

막상 달리기가 어렵다면 하나, 둘, 셋에 시작하고, 걸을 때마다 하나, 둘, 셋 구호를 붙여 발을 맞춰 걸어 가봐라! 하루 3분 걷기를 작심 3일만 해보자! 체력적으로 아무런 변화가 없으니 기대도 하지 말고, 어떤 효과가 있을 거란 상상도 하지 마라! 기대하는 순간 당시의 뇌는 움직이는 행위를 멈추게 할 것이다. 바로 하나, 둘, 셋을 반복적으로 외치면서 무의식 상태를 유지하는 게 핵심이다.

작심 3일을 성공하면 행운의 숫자 7일까지 쉽게 갈 수가 있다. 사실 7일까진 큰 변화는 없지만, 운이 좋다면 복잡한 당신의 고민거리가 해결될 수도 있다.

7일 이후는 2주차부터는 5분씩 걷고, 3주차에는 2분을 더 늘려 7분 동안 걷기와 달리기를 번갈아 가면서 해보자. 이렇게 3주차까지 마치고, 4주차부터는 하루에 15분 동안 걷기와 달리기를 한 달간 지속해 매일 걷기와 달리기를 해서 뇌에 익숙한 신호를 줘서 좋은 습관을 갖게 하는 원리이다.

그리고 마지막으로 핵심습관은 좋은 습관이 만들어지면, 포기만 하지 않으면 자연스럽게 획득하게 될 것이다. 바로 마지막 좋은 습관의 퍼즐의 한 조각이 맞춰지면 핵심습관이 되는 것이다. 핑계를 대기 전에 정해진 시간에 알람이 울리면 바로 하나, 둘, 셋에 Just Start 해라!

작심 3일에서 시작된 당신의 흘린 땀방울은 금방울이 되어 당신의 삶의 부분 곳곳에서 작은 기적들을 만들어 낼 것이다. 이렇게 당신의 멋진 미래는 당신의 일상에서 숨죽이며 꿈틀대고 있다. 지금 당신이 시간적, 환경적 여유가 된다면 딱 3분만 직립보행을 해보자! 무얼 망설이는가?

하나, 둘, 셋에 그냥! Just Start! 하는 것이다.

③ 읽고 쓰기 하루에 1시간

최근 1~2년 사이에 나에게 작가라는 직업을 선물해준 핵심습관이다. 난 읽고, 쓰기가 너무 좋다. 오늘은 어떤 책이 나에게 깊은 메시지를 전달해 나의 삶을 재정비하고, 다시 리스타트를 해줄까? 마치 맛집에 가서 무엇을 먹을까 선택 장애가 오는 사람처럼 마냥 신이 난 상태다. 내가 몰랐던 걸 책으로 알게 되고, 알게 된 지식을 나의 삶에 적용하기 위해서는 무조건 읽고, 생각해서, 써보는 게 최고의 방법이다.

나는 매일 책을 30분을 읽고, 글을 30분을 쓴다. 정말 시간이 눈 깜빡할 사이에 지나간다. 30분을 책을 읽게 되면 보통 50페이지를 읽는다. 그럼 보통 책 한 권당 250~300페이지 기준이면 최소 일주일에 1권을 읽는 셈이다. 한 달이면 최소 3권~4권이며 1년을 치면 약 30권~40권을 읽게 된다. 정말 쌓이면 대단한 결과다. 정말 난 다행이라고 생각한다. 이렇게 좋은 핵심습관을 이제라도 알게 되어서 천운이라 생각한다.

1년에 책을 1권 읽는 사람과, 30~40권을 읽는 사람의 차이는 어느 정도일까? 생각의 깊이 자체가 달라서, 비교하기엔 조금 어렵다는 생각이 든다. 엄청나게 대단한 건 아니지만, 삶을 대하는 태도의 방식과 세상을 바라보는 시선의 결이 다르다는 건 확실한 사실이다.

나 역시 책이랑 담을 쌓고 살았지만, 그때를 생각하면 세상을 바라보는 시선이 왜 이리 좁고, 이기적인 사고방식으로 항상 삶을 손해 보지 않으려고 했는지 그때 나의 모습을 꺼내서 보니 참 부끄럽게도 짝이 없다.

시간이 없어서 못 읽고, 못 쓴다는 말은 이제 하지 말자! 나 역시 수없이 시행착오를 겪어서 갖게 되는 핵심습관이다.

처음에는 하루에 3줄 필사를 '나는 책을 읽는 습관을 무조건 갖겠다.' 이렇게 7일간 했고, 7일 이후에 3주간 하루에 3분 이상 읽고, 쓰기를 각각 했다. 3주 이후에는 3단계 훈련량인 15분씩 읽고, 쓰기를 각각 1달간 했다. 4단계 핵심습관을 진입하기가 가장 힘들고 지루한 구간이었다. 이 구간을 잘 참아내야 한다. 마지막 4단계 하루 30분 이상 읽고, 쓰기를 30일간 소화를 해냈다.

계획 없이 책 1권을 사서 읽으려면 1년이 걸리지만 이렇게 점진적 계획을 잡고 하면 최소한 1달에 1권은 읽게 된다. 1년이면 굳이 힘을 내지 않아도 무려 10권이나 읽게 된다.

참고로 글쓰기는 초반에 아이디어 위주로 간결한 문장으로 메모하듯 시작을 해봐라. 책을 읽으면서 메모를 하는 습관이 자연스럽게 형성이 되면 말하지 않아도 책 속의 메시지와 당신의 생각이 서로 융복합되어,

자시만의 새로운 생각을 소중히 남기고 싶은 쾌감이 들어, 무조건 글쓰기를 자연스럽게 하게 될 것이다.

지금 심신이 나약한 상태일지라도 시작 후 멈추지 않는다면 3개월 만에 30년을 살아도 생기지 않는 핵심습관과 인생철학이 생기게 된다. 핵심습관의 형성되는 기간 3개월만 참아라. 당신의 30년이 달라질 것이다.

진짜 핵심습관이 형성된다는 뜻은 곧 죽는다고 해도 죽기 전까지 이 습관을 행할 것인가?에 대해서 YES가 돼야 한다. 진짜 핵심습관은 이제 더 이상 힘든 습관이 아니라 삶의 일부이기 때문이다.

매일 알람 없이 하루를 자신감 있게 시작하고, 달리기를 해서 비즈니스 성장을 하고, 책 속에서 삶의 지혜를 터득한다. 이 얼마나 하루가 흥미롭고, 기대되고 설레는가?

이제 하나, 둘, 셋의 구호를 외치고 당신이 경험하지 못한 새로운 세계로 여행을 떠나보자!

성공 습관 Quiz

① 성공의 반대는   다.

(실패라고 하지 마라. 이건 오답이다.)

② 알면서 하지 않는 건 그건 바로 고칠 수 없는 고질   이다.

(답은 한 글자)

③ 아무것도 하지 않으면   일도 일어나지 않는다.

(답은 질문에)

2

천국에서
악마의 유혹을 뿌리쳐라

"최대 적은 자기 마음속의 유혹이다."

-윈스턴 처칠

　헬스장을 갈까? 말까? 수십 번 고민할 때 나는 유심히 나의 뇌의 행동을 추적해보았다. 가지 않게 되면 나는 집에서 아무 생각 없이 TV를 보며 휴식을 취하다가 잠을 잘 것이다.

　운이 없는 날은 야식을 시키고, 소화도 안 된 상태에서 취침을 하기도 한다. 사실 이게 나에겐 최악의 시나리오다. 이런 날은 아침에 무거운 몸으로 기상을 하다 보니 하루가 무거운 일로 가득 찬 날이 의외로 많다.

　반대로 헬스장을 가게 되면 땀을 흘려 신진대사가 활발해진 탓으로 깊은 숙면을 하고, 아침에 눈을 떴을 때도 가벼운 몸 상태로 하루를 시작하게 된다.

　저녁 식사 이후의 행동은 내일을 맞이하기 위한 오늘의 준비과정과 다름없다. 오늘 하루 쌓인 피곤함, 스트레스를, 근심·걱정을 털어내지 않으면 내일의 압박감을 이겨내기가 너무 버겁다. 헬스장을 등록해놓, 운동을 꼭 하겠다는 자신과 약속을 해도, 내가 지키지 않으면 그만이다. 바로 자신과의 싸움에서 이기지 못하고 지고 만 것이다.

지키지 않을 때 나의 뇌의 심리는 마치 천국을 가는 사람들에게 '그곳에 가면 너는 불행해져. 절대 가지 마! 편안하게 TV를 보는 게 너를 위한 거야.' 하고 악마의 속삭임이 매 순간 도사리고 있었다. 성장을 하기 위해서 좋은 습관을 만들어야 하는데 생각 따로, 몸 따로 움직일 데마다 나의 속은 시커멓게 타들어 가고 있었다.

이렇게 몸이 말을 안 들어 속이 탈 때마다, 나는 하나, 둘, 셋! 하고 TV 리모컨의 빨간색 전원 버튼을 누르고 바로 헬스장으로 Just Start를 한다. 순식간 타고 있는 시커먼 속은 순식간에 소멸 되고 만다.

중간에 어떠한 물체, 사람, 환경도 걸림돌이 되지 않는다. 마치 모세의 기적처럼 현관문을 열고 헬스장으로 천천히 달려갔고, 나는 1시간 운동이 마치 국가대표 선수가 올림픽 메달을 따기 위한 처절한 몸부림을 치듯이 운동을 하기 시작했다.

1시간이 안 돼서, 유레카! 지금 나는 천국에 왔다. 집에서 나를 괴롭힌 악마의 속삭임은 온데간데없고, 천근만근의 몸은 새털처럼 가벼워졌다. 천국이 별거인가? 지금 나는 이곳에서 오늘 하루 짊어진 무거운 짐은 다 털어내 버리고, 기대되는 내일의 희망을 맞이하고 있지 않은가? 운이 좋은 날은 그날 복잡하게 얽혀 있던 골칫거리가 완전히 풀리기도 한다.

'바로 이게 천국이지, 천국이 별건가?'

언제나 나는 이렇게 정의한다. 헬스장을 가기 전에 나의 환경은 지옥이고, 헬스장은 나에겐 천국이라고, 무언가 하기 싫을 때 나의 나약한 의지력, 미약한 동기부여, 나를 속이려고 하는 뇌까지 무릎을 꿇게 해주는 건 항상 나 자신과의 싸움에서 작은 승리를 안겨주는 시작의 구호 하나, 둘,

셋 구호를 외치고 Just Start! 했기 때문이다.

날마다 하나, 둘, 셋 구호를 외치며 가기 싫은 헬스장을 가는 건 항상 새로운 나를 만나 하루에 지친 심신을 위로해주고, 다시 내일을 극복하기 위한 삶의 강한 원동력이 되어주었다.

지금 아무것도 되지 않는 삶이 지옥이라면, 이제 무언가를 시작하고 있는 삶은 바로 천국과 같을 것이다.

3

하루 3분
여유로운 마음

"자신의 마음이 무엇을 원하는지
주의 깊게 귀 기울이고
최선을 다해 그것을 선택해야 한다."

-유대격언

GM, 노키아, 코닥이 하루살이 인생처럼 갑자기 사라져 버린 이유는 바로 그들은 마지막 축제를 즐겼기 때문이다.

거대한 이 공룡 같은 기업들은 미래에 대한 예측보다 과거와 현재를 수반으로 한 새로운 변화에만 맞춰 비즈니스 성장을 줄곧 했다. 언제나 축제의 연속인 셈이다. 하지만 세상은 급물살을 타면서 미래에 적응하지 못할 정도로 급변화를 했고, 이 거대한 기업들은 미래에 끊임없이 투자하는 초일류 기업들 삼성, 아마존, 애플 등에 약육강식의 법칙에 따라 처참하게 짓밟게 되어, 결국 마지막 축제를 즐기고 사라지게 되었다.

사실 삼성, 아마존, 애플 등 초일류 기업들도 언젠가는 미래의 새로운 기업에 의해 사라질 수 있다는 가정을 염두에 두고 있을 것이다. 그들이 도태되지 않고 지속적인 성장을 할 수 있었던 이유는 항상 끊임없는 시대적 착오와 발상 그리고, 미래지향적인 크리에이티브한 혁신적인 사고로 그들은 미래를 예측만 하는 게 아니라, 하나씩, 하나씩 현재에 여유를 갖고 미래를 꾸준히 만들어 나아가고 있었기 때문이다.

개인의 관점에서 보자. 지금 미래를 생각하기엔 삶이 여유가 없어요. 그렇다면 지금 사는 현재는 여유가 있는 건지 묻고 싶다. 여유는 미래를 위한 현재의 노력이 절실하면 반드시 만들어 낼 수 있는 좋은 감정의 상태이다.

왜 도대체 할 일을 제때 못 하는가? 왜 오늘 할 일을 내일로 미루는가? 대부분 시간이 없어서, 바빠서 그럴 것이다. 그렇다면 왜 밥은 먹고 맨날 커피는 마시는가? 밤늦게까지 텔레비전을 보고, 늦잠을 자고, 이동할 때도 심지어 잠자기 직전까지도 핸드폰을 손에 꽉 쥐고, 타인의 SNS에 '좋아요'와 댓글에 엄청난 여유를 부리고 있는가? 분명 바쁘다고 하지 않았는가?

최소한 현재의 불만족스러운 삶을 모면하기 위해서는, 타인을 위해서만 쓸데없이 시간을 낭비하지 말고 자신의 아름다운 미래를 위해 현재의 삶 속에서 자신만의 여유로운 시간을 반드시 단 몇 분이라도 가져야 한다.

가만 생각해보면 삶의 여유가 없는 게 아니라, 여유의 시간을 마치 고장 난 수도꼭지에서 물이 줄줄 새는데도 아깝지 않게 쳐다만 보고 있다. 이런 관점에서는 절대 삶의 여유를 찾을 수가 없지 않은가? 아름다운 미래가 있을 수가 없는 노릇이다.

지금 우리가 삶의 여유를 갖고 아름다운 인생을 살기 위해서는 하루에 단 3분이라도, 혼자서 스스로 생각하고, 자신과의 대화를 자주 해봐야 한다. 자신이 삶의 주인공인데 항상 조연과 엑스트라들에게만 관심을 두고 정작 본인 대사에 지금 침묵을 해선 안 될 일이다. 갑자기 3분만 핸드폰을 안 한다고 세상이 막 달라지거나, 어떻게 되는 건 아니지 않는가?

지금 자신이 걷고 있는 길이 오르막인지? 내리막인지? 지금 내가 가장 인생에서 중요하다고 생각하는 것은 무엇인지? 정신과 육체 중 무엇이 나를 지배하고 있는지? 건강과 스펙 중 지금 무엇이 자신에게 우선순위 인지? 등 자신과의 대화를 매일 멈추지 말고 항상 짧은 시간이라도 정해진 장소에서 스스로를 사유하는 시간을 가져 보자.

만약 자신과의 대화 없이, 사유하지 않는 삶을 계속 살아간다면 과거에 얽매이고, 현실에선 불만족스럽고, 미래에 대해서는 결국 쫓기는 삶을 살게 될 확률이 높다.

24시간 중 온전히 나 혼자 있는 시간은 사실 잠을 자는 시간이 전부일 것이다. 심지어 혼자 있는 시간마저도 머릿속은 누군가가 나를 괴롭히고, 힘들게 하고 있지 않은가? 나를 중심으로, 하루에 3분만 온전히 나를 위해서 생각을 해보자! 그 시간만큼은 주인공도 자신이고, 조연도, 엑스트라도 바로 자기 자신이다.

퇴근 후 아파트 엘리베이터 앞 1층 계단에 앉아 3분간 있어 보자. 퇴근 후 주차장에서 시동을 끄고 3분만 있어 보자. 퇴근 후 집 앞 벤츠에서 혼자 3분만 시간을 가져 보자. 가족이 모든 잠든 시간 조용히 3분만 혼자만의 시간을 가져 보자. 회사에 가장 먼저 도착해서 혼자 3분만 시간을 가져 보자.

중요한 건 자신과 대화를 진심으로 하려고 하는 낯선 자신의 모습을 매일 만나는 건 처음부터 쉽지 않기 때문에 하나, 둘, 셋 시작의 구호를 외치고, 3분간 당신이 정한 장소에서 가만히 앉아 있는 것이다.

무슨 생각을 해야 하는지? 고민과 생각 자체를 하지 말고 그냥 멍하니 앉아만 있어도 저절로 자신과의 대화가 Just Start 될 것이다.

단 혼자 있는 시간은 핸드폰 전원 버튼을 꺼서 타인의 흔적은 철저히 차단해야 한다. 이렇게 하루에 3분만 혼자 있는 시간을 꾸준히 가져 보자. 3분의 여유의 시간이 미래의 당신에게 할 말이 있을 것이다. 지금 마지막 축제를 즐길 것인지? 다음 축제를 위해 무엇을 해야 할 것인지?는 당신이 매일 투자한 3분의 시간에 달려있다고 해도 과언이 아니다.

오늘부터 삶의 여유를 매일 3분씩 느껴 보자. 온전히 자신만을 위한 시간이 되어 당신의 삶을 천천히 사유하고, 자신과의 대화를 통해서 자신을 성찰하는 시간을 갖기 위해 최고의 시간이 될 것이다.

혼자만의 여유 시간을 갖고 자신과의 대화를 시작할 때도 하나, 둘, 셋을 외치고 행동을 시작 Just Start 해보자! 진짜 삶의 여유는 우리가 시간적 여유가 아니라, 3분이라도 스스로를 위해 마음을 쓰는 게 진짜 여유이다.

"여유란 물리적인 시간이 아니다. 평온한 마음이다.
마음에 여유가 있을 때 하는 일이
본디 인간이 해야 할 일이 아닐까?
그 이외의 일을 하는 때는 긴급 상황, 곧 비상시다.
평생 대부분 시간을 비상시로 보내니까 바쁜 것이다.
그것이 바로 현대인의 숙명일 테지만."

-요로 다케시, 『유쾌한 공생을 꿈꾼다』

4

1주일을
8일처럼 사는 방법!

"승자는 시간을 관리하면 살고,
패자는 시간에 끌려 산다."

-J.하비스

최근 들어 대한민국의 삶은 주 5일근무 심지어 주 4일근무로 많은 변화가 오고 있다. 즉 일과 삶의 균형(Work-life balance)을 잘 맞춰서 살려고 노력 중에 있다.

회사의 입장에선 책상에만 많이 앉아 있다고 매출이 증가한다고 보지 않고 직원의 입장에선 야근 및 주5일이상 근무로 월급을 많이 준 회사를 좋은 회사로 보지 않는다.

한국무역협회 통계집에 의하면 2019년도 세계에서 1인당 연간 노동시간이 가장 긴 나라 1위는 멕시코(2,148시간), 2위는 코스타리카(2,121시간), 3위가 대한민국(1,993시간)이다. 참고로 OECD 국가 1년 평균 시간은 1,734시간이다.

이런 수치를 보아도 지금까지도 대한민국은 일을 많이 하는 국가로 인식이 되고 있다.

진정한 워라벨의 삶을 살기 위해서는 시간적 여유가 있어야 하는데, 먹고 살기 바빠서 시간적 여유가 없어서 미래에 대한 불안과 고민은 하루도 쉬지 않고 수시로 자신을 괴롭히고, 스스로를 지치게 하고 있다.

결국 새로운 생각과 새로운 행동들을 새로운 시간에 하지 않으면 우리는 지쳐가는 감정과 항상 싸우고, 결국 스스로 통제가 안 되는 상황까지 오게 된다. 지금 삶의 쉼표를 갖고 마음의 여유를 갖고 차분하게 생각해 보고 행동까지 가보자.

누구나 다이어트를 결심하면서 작심 3일 법칙을 세우지 않는가? 지금 흡연자라면 작년에도 올해도 내년에도 금연의 목표를 세울 것이다. 하지만 이런 계획들이 왜 이렇게 매번 무너지는 것일까? 바로 삶의 마음의 여유를 갖지 못해, 즉 시간에 항상 쫓기는 삶을 살기 때문이다. 조금만 더 하루의 삶 속에서 여유라는 단어를 넣어서, 마음의 여유를 갖고, 목표 달성에 대한 확신을 가져 보자.

대부분 우리는 방법을 알면서도 시간이 없어서 포기를 하고, 나약한 의지력 때문에 어쩔 수 없이 실패를 참 쉽게 인정하고 살아가고 있다. 이런 작은 실패의 감정들이 차곡차곡 쌓이게 되면 알게 모르게 자존감과 자신감도 하염없이 추락하게 되어 균형이 있는 삶을 망가뜨리게 된다.

지금 우리가 진정한 워라벨 균형 있는 삶을 살기 위해서는 주어진 시간 외에 시간을 만들어 내야 한다. 그러기 위해서는 우리는 지금의 삶에서 엑스트라의 시간을 반드시 확보해, 삶의 에너지를 끌어모아야 한다.

하나, 둘, 셋 숨어있는 하루 1시간을 찾아 주 7일을 8일처럼 살아보자!

하루에 1시간×주 7일=7시간 즉 평일 하루 치 활동량이 나오게 된다.

하루에 1시간을 갑자기 투자하기란 어렵다. 하지만 그 시간은 분명히 찾아낼 수가 있다.

먼저 아침 5분 가장 중요한 시간이다. 아침 5분을 지키게 되면 남은 55분을 지킬 확률은 50% 이상이다. 그래서 아침 5분을 정해 놓고, 계획에 맞춰서 움직여 보는 것이다. 영어 공부가 도전이라면 영어단어를 5분간 암기, 신체적 건강을 위해서 스트레칭 5분, 정신적 건강을 위해서 명상 5분, 지식을 얻기 위해 5분간 독서 하기 등이다.

참고로 아침 시간을 5분 이상으로 설정하면 반대로 실패할 확률은 50% 이상이 되니, 무리해서 절대 아침 시간을 보내지 말자.

점심시간 15분, 계획한 내용에 맞춰 영어단어 외우기, 자격증 온라인 수업, 독서하기, 제2외국어 배우기, 처음에는 효율성을 너무 따지지 말고, 15분간만 할 수 있는 새로운 것들을 해보자. 그리고 15분 계획을 지키기 위해서 점심 후 계단을 이용해서 올라가 보는 걸 적극적으로 추천한다. 사무실이 10층이라면 오늘은 5층에 내려서, 내일은 4층에 내려서 시도를 해보자. 그럼 잡생각이 사라지고, 15분 계획에 대해서 달성할 확률이 90%까지 올라가게 될 것이다.

마지막 저녁 40분이다. 아침 5분과 점심 15분을 지켰다면 최소 70% 이상 성공확률이 올라가게 된다. 하지만 아침과 점심만 지키고 저녁을 지키지 못하면 안 되니 반드시 퇴근 전에 누군가에게 내가 오늘 집에 가서 40분간 해야 할 일을 인증해서 보낸다고 해보자. 혹, 보낼 사람이 없다면, 동기부여플랫폼 카페에 인증샷을 올려도 좋다. 그럼 확률은 90%까지 올라가게 된다.

즉 하루에 1시간을 이렇게 시간을 만들어 내서 지켜 낸다면 1주일이 7일이 아니라 8일처럼 보내게 된다. 당장 1주일을 해서 효과는 없지만 1

달만 꼭 해봐라. 그럼 플러스 되는 삶을 반드시 경험하게 되고 진정한 워라밸(Work-life balance)의 삶을 살게 될 것이다.

바로 이 방법이 1주일을 8일처럼 사는 방법이다. 한 달이 4주면 4일이 보너스고, 1년이면 48일이 되고, 10년이면 무려 1년하고도 4개월이 보너스인 셈이다. 이제 시간이 없다고 탓하는 핑계만 되지 말고, 언제나 망설이지 말고 잠시 미뤄놨던 일들을 꺼내어 Just Start 해보자!

5

마음을 경영하라

"자신에게 '이거 내가 할 수 있나?'라고 묻지 말고,
'이거 어떻게 하지?'라고 물어라."

-댄 자드라

현재의 삶이 불평, 불만으로 가득 차 있는가?

무엇을 해도 실패만 하고, 어떻게 해야 하는지 방법도 모르고, 앞으로
의 삶도 불확실하고, 매사에 자신감이 없다면 이렇게 생각을 해보자.

당신의 삶이 어느 한 회사이고, 당신이 그 회사에 대표라고 생각을 해
보자. 즉 1인 1기업이다. 대표인 당신이 회사를 상대로 항상 불평, 불만
한다는 게 말이 되는가?

회사의 대표는 최선을 다해서 회사가 올바르게 성장할 수 있게 중심을
잡고 경영을 하는 게 숙명이듯이, 신이 주신 당신의 삶도 처음이자 마지
막 기회라 생각하고 마음의 중심을 잡고, 당신의 마음을 지혜롭게 잘 경
영해보자.

바로 스스로가 어떤 마음으로, 어떻게 마음을 경영할 것인지가

핵심이다. 나다움을 모른 채 무언가를 시작하는 건 모래 위에 집을 쌓는 것과 다름없다. 파도가 한번 휩쓸리면 모래 위에 집은 순식간에 사라지고 만다.

반드시 자신만의 속도, 자신만의 철학, 자신만의 호흡법, 자신만의 고유한 기질로 자신 스스로를 잘 경영해야 한다. 바로 자기 존중, 자기 믿음 이 두 가지를 기반으로 거센 파도에도, 강한 비바람에도 흔들리지 않게 반석 위에 집을 짓는 것처럼 말이다.

지금까지 불평, 불만, 자격지심, 온갖 핑계거리로 자신감 없이 기운 없는 삶을 살고 있다면 하나, 둘, 셋! 지금, 이 순간부터는 매 순간을 감사하고, 어제보다 오늘, 오늘보다 내일이 더 희망차고 자신감 넘치는 삶을 살도록 마음의 주인의식을 갖고 당신 마음을 1인 1기업처럼 잘 경영해 보자.

먼저 삶을 대하는 태도를 바꾸기 위해선 아래 세 가지 질문에 대해서 한 줄로 간단명료하게 설명할 줄 알아야 한다.

– 당신이 지금 삶의 변화를 원하는 진짜 이유는?(목적)
– 당신은 지금 어떤 삶을 살고 싶은가?(결과)
– 당신이 변화된 삶을 어떻게 유지할 것인가?(관리)

살면서 답은 자신의 이름 석 자가 변하지 않는 것처럼 절대 변하지 않을 정도의 선명한 답을 찾아내야 한다.

바로 그 답이 당신의 인생의 철학이 되어서, 힘든 풍파 속에서도, 험난한 역경이 닥쳐도 절대 흔들리지 않게 해줄 것이다.

당신이 정말 대한민국 최고의 1인 1기업으로 성장하기를 진심으로 바란다면, 지금 불평, 불만이 가득 차 있을 때 최선을 다해야 한다. 바로 당신의 운명이 바뀔 수 있다는 신호다. 포기하지 않고, 도전하는 사람들에게는 신호등의 불빛처럼 반드시 빨간색의 불빛은 곧 초록불로 무조건 바뀌게 될 것이다.

6

인생 최고의 나침반
하나, 둘, 셋!

"이 세상에서 가장 중요한 것은
내가 어디에 서 있느냐가 아니라,
어느 방향으로 가고 있느냐이다."

-요한 괴테

지금쯤 하루의 시작과 끝을 하나, 둘, 셋 구호와 함께 시작을 생활화하고 있다면 어떠한 변화를 경험하고 있는가?

아직 시도조차 못 해 변화를 경험하지 못했다면 지금 바로 양 손바닥을 펴고 박수를 3번만 쳐보자! 하나, 둘, 셋에 지금 Just Start 해보자!

반복되고 평범한 일상을 살면서 매 순간 하나, 둘, 셋 구호를 외치는 것은 당신이 앞으로 어떻게 살아가야 할지 방향을 가리키는 인생의 나침판과도 같다. 우리는 그 방향을 보고 행복하고 아름다운 인생을 살기 위해 적극적인 태도를 취하면서 삶을 살아가기 위해 노력을 해야 한다.

항해하는 배가 방향을 잃게 되면 표류를 하다가, 어느 순간 암초를 만나 좌초가 되고 만다. 그 배는 결국 출발지는 있지만, 목적지가 없게 되어 결국 침몰하게 된다.

시계의 바늘이 언제나 오른쪽으로 도는 것처럼 우리의 인생도 언제나 끊임없이 변하는 건 부정할 수 없는 사실이다. 그 누구도 자신의 미래의 역경, 실패, 고난을 예측하는 사람은 없을 것이다.

당신의 삶이 올바른 방향으로 가고 있는지 항상 의식하지 않으면 한순간에 방향을 잃고 침몰을 하게 된다. 그리고 그곳에서 탈출하는 방법을 심지어 알면서도 쉽게 빠져나오지 못해 꽤 오랜 시간을 낭비하게 된다. 당신이 유일하게 해낼 수 있는 일은 힘든 일이 벌어진 다음에 얼마나 빨리 회복력을 발휘해 restart를 하느냐다.

일어나, 그냥 다시 시작해! 하나, 둘, 셋 Just Restart!

하지만 다시 의지력을 발휘해, 다시 일어서는 건 너무나 힘들고, 어렵지만 당신 스스로가 할 수 있다고 생각하면 그 방법은 쉽고, 어렵다고 생각하면 어려워지는 법이다. 넘어졌으면 복잡하게 생각하지 말고 그냥 일어나서 하나, 둘, 셋에 Just Restart 해보는 것이다.

Restart 하는 힘을 만들어 내는 건 사실 어렵지도 않고 특별하지도 않다. 그렇다고 갑작스럽게 만들어 낼 수도 없다. 하지만 정해진 루틴처럼 꾸준히 무의식적으로 하나, 둘, 셋을 매 순간 외치는 삶을 살고 있다면 그 힘은 자연스럽게 샘물 솟듯이 생성이 되게 된다.

유대인의 강제 수용소에서 살아남은 심리학자 빅터 플랭클은 그의 저서 『죽음의 수용소』에서 이렇게 썼다. "인간에게 모든 것을 빼앗아 갈 수 있어도 단 한 가지, 인간의 자유, 주어진 환경에서 자신의 태도를 결정하고 자신의 길을 선택할 수 있는 자유만은 빼앗아 갈 수 없다."

삶을 살다가 한순간의 역경과 고난이 찾아와 넘어질지라도, 방향을 잃어 길을 헤맬지라도 반드시 다시 일어설 수 있다는 믿음과 그 일이 있기 전보다 더 나은 사람이 될 수 있다는 자유의지는 우리 스스로가 만들어 내고 지켜 낼 수 있다는 뜻이다.

이렇게 우리가 매 순간 하나, 둘, 셋 구호를 외치는 건 자신과의 믿음을 더 단단하게 해주는 올바른 마음의 태도를 유지해 당신이 삶 속에서 중심을 잃어 헤매고 있을 때, 다시 중심을 잡고 restart 하게 해줄 것이다.

조금 전 당신이 손뼉을 3번 쳤을 때 순간의 아주 작은 기분을 혹시 기억하는가? 바로 이렇게 아주 작고 사소한 시작과 성공의 기분들이 축척이 되다 보면 당신의 불확실한 인생도 어려운 방정식을 풀어가듯이 조금씩 방향을 찾고 선명해질 것이다.

"인생의 가장 큰 영광은
절대 넘어지지 않는 데 있는 것이 아니라,
넘어질 때마다 다시 일어서는 데 있다."
                                        -넬슨 만델라

7
일상 속
하나, 둘, 셋의 효과

의식을 깨우는 소리 하나, 둘, 셋!

하나, 둘, 셋 구호를 매 순간 외칠 때마다 당신의 의식은 언제나 무의식속에서 3초 단위로 깨어 있게 된다. 하루에도 수십 번 당신의 의식이 깨어 있음을 경험하는 건 평범한 일상 속에서 당신을 특별한 일상으로 가게 해주는 신호이다.

아침에 눈을 떴을 때도, 집을 나설 때도, 회사에서 일을 시작할 때도, 밥을 먹을 때도, 샤워를 할 때도, 운동을 할 때도, 잠을 잘 때도 즉 당신의 평범하고, 고요한 일상을 심장 박동 그래프처럼 위아래로 일정하게 움직이는 것처럼 우리의 의식도 일정한 간격으로 꾸준히 의식을 단단하게 다지게 하는 원리이다.

심장 박동 그래프가 일정하게 한 줄로 멈춰있다면 심장은 더 이상 뛰지를 않는다. 우리의 의식도 잠자는 시간을 제외하곤 언제나 깨어 있어야 깨어 있는 삶을 살 수가 있다.

사람들은 대단한 일을 하면 대단한 사람이 되는 줄 안다. 하지만 평범함 속 하나, 둘, 셋 구호의 외침이 루틴이 되면 남들이 깨닫지 못한 것을 깨닫고, 남들이 보지 못하는 걸 보고 더 큰 꿈을 꾸게 된다.

하지만 인생 나침반인 하나, 둘, 셋 구호를 머릿속으로만 외치고 밖으로 구호를 외치지 않는다면 무용지물이다. 머릿속에서 끄집어내서 일상생활에서 하나, 둘, 셋 구호를 외치는 것을 생활화해야 한다.

우리의 인생은 생각 대로 되지 않고 행동하는 대로 살아가게 된다. 행동이 올바르게 지속되면 우리의 삶은 바뀌고, 우리의 운명도 바뀌게 된다. 지금 잠자고 있는 당신의 의식을 깨워보자!

고민, 생각 그만하고 하나, 둘, 셋 Just Start!

언제까지 당신의 잠재능력을 마음속 깊이 묻어만 둘 것인가? 음식에도 유통기간이 있듯이 당신의 잠재능력에도 유효기간이 있는 법이다. 유효기간이 끝나 당신의 잠재능력이 사용도 못 하고 고갈되기 전에 반드시 그 능력을 꺼내 하나, 둘, 셋 Just Start 해보자!

정약용의 『다산의 마지막 수업』이라는 책을 읽으면 사람이 깊어진다는 말에 책을 사서 읽을까 말까 고민을 수십 번 하게 된다. 왜 고민을 하는 걸까? 책값이 아까워서? 책을 읽을 시간이 없어서? 책을 읽을 자신이 없어서? 삶이 변하는 게 두려워서, 읽어도 당신의 삶이 크게 변하지 않을 거란 확신이 들어서? 하지만 같은 돈인데 치킨 한 마리를 주문하는 건 왜 이렇게 쉬운 걸까?

당신의 성장을 위한 새로운 일들에 대해서 고민과 생각을 지나치게 많이 하면 결국 삶은 되돌이표처럼 항상 제자리이다. 앞으로 고민과 생각을 줄임말을 '고·생'이라 표현하기로 하자.

고·생을 깊게 하지 말고 하나, 둘, 셋에 그냥 온라인 검색을 해서 책의 정보를 얻고, 바로 주문해라, 1분이면 충분히 가능하고, 요즘 같은 시대에 초고속 배송시스템으로 주문 다음 날 책이 바로 배송이 된다.

책을 서점에 가서 사야지! 이번 주에 마음을 다시 잡고, 책을 다음 주에 사서 읽어야지! 하는 순간 나의 뇌는 책은 부담스러운 것이라고 뇌 속에 자리를 잡고, 행동에 옮기는 걸 미루게 된다.

책을 받아 보는 순간 설레기 시작하는 감정과 하나, 둘, 셋에 책을 읽어 가는 마음은 당신이 스스로를 성장시키는 시간임을 고·생이 깊어질 때는 잘 모른다. 이렇게 고·생을 멈추면 상황은 완전히 180도 변하게 된다.

당신이 성장하는 일에 있어서 지나친 고·생으로 인한 망설임은 당신에겐 최고의 적이다. 하기 싫은 뇌가 활동하기 전에 시작을 해서 설렘과 기대감을 안고, 용기를 내서 무언가를 Just Start! 하는 걸 무한 반복해라, 바로 이게 핵심이다.

시작의 끝을 낼 때도 하나, 둘, 셋에 박수 3번!

모든 게 시작이 반이다. 시작이 반이면 우리는 시작을 쉽게 하는 법을 배웠으니 절반은 성공한 셈이다. 이제 나머지 절반의 성공을 위해서 끝을 내는 방법을 반드시 터득해야 한다. 걱정하지 마라. 시작이 쉬웠다면 끝도 시작처럼 쉽다!

시작 후 행동의 과정에서도 마음이 흔들리거나, 불안하거나, 감정조절에 실패해 중도 포기를 하고 싶을 때도 하나, 둘, 셋 구호를 외치면서 평정심을 유지해 끝을 마무리할 수 있다.

다이어트를 하기 위해 의지력이 고갈된 상태에서 매일 저녁 하나, 둘, 셋을 외치면서 헬스장을 가는 데까지는 성공을 한다. 하지만 도착 후 운동할 힘이 없는데 어떻게 하지? 무슨 운동을 해야 할까? 망설이는 순간 뇌는 그래? 몇 분이나 하는지 보자, 힘든 걸. 왜 하는지 모르겠어 하고 비웃을 것이다.

자신을 향해 비웃는 못생긴 뇌의 콧대를 한방에 꺾어줄 차례다.

못생긴 뇌의 콧대를 꺾는 마지막 순간은 운동이 끝난 후 헬스장 문을 열고 나가는 그 순간이다.

그 순간에 최대한 희열과 쾌감을 느껴야 한다. 그 순간만큼은 세상의 주인공은 바로 당신이다. 그리고 뇌가 선명하게 그 순간을 인식할 수 있게 항상 끝부분에 하나, 둘, 세 박수를 세 번만 쳐보자. 확실한 마무리를 해야지, 또 새로운 시작을 할 수가 있기 때문이다. 이게 바로 의지력이 없어도, 시작과 끝을 항상 마무리하는 최고의 습관이다.

하나, 둘, 셋 구호를 외치기 전에는 그렇게 가기 싫은 헬스장도 마법의 구호를 외치고, Just Start를 하게 되면 천둥·번개가 몰아치고, 비바람이 거세게 부는 날씨에도 헬스장을 가는 길이 너무 행복할 것이다. 아무도 없는 조용한 헬스장에서 홀로 있지만 모든 스포트라이트는 당신을 향해 비추게 될 것이다.

화를 다스릴 때도 하나, 둘, 셋!

마음이 평정심이 없을 때는 새로운 도전은 시작부터 불안한 출발이다. 모든 시작에는 마음의 평정심이 전제 조건이 돼야지 결과가 좋은 법이다. 평정심을 유지하기 위해서는 우리는 분노 조절을 잘해야 한다. 화를 다스리지 못하면 결국 당신 스스로를 지킬 수가 없다.

분노는 한순간에 꺾을 수가 없지만, 분노의 강도를 줄여 큰 화를 범할 수가 있다. 방법은 분노가 감정과 맞서 싸우기보다는, 깊은 분노가 침투

하기 전에 마음속에서 빨리 내보내는 것이다.

방법은 가급적 분노 현장을 벗어나서 하나, 둘, 셋에 한숨을 깊게 내신다. 손바닥 지면이 땅을 보고 지그시 눌러준다. 마치 화를 눌러주는 것처럼!

이렇게 화로 틀어진 나의 감정은 마치 어긋난 나사를 드라이버로 꽉 조여 흔들거리지 않게 단단하게 해야 한다. 마치 어긋난 인생을 바로 잡는 그것처럼 말이다.

손바닥을 지면을 향해 눌러 한숨을 내쉴 때마다. 분노의 강도는 조금씩 사라져, 감정이 차분해지기 시작할 것이다. 이 방법은 분노가 발생하면 갑자기 나오지 않기 때문에 평상시에 충분한 연습을 통해서 실전에 적용하면 화를 다스리는 긴급 처방제 효과가 있다.

마음을 비워, 큰 뜻을 깊게 품을 때도 하나, 둘, 셋!

공자는 『논어』에서 '과유불급(過猶不及)'이라고 했다. 한마디로 '지나침은 모자람만 못하다'라는 말이다. 우리는 너무 많은 고민과 생각이 우리의 마음을 힘들게 하고 있다는 뜻이다. 지금 우린 이 과정을 반복하고 있는 게 가장 큰 문제다.

지금 필요한 건 꾸준히 마음을 비워내는 연습이다. 하나, 둘, 셋 구호를 반복하면 복잡한 고민과 생각은 어느 순간 우주 밖으로 빠져나가 뇌가 새롭게 리셋 되는 무의식 상태를 유지하게 된다.

순간 고민과 생각을 멈추고 반복 구호를 냈기 때문에, 비로소 보이지 않는 현상들도 순간 보이게 된다. 비웠기 때문에 채워지는 원리와 일맥 상통하다.

마음이 복잡하고, 혼란스러울 때 우리가 푸르른 들녘을 보고, 파란 창공을 보면 순간 뇌는 편안해진다. 하지만 그 상황이 다시 바뀌면 뇌는 다시 복잡해진다. 선순환을 하기엔 아무리 좋은 휴양지의 풍경도 복잡한 뇌를 맑게 해주는 데는 한계가 있기 마련이다.

오히려 여행을 꺼리는 이유가 여행 후 복귀하는 무거운 마음의 심리적 압박의 강도가 휴양지에서 느꼈던 즐거움의 쾌락보다 더 크기 때문이다.

여행은 우리에게 아름다운 추억을 선물해주지만, 여행의 즐거움은 결국 밑 빠진 독에 물을 붓는 것처럼 순식간에 증발하고 남는 건 다시 무거운 일상의 잔재들이다. 뇌가 너무 갑자기 놀다가, 갑자기 일을 하게 되면 부담을 갖는 원리다.

큰 뜻을 품고 평범한 일상에서 탈출을 계획한다면, 쉼 없이 하나, 둘, 셋으로 뇌의 복잡한 고·생을 비우는 연습을 해라. 반드시 당신의 목표가 목적지에 도달하는 과정이 선명하게 연출될 수 있을 때까지 외쳐야 한다.

위에서 언급한 내용이지만 한 번 더 말하자면, 사람의 생각과 감정을 행동으로 옮기고, 행동의 변화가 지속되면 삶이 변화가 오고, 삶에 변화가 지속되면, 운명이 바뀐다.

이처럼 삶을 살아가면서 하나, 둘, 셋의 축적된 효능감이 우리의 인생을 얼마나 많은 변화를 줄 건지 그 결과가 벌써부터 궁금하고 설레지 않는가?

아름다운 인생을 살기 위해서는 스스로가 죽기 전까지 자신의 내면과 소통하고, 성찰하면서, 스스로 질문을 하면서 답을 해 나가야 한다. 이렇게 자기 자신을 알아가는 재미가 인생에서 진짜 재미있는 일이다.

하나, 둘, 셋, 지금부터 재미있게 구호를 외치면 재미있는 인생이 펼쳐질 것이다. Just Start!

8

한 번쯤
냉동인간이 되어라

"인내는 쓰지만 그 열매는 달다."

-아리스토텔레스

　지금 우리가 살아가는 복잡하고, 혼란스러운 시대는 특이나 우리 꿈 많은 젊은 청년 20~30대들에게 꿈을 꾸는 것마저 사치로 만들어 버리고, 거기에 인류가 한 번도 경험하지 못한 세계적인 전염병 코로나19는 그 사치마저 큰 의미 없게 만들어 버렸다. 그래서 지금 그들은 인생이 가늘고, 길게 볼 수가 없다. 아무리 노력해도 사회가 그 길을 잘 열어 줄 거라 믿지 않고, 자신이 원하는 삶은 절대 이룰 수가 없다는 망상 속에 그들은 힘들어하고 있다.

　그들에게 지금 필요한 건 그들이 살아가고 있는 판 자체를 바꿀 수 있는 강력한 임팩트 있는 한방이 필요할 것이다. 여기서 말한 한방은 도박이나, 주식을 통해서 노력 없이 위험한 확률 배팅으로 일어난 한방이 아니다. 꾸준히 작은 성공과 도전이 모여서, 이뤄낸 땀의 결실이 바로 한방이다.

　바로 지금 같은 상황에서는 짧고, 굵게 산다는 콘셉트로 인생에서 한방은 기다리면 한번은 무조건 온다는 신념으로 참고 끝까지 노력해야 한다. 한 가지 확실한 건 포기하지 않고 매 순간 망설이지 않고 Just Start 한다면 반드시 그 꿈은 꿈틀대고, 결국 이루어진다는 것이다!

유명 오디션 프로그램에서 한 도전자가 자기 자신을 표현하는데 '냉동인간'이라는 단어를 쓰자 사회자가 "왜 당신을 냉동인간으로 표현을 했나요?" 질문을 했다.

도전자는 기획사에서 중1부터 고2까지 약 5년간 연습생으로 지내고 있었다. 또래의 친구들은 1~2년 정도 후 데뷔했지만, 도전자는 지금까지 연습생이었다. 도전자는 5년간 긴 연습생의 시간이 너무 힘들어서 포기도 하고 싶은 순간들이 많았지만 이를 악물고, 고통을 즐기면서 5년간이라는 시간 동안 본인의 실력을 갈고 또 닦았다고 했다.

드디어 5년 동안 피와 땀을 흘린 과정을 3분 안에 보여주는 시간이었다. 심사위원은 그 어떤 도전자보다 도전자의 경연을 즐겼고, 수많은 도전자 중에서 압도적인 1위를 보여줬다.

도전자처럼 인생에서 최고의 3분을 위해서 5년을 준비하는 자세가 필요하다. 냉동인간이 해동되는 시간은 고작 3분이었다.

무대가 끝난 후 "5년 동안 갈고닦아서 능숙한 사람의 눈빛이 너무 절실하다. 진짜 멋있는 무대였다. 전 이 아이가 다 녹으면 어떨까 설렜다. 자신감을 얻고 확신을 갖게 되면서 이 친구가 어디까지 갈지 햇볕을 가득 쫴서 완전히 녹은 모습을 무대에서 보고 싶다."라고 심사위원은 말했다.

경연이 시작되고 나서부터 전율이 일어났고, 심지어 왜 데뷔를 못 했는지 이해가 안 갈 정도라는 최고의 극찬이 나왔다.

얼마나 간절하면 그가 작사한 노랫말에 "이 노래가 끝나면 사물함을 비워야 할지도, 이 무대라 끝나면 어쩌면 나도 회사를 나가게 될 수도 있겠구나!" 그는 실제로 이 무대가 끝일지 모를 긴장감 속에 최고의 순간을 위해 최선을 다해 5년간 노력을 거침없이 쏟아냈다. 아니 속된 말로 무대를 찢어 버렸다.

그때 도전자는 질문에 이렇게 답했다.

"그동안 너무 힘들고, 포기하고 싶었지만, 이을 악물고 꾹 참고 연습생 시절은 바로 '냉동인간'이라 생각하고, 언젠간 데뷔를 하겠지! 이 생각만 하고, 다른 생각은 하지 않고 그냥 죽어라. 그냥 연습만 했습니다."

냉동인간이라는 단어 속 환경은 자체가 차갑고, 혹독하고, 주변이 아무것도 없는 외로운 환경을 의미한다. 도전자가 그동안 얼마나 힘들었으면 냉동인간으로 표현을 했을까? 얼마나 오늘의 무대가 떨리고 긴장이 됐을까? 심사위원의 극찬으로 도전자는 울음이 터지고, 주저앉고 말았다. 지금 다시 그때를 생각하면 그때 전율이 아직도 내 온몸에 고스란히 남아 있는듯하다.

인생을 최고로 멋지게 사는 방법 A와 B의 삶을 동시에 살다!

그렇다! 지금 당장 우리가 어떠한 목표가 있어 그 목표를 위해 죽을 각오로, 절박함 심정으로 인생을 짧고 굵게 A의 삶을 살고 있다면, 설령 그 노력의 대가가 원하는 시기에 나타나지 않아도 절대 실망이나, 좌절하지 말고, 그때는 가늘고, 길게 사는 B의 삶을 살면서 도전의 목표를 반드시 달성하려고 해야 한다. 즉 A와 B의 인생을 동시에 사는 것이다!

바로 이 연습생은 5년 동안 언제 끝날지 모를 하루살이 연습생의 삶을 매달 죽을 것처럼 한 달, 한 달 한 스텝씩 계단을 올라가면서 인생의 근육을 굵게 만들어가고 있었다. 확실히 난 데뷔를 하고 말겠다. 반드시 성장하겠다는 내적동기를 가슴속 깊게 품고 연습생은 인생을 길게 본 것이었다.

지금 도전을 하거나, 계획하고 있다면 그 도전 속에 A와 B의 인생을 동시에 살아봐라! 바로 우리가 원하는 깊이 있는 삶은 바로 '굵고, 길게' 사는 것이다.

그 도전자는 포기하고 싶어도 포기하지 못한 그 절박한 감정을 희망의 감정으로 끝까지 살려냈다. 아니 그 도전자에게는 애초부터 포기하려는 그 감정은 없었을 수도 있다. 어차피 안 된다고 생각하지 않았고, 임팩트 있는 삶을 위해 끝까지 해내겠다는 신념으로 힘들고, 긴 연습생 시절을 잘 참아내고 있었다.

finis이라는 라틴어에는 두 가지 뜻이 있다. 하나는 끝이나 완성을 의미하고, 또 다른 하나는 이루어야 할 목표이다. 바로 그 연습생 도전자에게는 finis이라는 단어가 그에겐 하나의 신념인 셈이다. 삶에 목표가 있다면 반드시 끝이 있는 목표를 완성해라!

만약 확고한 목표가 지원자에게 없었다면 결코 냉동인간처럼 살지도 않을 것이다. 꿈도, 목표도 없는 사람들은 현재의 삶을 먹고 사는 데만 집중하며 현재의 고통과 난관을 탓하며 부정한 과거의 틀에 갇혀서 살아만 간다. 즉 삶을 열심히 살아가는 이유와 희망이 없어 도전의 순간마다 기운이 없고, 나약한 삶을 버티기만 한다. 왜 우리가 열심히 살아야 하고, 새로운 도전을 원하는지 반드시 내적동기를 찾아야 한다.

당신이 지금 정말 변하고 싶다면 지금 세상의 온갖 유혹을 잠시 뒤로 하고, 차가운 냉동동굴로 들어가 냉동인간이 될 차례다. 그 절실함 속 노력이 끝까지 유지가 된다면 어느 날 햇볕이 가득 내리쬐는 날 당신의 꽁꽁 얼어붙어 있던 차가운 심장도 순식간에 해동이 될 것이다. 그렇다면 그 결과가 정말 궁금하지 않은가? 지금 생각만 해도 소름이 돋고 마음이 설레지 않은가? 지금 도전할 자신이 없어서 또 망설여지는가?

이제는 적어도 해보지 않고 걱정은 하지는 말자. 당신을 지켜주는 마법의 구호 하나, 둘, 셋 Just Start가 당신 옆에서 언제나 힘이 되어 시작의 힘을 내게 해줄 것이다.

어제처럼 내일도 살 것인가? 지금 이 글을 읽고 있는 이 마음, 이 정신력으로 내일은 0.1%만 더 노력해서 살아보자, 1달이면 3%, 1년이면 무려 36%다!

놀랍지 않은가? 기적은 이렇게 꾸준한 노력 축적의 힘을 채워가면 반드시 온다.

확실한 목표가 있어 도전하고 있다면 반드시 스스로를 믿고, 신뢰하는 연습을 해야 한다. 매 순간 하나, 둘, 셋의 구호가 당신의 믿음을 더 굳건하게 해줄 것이다.

그리고 다음과 같은 이미지 트레이닝을 통해서, 냉동인간이 되어 삶의 부족하고, 필요한 부분을 하나씩 채워가 보자. 어려워 마라! 같이 해보는 거다. 무엇을 망설이는가! 하나, 둘, 셋! Just Start 하면서 당신의 삶을 천천히 채워 가보자.

냉동인간처럼 살아보기

① 3개월~1년 동안 기간 설정 후 도전과제 정하기

　예) 5kg 빼기, 초콜릿 복근 만들기, 책 쓰기, 기타 연주하기

② 도전 기간 핵심습관 만들기 4단계 실행하기

③ 도전 기간 종료일 기점 4/4분기별 평가 항목 체크하기

④ 분기별 나에게 일어난 일을 기록하기

⑤ 도전 기간 매일 자기 확언 문장 3번씩 쓰기

　예) 나는 6월 30일까지 5kg 빼고 말 것이다×3

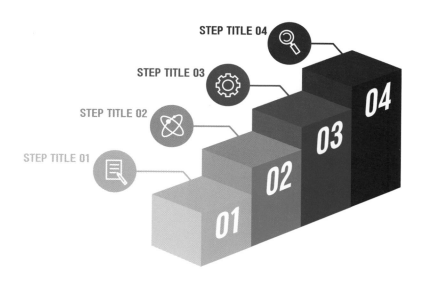

9
하나, 둘, 셋
Why?

"단 하나의 질문이 당신의 인생을 바꿔놓을 수도 있다."

-미하이 칙센트 미하이

'선생님 제발 저 좀 살려주세요!'

다급하진 않았지만, 절실함이 가득 찬 눈빛으로 내 책상 앞에 한 학생
이 나에게 한 말이다. 겉보기엔 아무 문제가 없어 보인 건강한 청년이 왜
이렇게까지. 간절함을 보이는지 그 이유가 궁금해졌다.

도전자에게 더 정확한 멘토링을 위해 그를 알아가는 차원에서 간단한
미션을 실시하였다. A4 앞장에는 아주 작은 글씨로 상단부에 이름이 소
심하게 적혀있었고, 뒷장에는 회피, 우울, 희망, 나, 노숙자, 죽음, 운동,
시작과 끝!이라는 단어들이 적혀있었다. 심리학적으로 성장을 하고 싶지
만, 자신감과 자존감이 거의 없는 상태로 지금의 삶이 불평, 불만족으로
가득 차 보였다.

그 도전자에게는 형식적이고 표면적인 솔루션보다는 스스로가 현재의
삶을 즉시하고, 앞으로 삶의 방향을 왜(why) 바꿔야 하는지 본질적이고
자신만의 확고한 자신만의 신념이 필요해 보였다.

동기부여를 하고 행동의 변화를 주기 위해 한 키워드만 고른다면 단언컨대 Why다.

아무리 최고의 동기부여도, 솔루션도, 스스로가 깨닫지 못하면 그건 무용지물에 불과하다. 사실 그 도전자는 더 나은 삶을 살기 위해 저 멀리 지방에서 용기를 내어 나를 찾아온 순간부터 그는 이미 자신과의 대화가 Just Start 된 것이었다.

바로 최고의 동기부여는 타인으로부터 영감을 받는 게 아니라 스스로가 영감을 얻고, 깨달아서 스스로에게 강한 신념을 심어줘야 한다. 그 신념을 심어주기에 한 가지 키워드를 반드시 원 픽하여 항상 자신에게 질문을 하고, 또 질문을 해보는 것이다. 바로 그 키워드는 "왜(why)"이다.

애플 역시 수많은 이들에게 사랑을 받을 수 있는 이유도, 대부분 기업들이 '무엇(what)'을 팔아 회사를 성장시킬 수 있을지를 가장 먼저 생각하고 '무엇(what)'이 문제가 생기면 그때서야 '왜(why)'라는 의문점으로 문제를 해결하려고 한다. 반대로 애플은 처음부터 '왜(why)'로 시작해서 사람들의 궁금증을 자아내고, 그 궁금증이 '무엇을(what)'을 할 수 있는지 많은 소비자에게 호기심과 궁금증을 자아내는 데 성공했고, 애플사의 슬로건 'Think different'를 향한 이 믿음은 소비자에게 강한 신뢰를 형성하여 꾸준한 구매로 이어지게 하는 데 결국 성공했다.

여기서 우리 알 수 있는 건 what은 우리가 원하는 욕구의 궁금증을 이해시킬 수는 있지만, 그 욕구를 제대로 풀기 위해서는 why라는 질문을 던져 스스로가 자발적 행동을 끌어내는 호기심을 갖게 해야 한다.

하나, 둘, 셋 Why?는 우리 삶의 성장을 위한 청신호이다.

Why?라는 물음표를 던져, 마음의 불을 켜고, 당신의 내면을 훤히 들여다보고 있는 자아를 지금 만나느냐? 만나지 못하느냐?가 바로 핵심이다. 그 자아를 만나기 위해서는 언제나 외치고 있는 마법의 구호 하나, 둘, 셋이 언제나 잠자고 있는 자아를 끊임없이 깨워 줄 것이다.

무언가 방법을 몰라 망설이거나 헤매고 있을 때 하나, 둘, 셋 Why?라고 외쳐보자! 왜 사는지 알아야 어떻게 살지 알게 되기 때문이다. 외치다 보면 당신의 자아를 만나 질문을 던지면 그가 원하는 답이 무엇인지 정확하게 찾아내 느낌표로 답을 해줄 것이다.

하지만 그 느낌표는 영원한 답은 아니다. 지구가 끊임없이 자전하듯이 세상은 항상 지금, 이 순간에도 조금씩 알게 모르게 변하고 있다. 동시에 우리가 세상을 바라보는 가치관과 능력치도 언제나 바뀌므로 어느 한 시점에 답이 다른 시점에서도 똑같이 답이 아닐 수도 있으므로 시대에 맞춰 상황에 맞게 스스로에게 질문을 하고 답을 하면서 자신 스스로를 끊임없이 성찰시켜야 한다.

즉 무언가 새로운 목표를 잡고 시도를 할 때도 목적보다는 반드시 이유가 더 커야 한다. 인생을 사는 목적이 아름다운 인생을 사는 거라면, 왜 그 인생을 아름답게 살려고 하는지 그 이유가 명확해야 한다는 뜻이다. 그 큰 이유는 또 다른 작은 이유를 만들어 당신의 삶을 언제나 호기심을 갖게 하고, 그 호기심이 풀리면 당신은 원하는 목적은 달성하게 되는 것이다.

나는 내 앞에 금방이라도 그의 문제를 풀어주지 않으며 당장 그에게 무슨 일이 벌어질 것 같아, 망설임 없이, 한 문장으로 그에게 질문을 했다.

"왜(Why) 당신은 호주로 떠나려고 합니까?"

"선생님 지금 전 한국에서 살고 싶지 않습니다. 이유는 제 심장이 멈춰

버린 저 자신이 너무 싫습니다. 그래서 해외로 나가서 가슴 뛰는 삶을 살고 싶습니다. 제가 잘 준비해서 갈 수가 있게 멘토가 되어주세요. 돈이 필요하면 그 플랜에 맞춰서 준비해보겠습니다. 제가 20살 성인이 되고 나서 10년 동안 한국에서 최선을 다했지만, 지금 저는 아무것도 아닌 것 같습니다. 이대로 앞으로도 집, 회사만 왔다 갔다 하는 반복적인 삶을 앞으로도 10년을 살다간 평생 결혼도 못 하고, 노숙자가 될 수도 있겠구나! 하는 생각이 요즘 들어 많이 듭니다.

"○○○님, 지금 많이 힘드시군요. 그렇지만 지금 ○○○님 한국에서 삶이 싫어서 준비 없이 무작정 당장 해외로 나가면 이건 바로 도피입니다. 만약 회원님이 지금 한국에서 달라진 삶이 없이 일련의 프로그램만 믿고, 사람과 환경만 믿고, 별 준비 없이 해외로 나간다면 해외에서 삶은 과연 제대로 이루어질까요? 지금의 삶에서 바로 해외로 나가, 계획대로 삶이 살아지지 않으면 그땐 ○○○님이 선택한 해외 출국은 인생의 디딤돌이 아니라, 걸림돌이 되는 것입니다. 다시 한번 스스로에게 여러 가지 질문을 반복해서 해보시기를 바랍니다."

"왜(Why) 당신은 지금의 상황을 부정하고 있는가?"
"왜(Why) 당신은 스스로를 잘 믿지 못하고 있는가?"
"왜(Why) 당신은 변해야만 하는가?"
"변화된 삶을 살기 위해 어떻게(How) 행동할 것인가?"

며칠 후 다시 나를 찾아온 그의 달라진 눈빛, 자신감 있는 어조, 확신이 있는 자세가 첫인상의 축 늘어지고 자포자기한 그의 모습은 보이지 않았다.

사실 정해진 정답은 없다. 본인이 스스로가 Why라는 질문에 생각하고, 확신을 갖고 답을 하여, 정의를 꾸준히 내려야 한다. 이 정의를 갖고, 당신이 어떠한 역경과 환경 속에서도 자신 스스로를 믿고, 절대 흔들리지 않겠다는 강인한 신념을 쌓아가는 것이다.

'루의 법칙'은 신체기능을 적당히 사용하면 그 기능은 더욱 발달시킬 수가 있지만, 반대로 사용하지 않으면 쇠퇴한다는 법칙이다. 우리가 인생에서 중요한 순간, 새로운 도전을 할 때마다 Why라는 질문도 자주 던지다 보면 그 문제의 본질적인 관점으로 접근을 쉽게 할 수가 있다. 그래서 why라는 질문이 What이나 How보다 더 중요한 이유다.

하나, 둘, 셋 Why? 당신은 왜 이 책을 계속 읽고 있는가?

Just Start! 망설이지 말고 답을 해보자. (바로 쓰기)

10

흔들리지 말아야 할 것!

    당신이 무언가를 결심하고, 스스로에 대한 믿음이 없어 흔들린다면 어떻게 해야 하는가? 답은 딱 한 가지다. 바로 당신을 끝까지 믿고, 또 믿어야 한다.

    당신이 스스로를 믿지 못하고, 살아가기엔 이 세상이 너무나 혼란스럽고 혹독하고, 외롭고, 무섭지 않은가? 당신 인생에서 주인공은 바로 당신뿐이다!

    당신 스스로가 믿음이 부족하든, 넘쳐나든 무조건 당신은 넘어져 실패도 하고, 상처도 나고, 좌절도 맛보고, 고통도 분명히 따를 것이다. 하지만 결국 이런 감정들은 차가운 겨울이 오면 따뜻한 봄이 오는 것처럼 반드시 오래 못 버티고, 시간이 지나면 물 흐르듯 흘러가게 되어있다.

    오히려 이런 감정들은 당신 스스로의 믿음이 부족함을 깨닫게 해주고 자신을 돌아보게 하는 강력한 신호가 되어 당신을 더 믿게 만드는 원동력이 되어줄 것이다.

    운동을 할 때도 마찬가지다. 고통을 느끼면 근육은 반드시 성장한다. 날마다 신호가 바로 오지 않아 속상할 수도 있지만, 1주일 이내에 반드시 몸의 변화가 온다는 걸 확실히 믿고 있다면, 느끼고 있다면 매일 운동을 해낼 수가 있다. 운동을 하면 근육이 커지고, 건강해진다는 믿음은 계속 커져만 가고, 바로 그 믿음이 하기 싫은 운동을 언제나 하게 만드는 원동력이 되는 것이다.

음과 양, 선과 악, 흑과 백이 있듯이 시련과 고통 뒤엔 반드시 자신의 성장이 온다는 것을 끝까지 믿는 사람과 믿지 않는 사람의 차이가 바로 성장을 하느냐 마느냐의 차이다! 목이 타들어 가는 듯한 갈증을 느껴 보지 못한 사람이 어찌 시원한 냉수 한잔의 청량감과 소중함을 경험할 수 있겠는가? 베토벤이 남긴 불멸의 교향곡은 청력을 잃어가는 고통 속에서 탄생했고 보석 중 가장 빛나는 다이아몬드도 탄소가 매우 높은 온도와 압력을 받아 만들어지게 된다.

지금 당신이 느끼는 고통과 시련의 값은 얼마인가? 지금 당신이 느끼고 있는 고통의 신호는 당신에게 어떤 메시지를 주고 있는지 곰곰이 생각해보자. 이 메시지는 당신이 성장하는데 필요한 신이 주신 지혜로운 선물과도 같다. 선물상자를 열어 당신의 스스로에 대한 믿음을 더 강하게 가져 당신의 신념의 크기를 더 크게 해보자.

- 지금 무엇 때문에 이런 고통과 시련을 겪고 있는가?(원인)
- 지금 느끼는 고통과 시련을 어떻게 하면 잘 흘려보낼 수 있을까?(방법)
- 지금의 상황을 극복하게 되면 얼마나 나는 성장을 하게 되는 걸까?(결과)

선물을 열어 원인과 방법, 결과를 찾아낸 후 당신이 지금 앞으로 어떤 태도를 갖고 어떻게 하면 스스로에 대한 믿음을 더 강하게 키워 끝까지 믿음의 신념을 지켜 낼 것인지 방법을 찾아보고, 노력을 해봐야 한다.

갑자기 고난과 시련의 손님들이 당신의 마음속에 찾아오면 절대 문전 박대를 하지 말고, 힘들겠지만, 억지로라도 의식을 해서 가장 따뜻하게 맞이하고, 가장 차가운 머리로 그들을 끝까지 잘 배웅을 해줘라. 그 손님들은 오래 머무를 생각이 없는 사람들이다. 위에서 질문한 당신의 고통과 시련의 값을 혹시 책정해 보았는가? 값으로 도저히 따질 수가 없다면, 그 값은 별로 크게 중요치 않다는 뜻이니 너무 심각하게 받아들이지 말자는 뜻이다.

삶을 살면서 어떤 고통과 시련이 와도, 잠시 바람처럼 불다가 마는 걸로 생각하고 비바람이 불어도 끝까지 우산의 손잡이를 꽉 잡고 바람에 불어 넘어지는 한이 있더라도 끝까지 손잡이를 놓치지 않으려고 해라. 바로 그 마음이다! 끈질기게 버티는 마음 바로 이 마음이 당신이 당신을 믿는 최고의 마음가짐이다.

'네가 얼마나 센 펀치를 날리는가가 중요한 게 아니라 중요한 것은 네가 얼마나 센 펀치를 견뎌내며 그러면서도 앞으로 나아갈 수 있는지 그 고통을 감내하며 하나씩 얻어내고 계속 앞으로 정진해야 해 승리란 건 그렇게 얻는 거다.' 바로 영화 〈록키〉의 명대사 중 하나이다. 바로 인생을 살면서 절대 흔들리지 말아야 할 것은 힘들고, 괴로워 주저앉아도 절대 멈추지 말고 뒤로 가지 않는 것을 철칙으로 여겨야 한다.

설령 바닷물 몇 방울이 더럽다고 해서 바다 전체가 오염되는 게 아닌 거처럼 설령 거센 비바람에 우산 손잡이를 놓쳤다고 인생 자체가 흔들리는 건 아니지 않은가?

지금 이 시점에 니체가 말한 의미심장한 말을 안 꺼낼 수가 없다.

"나를 죽이지 못한 고통은 나를 더욱 강하게 만들 뿐이다."

프리드리히 니체의 이 글을 처음 보는 순간 쉽게 이해가 가지 않아 1시간 이상을 곰곰이 같은 자리에서 수백 번을 생각했다. 니체는 고통이 주는 의미를 세상에서 제일 잘 아는 최후의 1인이 아닐까 싶다. 고통이 흘러간 뒤에 반드시 당신이 기다리는 결과가 온다는 걸 강하게 표현하는 웅심이 돋게 만드는 명언이 아닐 수가 없다.

마음이라는 심지에 믿음의 촛불을 항상 밝혀라!

하루에도 우리의 마음은 의도치 않게, 때로는 의도적으로 수십 번, 수백 번 욕망의 칼날 앞에 쉽게 마음을 내어준다. 아주 작은 습관도 모이면 인생의 운명을 바꿀 수 있는 핵심습관이 되는 것처럼 하루에도 수십 번 욕망의 칼날 앞에 쉽게 무너지는 작은 그 마음도 쌓이게 되면 스스로에 대한 믿음도 쉽게 무너지게 되고 그 믿음도 쌓이게 되면 믿음의 마지막 단계인 신념까지 흔들리게 된다.

물론 뜻밖의 행운과 당신을 지지해주는 가족, 소수의 사람으로 인하여 다시 그 믿음을 끌어 올릴 수도 있지만, 언제까지 그들이 당신 곁에서 기다려 줄지는 모르는 일이다. 그들도 당신처럼 흔들리는 삶을 살면서 여유가 없을 것이다.

지금도 주위를 둘러보면 당신을 유혹하는 핸드폰 속 바다와 같은 온갖 무질서한 세상, 지금, 이 순간에도 당신을 감싸고 돌고 있는 복잡하고 골치 아픈 감정들, 당신을 언제나 유혹하는 사회의 온갖 탐욕과 욕망 앞에서 우리가 아무것도 하지 않으면 믿음의 촛불은 마치 핸드폰 배터리처럼 충전하지 않으면 결국 꺼지고 말 것이다.

그 믿음의 촛불을 꺼뜨리지 않겠다는 확고한 신념을 지켜 내는 건 오로지 당신 몫이고, 당신만이 할 수 있다. 바로 매 순간 하나, 둘, 셋 구호를 외치며 내면의 의식이 항상 깨어 있는 삶을 살아간다면 당신에 대한 믿음의 촛불은 절대 꺼지지 않을 것이다.

　마음속 굳은 심지에 믿음의 촛불이 절대 꺼지지 않게 일상에서 의식을 하고, Just Start 해보자! 하루를 시작하는 아침에 눈을 뜨자마자 하나, 둘, 셋에 마음속 심지에 믿음의 촛불을 켜고, 하루가 끝나는 시간 잠자리에서 눈을 감기 직전에도 하나, 둘, 셋을 외치고 하루를 마무리해 보자.

　흔들리지 말아야 할 것

　나뭇가지는 흔들린다.
　그러나 뿌리는 흔들리지 말아야 한다.
　사람은 흔들린다.
　그러나 가족은 흔들리지 말아야 한다.

　마음은 흔들린다.
　그러나 신념은 흔들리지 말아야 한다.

-소천

11
진짜 어른이 되는 방법

"우리가 창조한 세계는 우리가 생각하는 과정입니다.
우리의 생각을 바꾸지 않고는 바꿀 수 없습니다."

-아인슈타인

우리가 아름다운 인생 살기 위해서는 진짜 어른이 되는 연습을 해야 한다. 각자의 삶에서 누구나 현재의 직업과 미래의 직업에 대해서 고뇌를 하고, 갈등을 겪고 있다. 죽기 전까지 고뇌하는 건 인간의 본성이기 때문에 어쩔 수 없다. 어떤 이에게 최고의 직업은 누군가에게는 멈추고 싶은 직업이기도 할 것이다.

즉 이 말은 직업관에 대한 인식이 좋고, 나쁨이 아니라 상대적이라는 뜻이다. 직업에는 귀천이 없다는 옛말처럼, 대부분 법적인 테두리 안에 있는 모든 직업은 유기적으로 연결이 되어서, 사람들을 이롭게 하고, 자기 삶의 가치를 높이기 위한 충분한 에너지를 갖고 있다는 뜻이다.

지금 당신의 직업에 대해서 얼마나 많은 애정을 쏟고 있고, 그 느낌을 얼마나 받고 있는가? 사랑의 온기를 담아 자신의 일에 대해 진심으로 대하는 자세가 필요하다.

① 직업에 대한 소명과 사명감을 찾아라!

"회장님, 무례한 질문이지만 혹시 회장님도 요플레 뚜껑을 핥아 드시나요?"

"네, 그렇습니다."

최태원 SK 그룹 회장이 질문에 대한 그의 답이다. 인간은 누구나 배가 고프면 밥을 먹고, 아침에 일어나면 양치하고, 힘들면 휴식을 취한다. 한마디로 사람은 지위에 상관없이 다 똑같고, 다르지 않다는 말이다.

셰익스피어가 런던의 한 레스토랑에서 식사를 마치고 위대한 작가라는 타이틀에 걸맞게 많은 손님이 그에게 경의를 표하면서 인사를 하고 있었다. 그때 그곳에서 청소하는 한 젊은이가 빗자루를 툭 던지는 모습을 보고, 셰익스피어가 다가가 물었다.

"자네는 왜 지금 빗자루를 내던졌나?"

"선생님은 많은 사람으로부터 존경을 받고, 위대한 사람인 반면, 저는 이렇게 선생님의 가는 길에 손님들의 발자국이나 닦고 있으니, 제 자신이 너무 초라하고, 한심해서 그랬습니다."

"절대 그렇지 않네, 자네는 나와 같은 일을 하고 있다네, 나는 펜으로 신이 만들어 주신 우주의 한 부분을 표현하고 있고, 자네는 그 우주의 한 모퉁이를 깨끗이 청소하고 있다네."

직업에는 귀천이 없고, 세상에 하찮은 일은 없다는 뜻이다. 즉 직업에 대해 자신만의 소명 의식을 갖고, 사명감을 가져야 한다는 뜻이다.

참고로 국어사전에 '소명'이라는 말은 한마디로 사람은 지위에 상관없이 다 똑같고, 다르지 않다는 말이다. 글을 쓰는 일을 하고 있다면 우주의 역사를 기록하는 일이고, 저녁 시간에 가정에 치킨 배달을 하는 건 행복을 배달하는 일이고, 소방관이 불을 끄는 것은 지구를 뜨겁지 않게 해주는 것이다. 화분에 물을 주는 것은 지구의 한 부분을 아름답게 가꾸는 것이다.

이렇게 단순 생계 수단이 아니라 일 자체에서 의미와 가치를 찾게 되면 직업에 대한 귀천이나 종류에 대해서는 우리는 부정적인 사고방식을 없앨 수가 있다.

당신이 직업이 있다면 그 범위를 우주처럼 넓게 생각하고, 거창하게 표현해서 직업에 대한 소명 의식과 사명감을 반드시 갖기를 바란다.

② 아이의 눈으로 세상을 바라봐라

맹자는 하늘로부터 부여받은 선한 마음을 어린아이 때의 마음처럼 잘 보존하고 있는 사람을 진짜 어른이라 보았다. 그가 한 말로는 "대인이란 어린아이의 마음을 잃지 않는 사람이다"라고 했다. 여기서 대인이란 그냥 나이를 먹어서 어른이 아니라, 말과 행실이 올바르고 덕이 높은 진짜 어른을 일컫는다.

또한 맹자는 어진 왕이 되기 위해서는 혼자가 아닌 백성과 함께 즐기고, 느낀다는 '여민동락'이라 했다. 왕이 어린이와 같은 백성의 마음과 함께한다는 뜻이다.

아이의 눈을 보면, 속세에 때가 묻지 않아 유독 어른의 눈보다 맑고, 순수하고, 아직은 스스로가 아는 바가 적어, 할 수 없음에 한계를 인정하는 겸손한 마음이다.

그리고 생계유지, 직업관에 대한 인식이 잡혀 있지 않아 세상의 욕심과

이익에 뒤섞이지 않아 마음이 한결같고 솔직하다.

진짜 어른이 되고 싶다면 불순한 마음, 지나친 탐욕, 식탐, 물욕, 과욕을 줄이고, 버리는 연습을 하자. 그리고 매 순간 스스로에게 질문과 해답을 통해서 삶의 통찰력을 높여 삶의 진정한 의미를 깨닫는 습관을 가져야 한다. 아이처럼, 깨끗하고, 솔직한 내면의 순수한 감정의 강도가 얕아지지 않게 매 순간을 아이의 시선을 세상을 바라보려고 진심 어린 자세로 임해보자.

학문의 최고경지에 이른 다산도 험한 유배지에서 아이들의 계몽서인 〈소학〉으로 스스로를 다스린 이유를 생각해보자. 아이의 마음이 선한 본성이라 깨닫고 모든 해답은 선한 본성에서 찾기 위함이 아닌가? 그는 이렇게 말했다. "내가 알아야 할 것은 모두 어렸을 때 배웠다."

하나, 둘, 셋! 스스로 직업관에 소명 의식과 자부심을 느끼고, 아이의 시선으로 세상을 바라보자! 바로 이게 아름다운 인생을 살아가는 첫 시작이다.

하나, 둘, 셋 당신의 직업을 넣고, 위대하고, 거창하게 표현해보자!

Just Start!

나의 직업은 _____ 다.

제5장

아름다운 인생 살기

하나, 둘, 셋 Just Start!

트리플 S를 가슴속 깊게 품고
매순간 시작을 멈추지 마라.
그리고 당신의 아이에게 최고의 유산을 물려줘라!

이것이 바로 아름다운 인생을 사는 것이다.

1

그냥 시작하고,
그냥 견뎌내라!

"어떤 종류의 성공이든
인내보다 더 필수적인 자질은 없다.
인내는 거의 모든 것 심지어 천성까지 극복한다.

-존 D. 록펠로

    당신은 지금 살고 싶은 대로가 살아가고 있는가? 아니면 살아지는 대로 그냥 살아가고 있는가? 이 세상을 스스로가 원하는 대로 살아가기란 참 쉽지는 않다. 하지만 신이 당신에게 주신 인생 최고의 숙제는 바로 한 번밖에 없는 당신의 소중한 삶을 당신이 주체가 되어서 살아가는 것이다. 하나, 둘, 셋 그 숙제를 반드시 풀어보자!

    혹, 살아지는 대로 살아가는 삶이라고 해서 당신이 원해서 사는 삶은 아닐 것이다. 살아가다 보니, 어떤 삶의 알고리즘에 이끌려 의도치 않게 그렇게 되는 게 대부분이다. 당신이 의지력이 없다고, 능력이 없다고 스스로를 절대 폄하하지 마라! 단지 우리는 어떻게 살아갈 것인지? 방법을 몰라, 알아도 그 방식이 몸에 익숙하지 않아 이끄는 삶이 아니라, 끌려가는 삶을 살고 있을 뿐이다.

    인생이라는 자체를 한 편의 드라마라 생각하고, 드라마 속 엑스트라나, 조연이 아닌, 주인공이 되어 당신이 원하고 꿈꾸는 세상에 당당히 나서고 싶지 않은가? 분명 당신은 당신의 부모님이 당신을 낳았을 때 세상에서 가장 최고의 순간인 '새 생명의 탄생'이라는 것을 당신에게 선물해 줬다. 그 순간을 기념적으로 여겨 다시 한번 당신의 멋진 제 탄생을 Just Start 해보자!

너무 걱정하지 마라! 어려워도 말아라! 그 방법은 바로 딱 2가지로도 충분히 가능하다.

바로! Just Start! Just Stand!
그냥 시작하고, 그냥 견뎌내라! 이게 다다!

어떤 목표를 이루기 위해서는 당신이 힘든 역경을 반드시 참고 인내하고, 숙고하면 그 끝은 반드시 올 거라 믿고 끝까지 버텨야 한다. 가장 아름다운 꽃은 바로 역경을 이겨내고 핀 꽃이 가장 아름다운 꽃이 아닌가? '고생 끝에 낙이 온다'라는 옛말도 아무리 자주 되새겨 봐도 너무 값진 인생의 멘트이다.

이 뜻대로 지금까지 살면서 몇 번이나 인생에서 주인공처럼 살아 봤는가?

살아봤다면 그때 그 영광의 순간을 다시 한번 더 강력하게 느껴 보고, 살아보지 않았다면 당신의 인생 드라마에서 멋진 주인공으로 캐스팅을 당해볼 차례다.

새로운 도전을 위한 첫맛은 대부분 맛이 없어 쓰지만, 모든 과정을 시작의 힘과 끝까지 버티는 힘으로 마무리를 한다면 그 도전의 끝맛은 반드시 달콤하다.

중요한 것은 이런 사실을 알고도 대충 살아가고, 포기하고, 좌절하고 만다는 것이다. 바로 이게 가장 큰 문제고 당신이 인생이라는 드라마에서 스스로가 의도치 않게 주인공의 배역에서 자진 하차를 하는 격이다. 일단 우리는 이 책을 통해서 아름다운 삶을 살기 위해서 크게 2가지 방법을 배웠다. 마지막으로 한 가지를 더 배워 당신의 삶을 더 단단하게 해보자!

한 가지는 매 순간 하나, 둘, 셋에 시작을 쉽게 시작하는 방법, 두 번째는 인생의 운명을 바꾸는 핵심습관을 만드는 방법이다. 그리고 지금 당신이 가져야 할 마지막 방법은 도전의 과정을 그냥 Just Stand 참아내는 거다.

그렇다고 막무가내로 고통과 힘듦을 억지로 참아내라는 뜻이 아니다. 그건 너무 어렵고 힘들어서, 머잖아 정신적으로 강력한 스트레스를 유발에 '결국 난 해도 안 되는구나? 이게 나의 한계야! 난 틀렸어.' 하고 스스로를 비난하고, 나약한 존재로 평가해, 결국 육체적으로도 저항력이 약해져 병을 유발하거나, 도전 자체를 쉽게 망각해 버리는 최악의 상황을 만들어 버리게 된다. 그 순간부터 도전이라는 건 실패가 두려워 시도조차 하지 않게 되는 악순환의 삶을 살게 되는 것이다. 이런 삶은 이제 인생에서 그만 경험해야 한다.

Just Stand는 바로 인생의 디딤돌이다!

우리가 새로운 도전을 항상 망설임 없이 쉽게 시작하고, 핵심습관 만들기를 통해서 새로운 인생을 사는 것을 경험했다면, 우리는 삶의 힘듦과 고통을 버텨내는 능력 Just Stand!는 자연스럽게 터득하게 되는 행운을 갖게 된다. 이 얼마나 좋은 소식인가!

참고로 Just stand의 언어사전적 뜻은 '그냥 참고, 견디다'의 뜻이다.

동시에 그 버팀의 능력은 버틸수록 더 강해져 새로운 도전을 위한 발판으로 당신이 새로운 도전을 하는데 강력한 최고의 디딤돌이 되어줄 것이다. 바로 역경과 고통을 이겨내고, 버텨내는 건 시련이 아니라, 당신이 더 단단해지기 위한 디딤돌이라는 것을 반드시 기억해야 한다.

TV 프로그램에서 몸짱을 유지하며 매일 고통스럽게 운동하며 자신감 있게 살아가는 사람도 '고통은 하늘이 주신 선물'이라고 말했다. 그 맛을 아는 사람은 다 알고 있고, 그 맛을 모르는 사람은 그 경험을 한 번도 못해 쉽게 이해를 못 할 것이다.

하나, 둘, 셋 Just Start를 하면 Just Stand!가 된다.

매 순간 하루에도 수십 번 하나, 둘, 셋에 마법의 구호를 외치면서 Just Start 하는 삶 속에서 우리는 수십 번 시작과 끝을 내면서 작은 도전과 성공의 맛을 알게 모르게 보고 있다. 아침에 일어나서 30초 기상 미션을 매일 하고 있다면 눈을 뜨자마자 하나, 둘, 셋에 도전은 시작이 됐고, 우리는 고작 30초에 도전의 끝을 내며 작은 성공을 매일 1번씩 하게 된다. 30초 동안 당신은 바로 그 과정의 힘듦을 버텨내는 능력 Just Stand를 자연스럽게 습관처럼 몸에 뿌리를 내리게 한 것이다. 한마디로 하나, 둘, 셋 Just Start를 하면 Just Stand는 자연스럽게 따라오게 되어있다.

단, 한 번뿐이 아니다. 가기 싫은 헬스장을 가기 위해 운동화 속에 발을 집어넣을 때도, 어려운 프로젝트를 시작하기 위해 노트북에 전원을 켤 때도, 멈춰야 하는 지나친 식탐을 줄일 때도, 중독성이 강해 손을 뗄 수 없는 당신의 SNS 속에서 탈출할 때도, 질 좋은 수면을 위해 밤늦은 시간 TV 시청을 멈추기 위해 리모컨의 적색 전원 버튼을 누를 때도 당신은 하나, 둘, 셋에 Just Start로 작은 도전을 하고, 그 행위를 멈춤으로써 당신이 마주하는 혼란스러운 환경 속 유혹의 손짓들을 당당하게 뿌리치고 Just Stand! 해내고 있는 것이다.

'나는 해낼 수 있어! 결국 해냈구나! 또 해냈구나!' 이렇게 긍정적이고, 희망적인 생각을 하면서 당신이 낙담과 좌절의 골짜기에 빠지지 않고 긍정의 길로 한발, 두 발 뚜벅뚜벅 야무지게 내디딜 수 있게 되는 것이다.

이런 삶이 습관적인 삶이 되면 자연스럽게 핵심습관 4단계는 그렇게 힘들게 애를 쓰지 않아도, 당신의 의지력이 전부가 아닌 마음의 중심이 움직이는 데로 물 흐르듯이 흘러가게 될 것이다. 핵심습관 만들기 4단계까지 약 3개월간의 과정은 앞에서 말한 대로 사람의 운명을 바꿀 수 있는 강력한 힘을 갖고 있다.

이 기간은 단군신화에서 곰이 인간이 되기 위해 캄캄하고 깊은 동굴로 들어가 100일간 마늘과 쑥을 먹고 결국 사람이 된 기간이다. 한마디로 세상에 모든 도전은 당신이 시작을 멈추지 않고 시작을 두려워하지 않고 단 100일간만 버티어내면 당신이 원하는 삶, 바로 아름다운 삶을 살 수가 있다는 뜻이다.

약 3개월 후 당신의 삶이 달라졌고 운명이 바뀌었다면 기분이 어떨 거 같은가?

생전 책이라면 담을 쌓고 사는 사람이 도서관을 짓는 게 인생의 꿈이 되고, 매번 시작의 두려워 망설이는 사람이 시작이 세상에서 가장 쉽다고 말하고, 허구한 날 술과 담배로 찌들 린 사람이 건강전도사가 되어 사람들에게 새로운 희망과 에너지를 심어주고, 영어 발음 기호도 못 읽은 사람이 외항사 승무원이 되기도 하고, 아직 한 번도 이런 경험을 못 해 그 기분을 모른다면, 그 기분을 인생을 살면서 딱 한 번만 느껴 보자! 나중에 가 아니라, 도전할 시기는 바로 당신이 걷고, 부딪치고, 헤매고, 발버둥 치고 있는 성장통을 느끼며 살아가고 있는 지금이다.

지금 우리는 새로운 도전을 위해서 시작에 망설이지 말고, 결과에 너무 연연하지 말고 어떻게 하면 인내하고, 버텨낼 것인지만 생각하고 심신 상태, 주변 환경을 수시로 체크를 하면서 끝까지 Just Start! Just Stand 해야 한다.

버티다 보면 한계점을 지나 임계점을 넘어서면 곧 고지가 보일 것이다. 고지에 올라 기다리면 승리의 깃발을 꽂게 되는 건 당연지사이다. 이 믿음을 반드시 믿어야 한다. 잃을 게 없으니 밑져야 본전이니 어디 한번 도전하는 게 낫겠는가? 아니다 잃을 게 없으니 무조건 승리하겠다는 마음을 먹고 절실함을 갖고 도전을 해야 한다. 그래야지. 당신이 승리의 깃발을 두 손으로 직접 꽂아 당신이 주인공이 되는 드라마틱한 세상을 경험할 수가 있다.

언제나 시작의 두려움은 하나, 둘, 셋 마법의 구호가 당신의 시작을 도와줄 것이고, 그 시작의 끝은 스스로 저절로 Just Stand 돼서 시작의 끝을 내는 힘을 자연스럽게 갖게 될 것이다. 이제 세상 그 어떤 상황에서도, 그 어떤 도전도 두려워 말라! 두려움은 힘들게, 억지로, 고집스럽게만 극복하는 게 아니라, 바로 두려움이라는 감정 자체를 대면하지 않고 조용히 무심하게 흘려보내 주는 것이다. 이게 당신이 시작의 두려움을 없애는 최고의 방법이다.

그 방법은 바로 매 순간
하나, 둘, 셋 Just _____ Just _____하는 것이다!

2

트리플 S를 가슴에
Just 새겨라!

"처음부터 겁먹지 말자.

막상 가면 아무것도 아닌 게 세상에는 참으로 많다.

첫걸음을 떼기 전에 앞으로 나갈 수 없고

뛰기 전에 이길 수 없다."

– 김연아

혹시 워킹홀리데이 비자에 대해서 아시나요?

한국 나이 만 18세~30세의 신체가 건강한 사람이라면 누구나 신청할 수 있는 비자이다. 1년에서 2년간 취업비자를 받아 해외로 나가 그곳에서 공부, 일, 여행 등을 하면서 새로운 환경에서, 새로운 사람을 만나, 다양한 경험을 통해 한 번도 만나지 못한 새로운 자아를 만나고, 앞으로 살아가는 방향에 대해서 방향성을 세울 수 있는 비자다.

도전자들은 한국을 떠나 낯선 곳에서 그들이 앞으로의 미래 시간을 어떻게 살아갈 것인지? 스스로가 앞으로 어떤 사람이 되고 싶은지? 에 대한 답을 찾으러 떠나게 된다.

어느 날, 한 여학생이 무거운 짐을 끌고, 내 앞에서 수줍은 모습으로 무슨 말을 어떻게 해야 할지 어쩔 줄 몰라 했다.

나이가 27살인 도전자는 고등학교를 마치고 바로 기계설비 공장을 8년째 다니고 있었다. 그는 앞으로 또 이렇게 살아야 하는 인생이 너무 기계적이고, 비참해서 한국을 떠나 해외 생활을 하면서 지금의 삶을 잊고 새로운 삶을 살고 싶어 했다. 그리고 한 가지 그에겐 가슴속 깊이 품고 있는 꿈이 있었다. 그의 꿈은 외항사 승무원이 되는 거였다.

상담 중 여학생은 나에게 공부하려고 하는 영어책을 보여주면서, 선생님 사실 전 영어를 잘하고 싶지만 사실, 영어 발음 기호도 잘 모르고 있습니다. 어떻게 해야 하나요? 순간 머릿속이 하얘지면서 아차 싶었다. 사실 이 상태로 출국을 해서 어학연수를 하거나, 현지 적응을 하기엔 너무 힘들 텐데, 사실 이보다 더 나를 신경이 쓰이게 하는 건 따로 있었다. 바로 또렷하지 않은 그의 발음이었다. 그의 말투는 일반적이지 않고, 말을 끊어서 하고, 혀 짧은 소리를 내는 조음장애(調音障碍)를 갖고 있었다. 어릴 적 교통사고로 경미한 뇌 손상이 그 원인이었다고 한다.

일상생활을 하는데 심각할 정도로 큰 지장은 없어 보였지만, 새로운 언어를 배우고, 말을 하는 직업을 갖기 위해서는 반드시 치료와 교정이 필요해 보였다.

역시나 그가 가장 두렵고, 걱정되는 점은 시작의 첫발을 내딛는 것과 과 영어 발음을 잘하지 못해 오는 커뮤니케이션에서 오해를 받아, 인종차별을 당하거나, 적응을 못 해서 국제미아가 되어 포기하고 한국으로 돌아오면 어쩌나 하는 두려움이 가장 컸다.

나는 도전자에게 물어봤다. "호주 워킹홀리데이 1년 후 최악의 상황은 무엇이라 생각하나요?"

그는 마음속으로 어떤 대답을 했는지는 모르겠지만, 아무 말도 하지 않았다.

참고로 그가 끊어 놓은 항공권의 호주행 출발 날짜는 앞으로 2주 후였다. 아무것도 준비가 안 된 상태에서, 2주 후에 출발 결과는 불 보듯 뻔한 일이었다. 누가 봐도 아무 준비 없이 떠나는 묻지 마 여행이었다. 지금 한국을 떠나 1~2년간 한국이 아닌 해외생활을 하는 건 단순 여행이 아니다. 새로운 인생을 살 것인지? 지금처럼 살 것인지? 아주 중요한 인생의 순간이다.

나는 그에게 1년 후 최악의 상황을 스스럼없이 답해줬다.

"바로 당신이 전 직장으로 복직하는 것입니다. 그리고 산속에서 한 마리의 여우가 토끼를 쫓는데 절대 여우는 토끼를 잡을 수가 없습니다. 그 이유를 혹시 아시나요? 바로 여우는 한 끼 식사를 위해서 뛰지만, 토끼는 살기 위해서 뛰었기 때문입니다. 지금 우리 회원님은 그 간절함이 여우인가요? 토끼인가요?

"선생님 복직만은 정말 피하고 싶습니다. 토끼처럼 살기 위해서 죽을 각오로 해보겠습니다. 그럼 어떻게 해야 할까요?"

"당신이 정말 최악의 상황을 경험하고 싶지 않고, 간절함이 크기가 크다면, 지금부터 가슴에 '트리플 S'를 세기고, 당신의 꿈을 위해 무조건 앞으로 나아갈 생각만 하세요."

바로 트리플 S는 Just Start(시작) + Just Stand(버팀) = Succeed(성공하다)의 뜻에 각각의 앞쪽 스펠링의 S를 하나 합쳐서 트리플 S로 칭한 것이다.

바로 우리가 인생을 살면서 꿈을 이루기 위해서는 수학의 공식처럼 1+1은 2가 되고, 2×2는 무조건 4가 되는 것처럼 인생 성공법칙도 뇌 속에 강하게 인식되면 그 꿈을 이루는 게 대단히 어려운 게 아니라, 당연히 공식처럼 받아들이게 되는 원리다.

여러 차례 언급한 사항이지만, 바로 Just Start 하고, 끝까지 버티면, 무조건 성공한다는 원리이다.

지금, 이 순간부터 당신이 정말 변하고 싶다면, 당신의 멋진 인생을 바꿔줄 '인생 성공법칙 트리플 S'를 가슴속 깊게 새기고, 멋진 인생의 시작을 Just Start 해보자!

결국 그 도전자는 항공권을 그 자리에서 환불을 했고, 필자가 제시해준 '인생 성공 공식 트리플 S'를 가슴에 깊게 새기고 출국 전 준비를 본격적으로 하기로 했다.

동시에 핵심습관 만들기 과정을 통해 출국 전 그가 처한 비좁고, 어두운 환경을 제거하고, 어떻게 하면, 효율적이고, 체계적인 시스템으로 준비를 할 수 있는지 그에게 성공 노하우와 전략을 동시에 제공해 주었다. 사실 그에겐 미래 성공의 결말보다, 지금 출국 전 도전의 과제가 그에겐 인생 최고의 터닝 포인트가 되는 분수령이었다.

그를 만난 후 3개월이 지나 4개월이 다 되기 전에 한 통의 전화가 나에게 걸려왔다. "센터장님 안녕하세요. 저 내일 올라가서 보여 드릴 게 있습니다." 바로 그 도전자였다.

3~4개월 전 숫기 없고, 힘이 없어 흐리멍덩한 그의 눈빛은 이제 자신감이 넘친 야생의 살기가 있는 치타의 비장함을 품은 눈빛처럼 또렷했다. 그 눈빛을 난 아직도 잊을 수가 없다.

"센터장님 제가 지금 영어로 제 소개를 해보겠습니다."

세상에 이런 일이…. 발음, 표현력, 제스처, 강렬한 인상까지 이렇게 사람이 달라질 수가 있는가? 순간 나도 이렇게 3개월 만에 달라지긴 어렵겠다는 생각이 들 정도였다.

결국 이 친구는 트리플 S를 가슴에 새긴 후 최초 항공권을 취소하고 나서 5개월 후에야 출국했고, 호주에서 3개월 연수를 한 후에 리조트에서 시급 2만 원을 받고 일하면서 마침내 그 힘들다는 영주권 제의까지 들어왔지만, 고심 끝에 그가 목표한 외항사 승무원을 위해 한국으로 귀국해서 지금은 그가 그토록 원하던 외항사 승무원의 꿈을 위해 한 발, 두 발 앞으로 나아가면서 혼자만의 외롭고, 위대한 도전을 하고 있다.

그는 한국을 떠나기 전에 나에게 말했다.

"꿈을 당장 이룰 순 없어도, 꿈을 이루기 위한 도전 자체만으로도 저에겐 이미 꿈을 이룬 거와 다름없었습니다. 매 순간 하기 싫고 귀찮아지려고 할 때쯤 '하나, 둘, 셋 Just Start'의 시작의 효과는 저를 항상 쉽게 움직이게 해줬습니다. 정말 신기한 건 그 구호를 외칠 때마다 제 의지와 상관없이 자연스럽게 몸이 움직인다는 것입니다. 이런 일상에서 신기함과 어색함의 낯선 환경들이 저를 새로운 환경으로 이끌어 줬습니다. 마치 새로운 세상을 향해 문을 열고 앞으로 나아가는 새로운 자아를 만난 것처럼요. 이제 가슴속에 인생 성공 공식 트리플 S(시작하고 버티면 성공은 결국 이루어진다)를 가슴속 깊기 새기고 새로운 자아를 이제 만나러 가고 싶습니다. 그동안 도와주셔서 정말 감사합니다."

그때 이 여학생은 내가 제시한 핵심습관 만들기 4단계 과정을 시도하고 도전한 끝에 핵심습관을 만들어 내는 데 결국 성공해 냈다. 이 친구의 핵심습관은 미국 드라마를 보고 3분~5분 대사를 하루에 1편씩 무조건

통 암기를 하는 것이었다. 3분~5분을 위해 그는 매일 하루에 2시간 이상을 투자한 것이다.

혹 외워지지 않아도 목표한 시간만큼은 반드시 연습해서 현재의 결과가 눈앞에 당장 나타나지 않아도, 실망이나, 좌절하지 않고, 묵묵히 도전과제를 하다 보면 결국 승리를 위한 시간은 반드시 온다는 걸 그는 끝까지 믿었다.

그리고 그가 가지고 있던 발음의 장애도 전문병원에서 적극적인 치료로 몰라보게 개선이 되었다. 역시 삶의 목표가 생겨 도전적 삶을 산다면 인생에서 이렇게 적극적인 액션을 취하게 되는 것이다. 예뻐지기 위해 몸에 칼을 대는 성형수술을 마다하지 않는 이유도 같은 맥락이다.

이로써 이 친구는 영어 대한 울렁증, 또렷하지 못한 발음, 표현력 등에 대해서 하나씩, 극복하며 배움과 도전의 고통을 자연스럽게 하나, 둘, 셋에 Just Start! 하면서 극복해 나아가고 있었다.

이제껏 우리는 자신의 의지와 상관없이 도전의 시작이 두려워 항상 망설였고, 시작의 버팀을 지키지 못해, 스스로를 원망하고, 스스로가 원하는 삶을 사는 게 힘들었다. 하지만, 이제 그 방법을 알아냈으니, '인생 성공법칙 트리플 S'를 가슴속 깊이 새겨 당신이 정말 원하고, 꿈꾸는 일이 있으면 Just Start 해보자!

'Dream is nowhere 꿈은 어디에도 없다가 아니다.' 'nowhere'에서 가운데를 띄어 쓰면 'now here 바로 꿈은 여기에 있다.'이다. 언제나 당신의 의식을 새롭게 해라!

당신이 지금 포기했던 꿈은 무엇인가?

_____

_____

당신이 지금 꿈꾸고 있는 꿈은 무엇인가?

_____

_____

당신이 그 꿈을 이루기 위해서 바로 할 수 있는 일은 무엇인가?

_____

_____

_____

_____

당신의 꿈이 반드시 이루어지기를 진심으로 바라고, 또 바란다.

Good luck!

3

성공의 결심은
한순간에 온다

"늘 명심하라. 성공하겠다는 너 자신의 결심이
다른 어떤 것보다 중요하다는 것을."

- 에이브러햄 링컨

대학교를 재학 중 나는 세상의 겉모습에 억지로 치장하는 삶이 싫어
자원입대를 해서 군대에 갔다. 군대 제대 후 세상에 이런 일이? 내가 입
학한 신문방송학과는 나의 의사와 상관없이 폐과되었다.

담당자는 경영, 법대, 사회복지, 경찰행정 4가지 중 선택을 할 수가 있
다고 했다. 무슨 중국집에서 짜장, 짬뽕, 탕수육, 간짜장도 아니고….

난 다시 스스로를 경영하겠다는 생각으로 한 치의 망설임도 없이 경영
학과를 선택했다. 경영학과에 복학한 탓인지 이때부터 현대그룹의 창업
자인 고(故) 정주영 회장님처럼 될 수도 있다는 거대한 꿈을 꾸기도 했다.
그분의 혼이 담긴 현대자동차 그룹의 경영철학에서도 보면 인생 성공 등
식이 등장한다.

현대자동차 그룹의 경영철학(Management Philosophy)은 "창의적 사
고와 끝없는 도전을 통해 새로운 미래를 창조함으로써 인류 사회의 꿈을
실현한다."이다.

창의적 사고=끝없는 도전=미래 창조=인류 사회의 꿈. 여기서 1번째 창의적 사고는 누구나 과학적인 실험과 창의적인 훈련 등으로 그 능력을 터득할 수가 있다. 대표적인 예로 '좌뇌보다는 우뇌를 사용해라'든지 자유로운 분위기 속에 많은 사람이 자유롭게 자신의 아이디어를 이야기하고 개선시키기 위한 '브레인스토밍 원칙(brain Storming) 기법' 등이 대표적이다. 하지만 2번째 '끝없는 도전'은 아무나 할 수 있는 게 아니다.

대부분 사람이 이 2번째에서 적당한 노력으로 최선을 다했다고 착각을 하고 쉽게 포기를 해버리는 걸 습관처럼 살아가고 있다. 2번째 끊임없는 시작과 도전을 위해서는 확실한 미래 목표 달성에 대한 굳은 신념에 의한 행동의 지속성, 그리고 지속적인 마인드 리셋을 통한 자발적 자유의지가 가 반드시 수반되어야 한다. 바로 매 순간 '할 수 있다.'라는 생각에서 오랫동안 머무르지 않고 '나는 계속하고 있다.'라는 행동의 진척이 기계처럼 자동화가 되어야 한다. 곧 시작은 행동이라는 등식을 만들어 의식의 관점을 바꿔야 한다는 뜻이다.

이렇게 두 번까지만 잘 가면, 자연스럽게 나머지 등식들은 결국 차근차근 체계적으로 자연스럽게 이루어지게 된다.

다들 알고 있는 내용이겠지만 고(故) 정주영 회장의 기가 막힌 무용담을 꺼내 보자면 지금 세계 1위 조선업체인 현대 중공업을 만들어 내는 기가 막힌 일화가 있다.

우리나라에 그때 당시 조선 사업 자체가 전무 한대, 배를 한 척도 만들어 보지 못한 상황에서, 500원짜리 지폐에 있는 거북선을 보여주면서 영국 버클레이 은행에 거액의 차관을 빌린 성공사례다. 이런 일이 정말 가능한 일인가? 고 정주영 회장의 이런 무모한 행동이 얼마나 그가 대단한 자신감과 엄청난 시작의 큰 용기를 가졌길래 이런 불가능한 일을 가능하게 했단 말인가!

이때부터 필자는 그가 남긴 '해보기나 했어?' 이 주옥같은 명언을 내 인생의 표어로 정하고 모든 불가능은 가능으로 바꾸는 연습을 하기 시작했다.

아마도 이때부터 나는 하나, 둘, 셋 마법의 구호를 알게 모르게 마음속으로 외치며 시작을 쉽게 시작하는 연습을 했는지도 모른다.

그 후로 나에겐 시작이 어려운 게 아니라 마무리가 항상 숙제로 남았다. '시작이 반이다'라는 말처럼 반은 성공한 셈이었고, 나머지 반은 어떻게서든 마무리를 지어 시작의 중요성을 반드시 입증해 새로운 성장을 해내야 했다. 그때부터 항상 시작의 끝엔 반드시 그 무언가가 나를 간절히 기다리고 있다는 걸 확신하기 시작했다.

이때 20년 전에 기록한 노트를 보면 참 용맹하고 호기롭게도 세상의 모든 것을 하나로 만들어 버리겠다는 차원에서 회사 이름을 GL Group(global link group)으로 정했었다. 가만 보면 20년이 지난 후에도 난 이 숙제를 풀지 못하고, 아니 풀기 위해서 지금도 무언가를 인생에서 물음표와 느낌표를 던지며 살아가고 있는 것 같다.

대학 시절, 난 항상 강의실 맨 앞 중앙 자리에 앉았고, 교수님의 말투, 목소리, 몸짓, 심지어 숨소리까지 모두 집중해서 몰입까지 이어갔다. 리더십을 담당한 교수님께서 나의 총명한 눈빛을 보고 『성공하는 사람들의 7가지 법칙』의 저자 스티븐 코비 박사의 책을 베이스로 한 한국 리더십센터의 청년부 1기 조장을 맡게 해줬고, 나는 그곳에서 지역 단체 CEO들과 소통하고, 앞으로 청년들이 어떻게 성장하고, 생각하고, 행동하면 지금 CEO들처럼 성장하고, 세상의 진정한 아름다운 리더의 덕목을 갖출 수 있는지에 대해 방법을 훈련하고, 터득해 가기 시작했다. 물론 지금도 이런 훈련과 배움은 지금도 진행형이다.

이런 훈련을 통해 점점 생각이 깊어지고, 실행 능력이 높아진 탓에 나는 다니고 있는 대학에서 4학년 1학기 학점을 4.5 만점에서 4.4점을 기록했다. 이 정도 점수면 내 인생의 최고의 퍼포먼스 중 하나였다. 학점의 점수는 그 사람의 성실감, 추진력, 실행 능력, 기획 능력, 완성도, 책임감 등 종합적인 능력의 평가를 어느 정도 가능케 한다. 그래서 나는 내 말을 신뢰의 힘을 키우기 위해 강의 때마다 프레젠테이션 자료로 학점 4.4의 지표와 죽을 사(死)를 동시에 보여주면서, "죽을 각오로 임해서 인생의 강력한 퍼포먼스를 1번은 꼭 만들어 봐야 한다"고 강조를 하기도 한다.

아쉽게도 한 과목만 A학점이며, 나머지가 모두 A+를 받았다. 학과 차석을 하고, 생애 첫 장학금을 받고, 부모님께 이 사실을 전하고 처음으로 작은 효도를 하는 기분이었다. 사실 수석을 기대했지만 나보다 더 빛나는 1인이 있었다.

지금 생각해보면 차석을 했기 때문에 내가 더 자만하지 않고, 더 열심히 살아가려고 하는 큰 원동력이 된 것 같다. 역시 사람은 최고가 된 것도 좋지만, 더 높은 곳을 향해 최선을 다하는 걸 멈추지 않는 사람이 진짜 최고인 것 같다.

누구나 살다 보면 인생에서 어떤 이유로이든지 임팩트가 있는 결심의 순간은 꼭 1번은 온다. 그 순간의 굳은 결심이 당신이 성공으로 가는 길에 기폭제가 되어, 당신의 심장을 뜨겁게 가슴 뛰는 벅찬 인생을 살게 해 줄 것이다.

"앞으로 무엇을 하며 어떻게 살아갈 것인가? 오늘보다 내일 더 열심히 살 자신이 있는가? 보이지 않는 미래에 두려워 말고, 제자리에 있음을 항상 경계해라!" 2가지 물음표와 한 가지 느낌표를 평생 스스로에게 질문하고 다짐해라!

굳은 결심을 하는 그 순간 성공의 씨앗을 가슴속 깊이 심어 더 깊게 뿌리를 내려 보자. 싹이 잘 터서 지지 않는 아름다운 꽃이 되게 하라, 비, 바람을 맞아 견고해지면 당신의 성공은 어느 순간 목적지에 도달해서, 또 다른 성공의 씨앗을 뿌리고 있을 것이다.

이룰 수 없는 꿈을 꾸고, 이룰 수 없는 사랑을 하고, 이길 수 없는 적과 싸움을 하고, 견딜 수 없는 고통을 견디며, 잡을 수 없는 저 하늘의 별을 잡자! 『돈키호테』에 나온 말이다.

지금 우리가 직면한 시대는 코로나19로 세상이 순간 표면적으로 멈추어 선 것처럼 보이지만, 지금 우리가 처한 삶은 마치 총성 없는 전쟁과도 같다. 마치 세계 3차 대전을 방불케 하는 격동의 삶을 살아가고 있다고 해도 과언이 아니다. 지금 이 험난하고, 혼란스럽고, 무질서한 시대를 살아가기 위해서 돈키호테처럼 칠전팔기 불굴의 도전정신과 넘어져도 다시 오뚝이처럼 벌떡 일어나 평범한 일상을 마법과 같은 일상으로 그 변화를 반드시 만들어 내보자!

그 도전정신을 매 순간 용기 있게 하나, 둘, 셋 마법의 구호를 외쳐 Just Start 하고 그 시작의 끝이 보일 때까지 Just Stand! 해라! 절대 어려워 말아라! 언제나 당신 마음속에 인생 성공법칙 트리플 S가 당신을 끝까지 이끌어 줄 것이다!

당신의 인생에서 결정적인 '성공 결심'의 순간을 반드시 찾고, 멋진 성공을 위해 언제나 망설이지 말고, 힘차게 Just Start! 하면 반드시 상황은 달라지게 돼 있다.

성공적 사고를 확장하기 하나, 둘, 셋

하나, 지금껏 삶에서 가장 성공적인 쾌감을 느낀 일은

_____

_____

둘, 지금 내 꿈을 이루는 데 필요한 능력은

_____

_____

셋, 내가 '성공 결심'을 하는 순간은

_____

_____

_____

세상의 중요한 업적 중 대부분은,

희망이 보이지 않는 상황에서

끊임없이 도전한 사람들이 이룬 것이다.

-데일 카네기

4
자신의 한계를
반드시 극복해라!

'상상은 의지보다 힘이 세고, 무의식은 의식보다 강하다.'

『자기암시』를 쓴 프랑스 약사이자, 심리학자인 에밀 쿠에(1857~1926)는 자기 암시법을 창시해 전 세계를 돌아다니면서 수많은 환자를 치료하고, 자기암시 법을 전파하는 데 일생을 바쳤다. 즉 상상력은 어떤 생각이나 의식보다 강한 것인데, 상상력을 가미한 반복적 '자기암시'는 몸과 마음을 변화시킨다는 것이다.

『자기암시』에서 에밀 쿠에는 아래 1문장을 매일 반복해서 말하면 실제로도 말처럼 그렇게 된다고 강하게 믿는 것이다.

"나는 매일매일 모든 면에서 좋아지고 있다."
"Every day, in every way, I am getting better and better."

80% 이상 부정적인 상상을 하는 뇌의 구조를 바꿀 수 있는 것은 단조롭고, 끊임없이 생각을 반복하는 '자기암시'라는 것이다. 그는 다음과 같은 전제를 바탕으로 어떤 질병이든, 어떤 상황이든 '자기암시'로 그 상황은 반드시 극복할 수 있다고 말했다.

① 의지와 상상이 상반되면 예외 없이 상상이 승리한다.

② 의지와 상상이 갈등을 빚으면 상상의 힘은 의지의 제곱비로 커진다.

③ 의지와 상상이 일치하면 상상의 힘은 둘을 더한 만큼이 아니라 곱한 만큼 커진다.

④ 상상은 통제할 수 있다.

이러한 원리를 이용하여 '자기암시' 요법을 창안한 에밀 쿠에는 자신을 찾아오는 환자들에게 가짜 약을 진짜인 것처럼 주었을 때 실제로 약의 효과 나타나는 '플라시보 효과'를 확인하게 되었다. 우리도 어렸을 때 "엄마 손은 약손"이라는 말을 기억해보자! 어릴 때 엄마가 이 말을 하면서 아이의 배를 살살 쓸어주면 서서히 복통이 줄어드는 현상도 마찬가지다.

미 노스웨스턴대학 의과대학 재활연구소(RIC)의 마르완 발키리, 바니아 아프카리안 박사는 퇴행성 무릎 관절염으로 고생하는 만성 통증 환자 95명을 대상으로 일부에게는 진통제를 주고 일부에게는 설탕으로 만든 약을 주고 플라시보를 비슷한 효과를 확인하기도 했다.

하지만 세상에는 음과 양이 있듯이, 모든 약에도 효과가 있다면, 반드시 부작용도 있는 법이다. 단 한 번도 안 가본 새로운 길을 가기 위해서는 돌다리도 두들겨 보고, 그 돌을 치켜들어 돌 아래의 상태도 봐야 한다. 바로 놓여 있는 돌만 믿어선 안 된다는 소리다.

하나, 둘, 셋 '나는 할 수 있다.'

'나는 할 수 있다.'라는 자기암시는 물론 엄청난 노력과 행운이 따라 최고의 결과를 만들어 낼 수도 있지만 무조건 '자기암시'가 당신을 성공을 위해 절대적인 방법이라 말할 수가 없다. 언제까지나 부정적인 사고의 틀을 없애기 위한 최고의 방법일 뿐이지 최고의 결과를 만들어 내는 데는 한계가 있다는 뜻이다.

에밀 쿠에가 말했다. 병도 '나을 수 있다'라는 뜻이지 모두 낫는다'라는 뜻은 아니니 이 차이를 이해하라고 했다. 즉 현실과 이상의 갭만큼 인지부조화가 생기는 것처럼 그도 자기암시의 한계점을 분명히 알고 언급한 말이다.

한마디로 자기암시는 뇌가 스스로에게 부정적인 사고의 틀에서 순간 어느 정도 벗어나 나아가야 할 방향을 말 그대로 암시하는 것뿐이지 실제로 그 상황을 개선하고, 앞으로 나아가게 하는 방법은 얼마나 더 많은 노력을 꾸준한 행동으로 습관처럼 하느냐에 따라 달려있게 된다는 뜻이다.

그래야지 자신이 하고자 하는 바를 외부환경의 영향에도 크게 흔들리지 않고 끝까지 갈 수가 있다. 그리고 또 다른 새로운 도전의 시작을 하고 싶을 때 또다시 할 수가 있게 된다.

한마디로 자기암시는 뇌가 부정적인 생각 대신 긍정적인 생각을 해서 좋은 습관을 만드는 데 필요한 하나의 심리적 도구인 셈이다. 그리고 문장 앞에 하나, 둘, 셋 구호를 무의식적으로 붙여 자기암시를 하게 되면, 그 효과는 더 커지게 되는 것을 경험하게 될 것이다. 아니, 지금 수차례나와 함께 경험을 해봤다.

바로 당신의 뇌가 눈치채기 전 3초, 하나, 둘, 셋 구호를 외치는 것은 부정적인 뇌가 저항 자체도 할 수 없는 무의식 상태이기 때문이다.

하나, 둘, 셋 '나는 하고 있다.'

인생은 기나긴 여정이다. 자기암시로 '나는 할 수 있다'라는 역에 도착했다면, 그곳에서 너무 오래 머무르지 말고, 다음 역인 '나는 하고 있다.' 역으로 출발을 해보자.

즉 의식상태를 시작 후 빨리 행동에 옮기라는 뜻이다. 이 상태는 마치 시작의 두려움은 완전히 잊어버리고, 무언가를 시작하고 나서 앞으로의 미래 상태에 대해서 고민하는 과정이다. 시작의 두려움과 불안한 패배감을 완전 제로로 만들어 버리는데 최고의 상태이다.

중요한 것은 이 '할 수 있다' 역에서 절대 중도하차를 하지 말고, 끝까지 낙담의 골짜기와 포기라는 협곡에서 즐거운 여행을 즐겨, 마지막 종착지인 '나는 하고 있다' 역에서 반드시 하차해야 한다. 그곳에서 당신을 기다리는 사람이 당신을 위해 무언가를 준비해 당신의 인생에 커다란 행운의 선물을 줄 것이다. 바로 그 사람은 당신이 그토록 만나보고 싶은 새로운 자아다.

실패, 도전, 성공 모두 각기 다른 상황에 놓여 있지만, 오늘 당신이 출발한 역이 종착역이 되고, 그 종착역은 내일의 출발역이 되는 것처럼 3가지 상태의 본질은 결국 같다는 뜻이다. 이렇게 인생이라는 여정은 기차가 플랫폼을 출발해 달리고, 또 그 길을 다시 달리는 것처럼 인생도 실패와 도전, 성공 이 과정을 거듭 반복하면서 살아가는 것이다.

하지만 알면서도, 실패가 두려워 도전하지 않는 사람이 너무 많다. 바로 그 첫발을 얼마만큼 빨리 내딛느냐가 바로 핵심이다.

우리는 그 방법을 배웠다. 바로 첫발을 마법의 구호, 하나, 둘, 셋에 당신이 정한 자기암시를 하고 매 순간 하나, 둘, 셋에 Just Start를 하면 자연스럽게 Just Stand를 하게 된다. 이런 과정이 습관적으로 반복이 되면 결국 시작의 끝은 Just Succeed 되게 된다.

지금 당신에게 필요한 자기암시는 하나, 둘, 셋 _____ 다.

5

삶의 프레임을 바꿔라

"긍정적인 생각과 합쳐진 긍정적인 행동은
성공을 불러온다."

―시브 카에라

지금 당신은 어떤 프레임 속에서 살아가고 있는가?

베트남 전쟁 당시 약 7년 6개월간 포로수용소에서 극심한 고문과 폭행을 당한 미군 스톡 테일 장교는 '나는 반드시 석방될 수 있어'라는 긍정적인 프레임을 갖고, 결국 7년 6개월 만에 석방이 되어 자유로운 몸이 되었다.

바로 당신이 어떤 프레임을 갖고 살아가느냐에 따라서 당신의 삶도, 운명도 바뀔 수 있다는 뜻이다. 누구나 불행한 인생보다는 아름다운 인생을 살고 싶어 한다. 어떻게 보면 엄마의 뱃속에서 한 생명이 태어나는 자체가 세상에서 가장 큰 축복이고, 인생에서 가장 아름다움의 첫 순간이다. 한마디로 우리의 인생은 처음부터 아름다운 인생의 프레임에서 시작됐다고 말할 수 있다.

인생을 살면서 최악의 삶은 부끄러운 삶이 부끄러운지 모르고, 스스로가 창피함에 무지하고, 자신을 속이려고 하고, 심지어 이런 삶을 반성이

나, 죄책감 없이 당연하게 받아들이는 삶이다. 바로 아름다움이라는 긍정의 프레임을 완전히 무시하고 부정적인 프레임 속에서 습관처럼 살아가는 삶이다.

당신이 아름다운 인생의 프레임의 틀을 유지하기 위해서는 그 속에는, 건강, 돈, 정직, 봉사, 사랑, 신념, 철학, 등 당신이 중요하다고 판단되는 인생 핵심 요소들을 당신의 삶 속에서 꾸준히 리프레임 시켜야 한다.

동시에 '비 온 뒤 땅이 굳고, 고생 끝 낙이 온다.'라는 말처럼 더 나은 삶을 삶기 위해 누구나 대부분 겪게 되는 실패, 좌절, 절망, 슬픔 등도 새롭게 부정적 프레임이라는 틀을 짜지 않고 반드시 긍정의 프레임 속 안에서 바운더리가 되어 필요할 때만 그 감정들이 움직이고 말아야 한다.

한마디로 세상을 대하는 자세가 부정의 프레임보다는 긍정의 프레임이 더 크고, 우선시 되어야 한다는 뜻이다.

삶은 시소게임처럼 한쪽으로 무게가 기우는 삶이 아니라, 행복이라는 그네가 앞으로 갔다가, 뒤로 갔다가를 반복하는 것일 뿐이다. 그 중심점을 얼마나 잘 잡고 한쪽으로 너무 치우치지 않게 하는 게 중요하다.

우리의 목표는 결국 아름다운 인생 살기가 아니라, 인생 자체가 아름다운 것이기 때문에 그 아름다움을 잘 지켜내는 게 인생의 목표가 되어야 한다.

하나, 둘, 셋 긍정의 프레임을 갖고 세상을 살아가자!

똑같은 일도 어떤 프레임을 짜고 대하느냐에 따라 그 결과가 달라진다. 매 순간 긍정의 프레임을 짜기 위해서는 항상 의식이 깨어 있어야 하고, 왜(Why) 우리가 아름다운 인생을 살아가야 하는지? 자신에게 질문하는 것을 절대 멈추지 말아야 한다.

하나, 둘, 셋 지금 당신은 왜 아름다운 인생을 살려고 하는가?

───────────────────────────────────

지금 머릿속에서 당신을 힘들게 하는 것이 있다면 너무 신경 쓰지 마라! 어차피 당신 인생의 프레임은 아름답거나, 조금 덜 아름답거나 그 차이일 뿐이다.

지금부터 당신의 아름다운 인생의 프레임을 더 멋지게 디자인해 보자!

사람들의 대응 방식은 생각과 감정,
그리고 그에 따른 행동에 의해 전적으로 결정된다.
좋건 나쁜 건 상관없이 감정의 95%는
어떤 일이 벌어졌을 때
이를 어떻게 받아들이는지에 따라 달라진다.

－마틴 셀리그만

6

감정을 조절해
삶의 운명을 바꿔라

"모든 것이 마음먹기 나름이다."

– 원효대사

줄줄 새고 있는 감정의 에너지를 반드시 막아라!

하루에도 수만 번씩 드는 감정 중 당신이 원하지 않는 감정들은 최대한 없애고, 당신이 원하는 감정들은 더 잘 만들어낼 수 있다면 얼마나 좋은 소식인가! 지금부터라도 놀란 토끼 눈을 뜨고, 조금 더 집중해서 당신이 감정조절을 하는 능력을 터득해서 당신의 운명을 바꾸는 연습을 하나씩 해보자. 하나, 둘, 셋 Just Start!

우(又)뇌로 감정을 조절한다

'2008년 가장 영향력 있는 100인'에 선정된, 미국 하버드대 뇌 과학자, 뇌졸중을 경험한 질 테일러 박사는 그의 책 『긍정의 뇌』에서 이렇게 말했다.

"왼쪽 뇌를 잃어본 경험에서 하는 말인데, 마음의 평화는 오른쪽 뇌의 신경회로에 존재하는 것이 분명하다. 이 회로는 마음만 먹으면 언제라도 접속할 수 있다. 평화와 감각은 현재 순간에 일어난다. 과거의 경험에서 가져오거나, 미래로 투사하는 것이 아니다, 마음의 평화를 경험하는 첫 번째 단계는 지금, 이 순간에 몰입하는 것이다."

이 뜻은 마음의 감정이 평화로운 상태에 놓이면 감정을 스스로 조절할 수 있다는 것이다.

질 테일러 박사는 인디애나 의과대학을 졸업하고, 하버드대에서 성공의 사다리를 타고 승승장구하던 그의 나이 불과 37세에 1996년 12월 10일 아침 그는 극심한 두통으로 잠에서 깨고, 결국 좌뇌 동맥의 동맥류가 터지고 말았다. 그는 그 순간이 "마치 리모컨의 음 소거가 버튼을 누른 듯 모든 것이 조용해졌다."라고 했다. 결국 그는 개두 수술을 받고 그의 좌뇌도 동시에 멈춰 그 기능을 이제는 사용할 수 없게 되었다.

그가 수술 후 8년간 재활을 하면서 좌뇌의 기능 없이 그는 오로지 우뇌로만 사고하면서 더 알아낸 사실은 "좌뇌와 우뇌가 완전히 다르다는 것이다. 좌뇌는 자신을 희생자로 여기고, 과거와 미래를 두고 현 상황을 계산적이고, 비판적이고, 분석적이고, 부정적으로 보지만 우뇌는 현재의 순간의 상황에 비교와 판단 없이 집중하여 감정을 평화의 상태로 놓이게 해 스스로 감정을 다스릴 수 있다."고 했다.

한마디로 우뇌를 사용하면 자연스럽게 좌뇌의 힘든 감정의 상태가 사그라진다는 뜻이다.

이런 주장은 질 보트 테일러 박사가 뇌신경과학적으로 수많은 연구를 통해서 그의 주장을 입증시켜 냈고, 종교인들의 명상, 열반의 경험 중 방사선 단층 촬영 SPECT(single photon emission computed tomography) 기술을 사용해 관찰한 결과 좌뇌의 움직임이 감소하였다. 이런 신경과학적 근거는 일본의 뇌 분야 권위자 하루 야마 시게 오는 그의 책 『우뇌를 활용하는 뇌 내 혁명』에서도 우뇌를 사용하면 삶이 바뀐다고 말하고, 우뇌를 깨우는 네 가지 방법에 대해서 다음과 같이 소개했다.

우뇌를 활용하는 네 가지 방법
① 플러스 발상을 한다.
모든 일을 좋은 쪽으로 생각하는 습관을 들이면 된다.
② 근육을 사용한다.
스트레칭(맨손체조) 등으로 '근육을 사용하는 운동'을 하는 것이다. 근육을 바르게 사용하면 뇌내 엔도르핀도 나온다.
③ 명상을 한다.
명상이 습관으로 자리 잡으면 당신은 언제든지 뇌 내 엔도르핀이 나오는 세계로 들어갈 수 있다. 그때 우뇌는 당신에게 지혜를 줄 것이다.
④ 식생활에 주의한다.
뇌 내 엔도르핀은 체내에서 만들어지며 단백질을 원료로 한다. 잘못된 식생활을 하면 자신도 모르는 사이에 노화를 촉진해 생활습관병을 유발한다. 이것은 우뇌가 작동하지 않는다는 증거라고도 할 수 있다.

Just Start는 지금, 이 순간이 시점이다.

우리는 이제 이런 과학적 증명과 훈련을 통해서 과거와 미래에 의존하는 부정적인 좌뇌의 사용보다는 현재에 집중하고 긍정적 우뇌를 잘 쓰는 방법을 연습해, 부정적인 감정은 최소화하고, 상황에 따라 시시각각 변하는 감정을 잘 조절해서 삶의 균형과 조화를 맞춰 나가야 한다. Just Start 구호도 시점을 보면 과거도 미래도 아닌 지금, 이 순간이다. 바로 Just Start 구호의 앞쪽에 Now가 생략된 것이다. (Now) Just Start! (지금) 그냥 시작해!

질 테일러 박사가 경험한 사실인 우뇌를 사용해 마음의 평화를 얻는 첫 번째 단계도 지금, 이 순간에 집중해 몰입하는 것과 같은 원리이다.

즉 우뇌를 잘 사용하는 습관을 의식적으로 훈련을 하게 되면 자연스럽게 좌뇌의 기능은 감소해, 감정 상태가 평화의 상태에 놓이게 되어 감정이 차분해진다는 것이다. 그 상태에 놓이게 되면 감정을 조절해서, 삶을 조금씩 바꿀 수 있다는 것이다. 요가나, 운동을 하고 나면, 몸속 노폐물이 땀을 통해 배출되고, 그 자리에 새로운 기운찬 에너지들이 몸속으로 자리 잡는 걸 경험 해봤을 것이다. 바로 땀을 흘려 머리가 맑아지는 순간 평화의 상태에 놓이는 것이다. 이 짧은 평화의 상태에 감정이 놓이는 게 잊을 수가 없어 하기 싫은 운동도 매일 매일 하는 진짜 이유다.

Just Start, Just Now, Just Go의 말처럼 순간의 감정도 행동에 집중하는 것이다. 할까? 말까? 갈까? 말까? 고민을 하는 게 아니다. 최대한 우뇌의 긍정적인 회로에 신호를 믿고 하나, 둘, 셋에 지금의 행동을 과감하게 결정을 하는 것이다. 결과도 물론 중요하지만, 너무 순간을 지나친 고민과 걱정을 하게 되면 당신의 뇌는 부정적인 사고를 쉽게 편승 되어 그곳에서 오랫동안 머물러 있는 걸 좋아하는 뇌의 습성 때문에, 항상 두려움과 부담감이 당신의 감정을 지배하게 될 확률이 상대적으로 높다. 바로 이런 이유가 시작 앞에 당신이 항상 망설여지는 진짜 이유다.

한마디로 하나, 둘, 셋 Just start의 맹점은 생각의 스위치를 끄고 그냥 시작하는 것이다.

그렇다고 좌뇌가 모두 부정적인 건 아니다. 이성적 사고, 논리적 사고, 언어 구사를 하기 위해서는 반드시 좌뇌의 기능이 정상적으로 돌아가야 한다.

레오나르도 다빈치의 작품인 '모나리자'의 미소가 가장 아름다운 미소로 꼽히는 것은 100%의 행복이 깃든 것이 아니라 83%가 긍정적 표현, 17% 센트가 부정적 표현으로 구성이 되어있기 때문이다. 예를 들어 우리가 긍정적인 감정을 갖기 위해서는 어느 정도 수준의 부정적인 감정은 반드시 우리에게 필요하다는 뜻이다.

하나, 둘, 셋 잠시 하던 걸 멈추고 양손을 쫙 펼친 다음 양손을 마주 잡아 보자. Just Start!

그리고 깍지를 낀 상태에서 어떤 손가락의 검지가 위로 올라왔는지 체크를 해보자. 만일 오른손 엄지가 올라왔다면 우뇌형, 왼손 검지가 올라왔다면 좌뇌형일 가능성이 높다. 위의 테스트는 100% 정확하진 않지만, 우리가 우뇌를 잘 운동시켜 감정을 더 잘 조절하기 위한 의식을 한번 가져 보기 위한 Test다. 당신이 어떤 손가락의 검지가 올라갔는지는 더 이상 신경 쓰지 말자!

우뇌를 잘 발달시켜, 당신의 운명까지도 바꿔보자

세상에 가장 비싸고 값진 금은 우리가 지금 함께 하는 "지금"이다.

'지금'은 '시작'의 또 다른 이름과도 같다. 지금 우리가 가지고 있는 평범한 감정이 부정적인 감정으로 전락 되지 않기 위해서는 단 1초의 망설임도 없이 빛의 속도로 시작을 Just Start 하고, 우뇌가 가질 수 있는 최고의 긍정적 평화의 상태를 갖기 위해서는 부정적 감정을 리셋시키면 그 효과가 바로 나타난다.

하나, 둘, 셋을 반복해서 외쳐보자! Just Start! 해봤는가? 무슨 생각이 들었는가? 별생각이 없었는가? 바로 그거다! 아무 생각이 없다는 건 쓸데없는 부정적인 생각이 사라졌다는 소리다. 바로 그 자리에 우뇌를 더 발달시켜 긍정적인 사고로 가득 차게 해 당신의 삶에 에너지를 불러일으키는 것이다.

이렇게 당신의 평온함과 침착함의 감정을 느껴 긍정적인 사고를 하고 싶을 때 좌뇌보다는 우뇌를 사용한다는 의식을 갖고 위에 4가지 방법과 마법의 구호 하나, 둘, 셋을 매 순간 반복적으로 외쳐 부정적 감정의 꼬리를 잘라내는 연습을 꾸준히 하는 걸 잊지 말자.

부정의 감정에 얽매이고 묶여, 오지도 가지도 못하고 힘들어하는 당신의 힘들어하는 감정을 이제 편안하게 해주고, 스스로 감정을 조절해 당신의 운명을 바꿔보자! 하나, 둘, 셋 Just Start!

누군가가 자신의 뇌를 긍정적이고 창조적인 생각을
표출하는 데 사용하지 않을 경우,
자연은 부정적인 생각을 떠올리도록 유도해서
그의 뇌 공간을 채워 넣는다.

-나폴레옹 힐

지금 몇 급수에
삶을 살고 있는가?

"자기 자신을 믿어라.
그러면, 어떻게 살아야 할지를
자연스럽게 알게 될 것이다."

-괴테

인생에도 급수가 있다

물은 수질에 등급에 따라 오염도가 가장 적으면 1급수, 수질의 오염이 심하면 5급수로 나뉘고 거기에 맞게 물고기의 종류도 다르게 서식을 한다. 이렇게 물의 급수가 있는 것처럼 우리의 인생에도 급수가 있다. 지금 당신은 몇 급수의 삶을 살아가고 있는가? 아니, 살고 싶은가?

1급수: 성공과 행복을 위한 마인드
2급수: 도전과 한계를 뛰어 넘는 성공 마인드
3급수: 평범한 마인드, 현실에 충실한 삶
4급수: 육체적 욕구에 따라 사는 마인드(식욕, 성욕, 수면욕)
5급수: 비정상적인 마인드(게임, 도박, 마약)

지금 대부분 우리의 삶은 3급수의 삶에서 더 이상 4급수 이하로 떨어지지 않으려고 하거나, 3급수의 현재의 삶 속에 적당히 살아가며, 간혹 안간힘을 쓰거나, 엄청난 의지력을 발휘해서 2급수 이상의 삶을 희망하는 삶을 살아가려고 노력하고 있다.

혹 운이 좋아 잠깐 3급수에서 삶에서 벗어나 2급수나, 1급수의 삶을 살았다고 가정해보자. 3급수의 물고기들을 1, 2급수에 갑자기 풀어놓으면 노는 물이 달라 금방 죽는다고 한다. 물이 너무 깨끗해 산소 포화도가 적어 물고기들이 먹을 수 있는 이끼가 없기 때문이다. 3급수 인생에서 살다가 갑자기 1, 2급수의 인생에서 사는 건 삶의 결과, 질이 맞지 않아, 마치 오래된 습관이 끌어당기듯이 기존의 삶을 제자리로 돌아간다는 뜻이다. 아무리 값비싼 명품 옷도 자신에게 사이즈가 맞지 않으면 입을 수 없고, 어떤 고가의 신발도 내 발의 치수와 다르면 신을 수 없는 것과 마찬가지다.

즉 제대로 인생의 급수에 맞게 마인드를 업그레이드하지 않으면 설령 급수가 달라져도 그건 진짜 당신의 인생에 어울리는 급수가 아니라는 뜻이다.

그럼 우리가 인생의 급수를 한 단계 업그레이드하는 방법은 무엇인가?

바로 자신과 끊임없는 대화를 통해서 그 메시지가 올바른 방향으로 흘러가고 있는지 스스로를 메타인지의 사고로 항상 깨어 있는 삶을 살면서 스스로가 부정적 감정에 길들여지지 않게 자신의 신념을 올바르게 세우고 지켜 나아가야 한다. 이러기 위해서는 매 순간 당신의 의식이 하나,

둘, 셋을 외치면서 항상 깨어 있어야지 현타가 와도, 금방 그 순간을 지혜롭게 극복할 수가 있다.

우리가 한번 독하게 마음만 먹으면 무조건 인생의 급수를 업그레이드할 수 있다. 바로 시작 앞에 부정적인 신념이 자리하지 못하게 하면 된다. 우리는 그 방법을 배웠다. 바로 망설임 없이 하나, 둘, 셋 시작의 마법 구호를 외치고, 망설임 없이 Just Start! 하면 된다.

책 1권이라도 끝까지 읽어봐라!

누구나 일상의 고요함과 새로운 급수의 삶을 위하여 서점에서 책을 1권씩은 구매를 해봤을 것이다. 과연 1권의 책을 구매했을 때 그 마음과 책의 첫 장을 넘겼을 때 마음, 그리고 중간까지만 읽었을 때 그 마음, 그리고 마지막 페이지를 읽고 났을 때 그 마음 이렇게 각기 다른 마음들을 혹시 기억하는가?

기억한다면 지금 당신의 의식은 깨어 있어 확실히 인생의 급수를 바꿀 수가 있다는 뜻이다. 기억을 못 한다고 큰 문제가 될 건 없다. 이미 지나간 건 과거일 뿐이다. 항상 새로운 문제의 시작점은 과거, 미래도 아닌 지금이라는 걸 잊지 말자!

책을 구매해서 정해진 기간 안에 끝까지 읽어 내는 건 3급수에서 1, 2급수의 삶을 살려고 노력하는 마인드고, 반대로 책을 사서 읽지 않으면, 1급수의 상태에서도 3급수의 삶을 사는 것과 같다고 할 수가 있다. 시작해서 끝을 내지 않고 포기하는 건 스스로가 성취를 못 해 부끄러운 감정과 죄책감이 들어 다시 이런 감정을 느끼고 싶지 않아 새로운 도전 자체를 안 하게 돼버린다. 바로 이게 습관이 되면 큰일이다.

지금 우리가 새로운 인생 급수를 업그레이드하기 위해서는 현타의 문을 박차고 나와 부정적인 신념을 무시하고 반드시 시작과 끝을 내는 연습을 일상에서 멈추지 않게 하고 매 순간 의식에 깨어 있음에 집중을 해야 한다. 그래야 매 순간 새로운 도전 앞에 멋지게 시작하고, 그 도전을 즐길 줄 아는 삶이 행복한 삶이라고 깨닫고 자연스럽게 2급수의 삶, 혹은 운이 좋아 1급수의 삶을 사는 행운까지 경험하게 될 것이다. 바로 성공하는 사람들의 공통적인 특징 중 하나가 바로 "도전하는 정신"이 매 순간 살아 숨쉬기 때문이다.

알리바바의 창업자 마윈도 이처럼 말했다. "당신의 심장이 빨리 뛰는 대신, 행동을 더 빨리하고, 그것에 대해 생각을 해보는 대신 무언가를 그냥 하라" 바로 마법의 구호와 같은 맥락이다.

바로 하나, 둘, 셋에 부정적 신념이 자리하기 전에 Just Start! 시작의 구호를 끊임없이 외치고, 도전의 시작이 성공적으로 끝날 때까지 멈추지만 않으면 반드시 인생의 급수도 업그레이드가 된다고 가슴 속에 굳은 신념처럼 뿌리내려야 한다.

인디언들은 비가 오게 해달라고 기원하면 100% 성공한다고 한다. 왜일까? 바로 비가 올 때까지 몇 날 며칠 동안 기우제를 지내기 때문이다.

마지막으로 1급수의 물고기들을 아무런 움직임 없이 물 흐르듯이 유람(遊覽)만 즐기다가 바다에 다다르면 모두 짠 바닷물에 죽음을 맞이하게 된다. 이처럼 아무리 성공한 1, 2급수의 삶도 도전 의식이 깨어 있지 않으면 순식간에 예전의 익숙한 3등급의 인생으로 추락해 버린다는 걸 꼭 명심해라.

답해보자. 당신은 지금 몇 급수의 삶을 살고 있고,
앞으로 몇 급수의 삶을 살고 싶은가?

_____

_____

_____

_____

8

관점을 바꿔 재정의 해보자

"사람의 마음은 관점을 살짝 바꾸는 것만으로도 스스로를 치유하는 힘이 있다."

-알렉스 리커만

실패의 관점을 바꿔 Just Re:start로 재정의 해라!

실패라는 건 내가 다시 성공할 수도 있다는 '새로운 출발의 기회'로 관점을 바꾸고, 인생을 바라보는 각도를 조금씩, 천천히 올바른 방향으로 틀어가는 순간이라 재정의 해보자!

유치원을 다니는 고작 7살인 나의 셋째 막내도 핸드폰 게임을 하다가 Fail을 하게 되면 "예스! 다시 하라는 뜻이네!" 하고 실패의 감정이 무엇인지도 모른 채 신이 나서 re:start를 한다. 하지만 우리 성인들은 실패하면 마치 통과의례와도 같은 슬럼프가 왔다고 자신의 상태를 오히려 일부러 은연중 SNS에 드러내 더 이상 나를 괴롭히지 말라는 식으로 스스로를 비난하고 낮추는 삶을 살아가고 있다.

그들은 위기나, 극심한 슬럼프가 오는 진짜 이유를 스스로에게 찾지 않고, 타인에게서 찾으려고 하다 보니 똑같은 순간이 쓸데없이 매 순간 찾아오는 것이다. 결국 위기의 순간이 오는 이유도 스스로가 처한 상황을 현실적으로, 객관적으로 보지 못하고 스스로를 인정하지 않기 때문이다. 하지만 이런 힘든 시기를 극복하는 방법은 충분히 적은 노력으로도 가능하다.

휴가를 내서 1박 2일 가고 싶은 곳으로 여행 가기, 도전의 단계를 더 쉽게 조절해서 부담감을 줄이기, 새로운 모임에 가서 새로운 친구를 사귀기, 인테리어가 좋은 곳에 가서 좋아하는 친구와 함께 브런치 먹기, 새로운 취미를 시작해보기 등이다. 대부분 슬럼프가 처한 현실 속에서 벗어나, 새로운 공간에서 새로운 사람을 만나고, 새로운 생각을 하는 것이다. 한마디로 슬럼프라는 감정 자체와 마주하지 않고 이별을 하는 행위들이다.

하지만 우리에게 슬럼프보다 더 무서운 건 바로 아무것도 하지 않으려고 하는 '무기력'이다. 이 상태가 지속되면, 우리의 정신뿐만 아니라, 우리의 몸도 말을 듣지 않아, 도전 자체가 아니라, 버티는 자체를 힘들어하게 된다. 최악의 상황은 극단적인 사고를 생각하기도 한다.

우리가 잘 알고 있는 한국 최초 메이저리그 박찬호 선수도 2002년 텍사스 레인저스로 이적했다가 부진에 빠지면서 먹튀라는 이름표를 달게 되자 삭발까지 하고, 강행을 했지만 그의 무너진 몸의 밸런스는 쉽게 회복되지 않아 한 인터뷰에서 "최악의 시기였다. 바닥 밑에 숨어있고 싶었다. 극단적인 생각을 매일 했다"라고 고백을 했다.

그리고 우리가 잘 알고 있는 골프의 여왕 박세리도 그 당시 기록으로 최연소 명예의 전당에 가입하자마자 슬럼프가 바로 찾아와 한 방송에서 "점점 부정적인 언론 보도가 나고 후원사도 계약을 부담스러워한다. 어느 순간부터는 아무것도 안 보고 살았으면 좋겠다. 없어지면 좋겠다." 이런 생각을 했다고 했다. 심지어 살기 위해서 골프를 포기해야겠다고 생각까지 했다고 털어놓았다.

하지만 결국 슬럼프라는 위기의 순간도 관점 자체를 다시 정비하고, 새롭게 시작할 수 있는 're:start'로 바꿔보자. 그리고 위기의 정의 자체도, 정말 힘든 시기가 아닌, 나에게 새로운 시작의 기회를 주는 기회의 뜻인 '귀한 손님'으로 재정의를 해버리면 갑작스러운 위기나, 슬럼프가 와도 당장 극복은 어렵겠지만 최악의 상황은 우리가 절대 생각하지 않게 될 것이다.

'갑작스러운 슬럼프는 귀한 손님과도 같다.'

한마디로 갑자기 찾아오는 슬럼프는 우리가 한 걸음 더 성장하기 위한 성장통이라는 선물을 갖고 온 '귀한 손님'이라는 것이다.

이 귀한 손님을 우리가 어떻게 하면 잘 대접하고, 잘 보내드리냐에 따라서 당신이 미처 발견하지 못했던 문제점들을 보게 되고, 앞으로 삶에서 필요한 것들이 무엇인지 알게 되면서 한 단계 더 성숙한 자아를 만나게 될 것이다.

바로 위기의 순간을 기회의 순간으로 잘 바꿔낼 것인지는 어떠한 상황에서도 항상 의식이 깨어 있어야 한다. 가만 보면 우리가 일상에서 하나, 둘, 셋 구호를 외쳐 의식이 깨어 있는 행위는 위기의 순간이 더 이상 위험해지지 않기 위한 예방 차원과도 같다.

이런 슬럼프를 극복하기 위해서는 우리는 힘든 상황에서 관점을 바꾸고 재정의하기 위해서 수많은 전문가가 생각의 재생 버튼 대신, 생각의 일시 정지 버튼을 눌러 상황을 개선시킬 수 있다고 했다.

즉 우리가 지금 매 순간 하나, 둘, 셋 구호를 외치며 항상 무의식 속에 새로운 도전을 쉽게 Just Start 하고, 하나, 둘, 셋 구호를 반복 외침으로써 깨어 있는 삶을 사는 것도 우리가 명상이나, 요가를 할 때처럼 뇌의 기능을 순간 일시 정지시켜 무의식적 정지 상태에 놓이게 하는 것이다. 이렇게 구호를 외치면서 매 순간 깨어 있는 삶을 유지하는 것은 삶 속에 슬럼프나, 위기가 왔을 때도 관점을 바꾸거나, 사건을 재정의하는 것도 크게 힘을 들이지 않고 쉽게 할 수가 있게 된다.

아래 내용은 미국에서 최고의 Fun 경영컨설턴트로 유명한 진수테리 (Jinsoo Terry) 가 쓴 그녀만의 어휘사전이다. 바로 부정적인 어휘를 긍정적 어휘로 재정의할 때도 기분이 좋아지고, 다시 시작할 수 있는 용기가 생긴다고 했다.

실연: 내가 꿈꾸어 왔던 멋진 연애를 시작할 수 있는 기회

낙방: 최고 득점자로 합격하기 위한 모의고사

실직: 최고의 CEO가 되기 위한 트레이닝

불운: 기막히게 근사한 행운이 찾아오리라는 징조

실패: 내 자서전이 보다 흥미진진해질 수 있는 징조

교통지옥: 나의 미래를 구상하는 특별 보너스 타임

분노: 미친 결단을 할 수 있는 동력

지금과 같은 복잡하고 무질서한 현대사회를 살아가는 것을 누군가는 관점을 어떻게 바꾸고, 어떻게 긍정적으로 재정의하느냐에 따라 위기의 순간을 인생 최고의 기회로 삼을 것이고, 누군가는 위기의 순간에 적응을 못 해 처참하게 낙오자가 되기도 할 것이다. 이 책을 읽고 있다면 반

드시 전자의 경우가 틀림없을 것이다.

지금 당신에게 갑작스럽게 찾아온 위기는 무엇인가? 그 위기를 관점을
비틀어 상황을 재정의해보자!

나에게 찾아온 위기는?

나에게 _____줄(주는) 귀한 손님이다.

9

Change는 곧
Chance다

〈맹자 고하 15장〉에 나오는 말이다.

天將降大任於是人也(천장강대임어시인야)

必先苦其心志(필선고기심지)

勞其筋骨(노기근골)

餓其體膚(아기체부)

空乏其身(공핍기신)

行拂亂其所爲(행불란기소위)

所以動心忍性(소이동심인성)

曾益其所不能(증익기소불능)

하늘이 장차 어떤 사람에게 큰일을 맡기려 하면

반드시 먼저 그 사람의 마음과 뜻을 괴롭히고

그 육신을 피곤케 하고

그의 배를 굶주리게 하고

그의 생활을 곤궁에 빠뜨려

그가 행하는 일마다 힘들게 하고 어지럽게 하는 것은

마음을 쓰는 중에도 참을성을 기르게 하기 위함이며

지금까지 할 수 없었던 일을 능히 해낼 수 있도록 해주려 함이다.

누구에게나 살면서 슬럼프보다 강력한 충격적인 위기의 순간이 한 번씩은 온다. 필자 역시 코로나19로 인해 15년간 운영하는 회사가 하루아침에 멈춰 섰을 때, 맹자의 위의 글을 우연히 접하고 크게 오열했다.

필자가 먼 훗날 다시 일어설 수 있었던 계기가 무엇이냐고 물었을 때, 나는 맹자의 글이 나에게 마지막 희망의 빛줄기였다고 할 것이다. 지금 난 맹자의 말을 놓고 이야기하는 게 아니다. 아무리 좋은 글귀도 자신 스스로가 의식이 깨어 있지 않으면 그냥 스쳐 지나가는 글귀에 불과하다.

지금처럼 위기의 순간에도 의식이 깨어 있어야지 좋은 글귀도 심장에 강하게 꽂혀 그 의미가 100배, 200배 전달되어 위기의 순간도 잘 극복해서 기회의 순간으로 맞이할 수가 있기 때문이다.

음식도 먹을 줄 아는 사람이 먹는다고, 삶의 의식을 잃고 살아가는 사람들에게 산해진미를 갖다 준들 아무 소용이 없다.

코로나19의 여파로 갑자기 경제적, 정신적으로 힘들어지는 삶이 지속되자 그 고통에서 잠시나마 벗어나고 싶어 땀을 1시간씩 흘려 삶의 정신적 고통을 육체적 고통으로 풀어가는 날이었다. 이날도 하나, 둘, 셋에 무거운 몸을 이끌고 달리기를 시작했고, 세상이 코로나19로 꼼작도 하지 않고 점점 그 상황이 오히려 악화될수록 나의 삶은 점점 낭떠러지로 삶이 Change 되어 가고 있었다. 마치 입구는 있지만, 출구 없는 어두운 긴 터널과도 같았다.

1시간 달리기를 마치고 땀이 비 오듯이 흘러내리면서 온몸에 힘이 풀리는 순간 머릿속이 온통 하얘지면서 지금 나에게 찾아온 변화를 가만히 지켜봤다. 지금 이렇게 힘든 상황이 내 잘못도 아닌데 다 내가 잘못해서 벌어진 일 같았고, 그렇다고 내 의지대로 될 수 있는 아무것도 없었다. 하지만 한 가지 확실한 건 땀을 흘려 운동을 하면 내 의지대로 몸은 전보다 건강하게 변하고 있다는 사실이다. 적어도 내가 흘린 땀방울만큼은 결코 나를 배신하지 않고 나의 볼록한 뱃살을 쏙 들어가게 했다. 변화된 모습에 자신감이 생겼고 바로 위기의 순간에도 멈추지 않고 변화를 두면 반드시 새로운 기회가 올 거라는 믿음의 싹을 틔워내기 시작했다.

그 믿음의 싹은 몸의 변화에서도 바로 나타났다. 몸무게가 75kg에서 운동 1시간을 어떻게 하면 500g이 빠지는지, 몸의 어떤 부분에 얼마만큼 힘을 주느냐에 따라 몸의 변화도 원하는 대로 나타나기 시작했고, 결국 내 의식의 변화도 조금씩 디테일하게 변해갔다.

이때부터 나의 경쟁상대는 타인이 아닌 어제의 나로 바뀌기 시작했고, 갑자기 Change 된 삶을 고작 영어 스펠링 하나만 바꿔 Chance의 삶으로 살아가기로 결심했다.

천천히, 아주 조금씩 눈앞에 티가 나지는 않았지만, 몸이 변해가면서, 나의 위기의 상황도 조금씩 변해가고 있다는 소리가 귓가에 들리기 시작했다. 바로 매 순간 하나, 둘, 셋 꾸준한 구호의 외침으로 매 순간 의식이 깨어 있었고, 부정적인 감정이 들지 않게 외쳤기 때문에 가능한 일이었다.

이때부터 나의 감정은 부정적인 감정 대신 긍정적인 마음이 그 자리를 차지했고, 앞으로의 삶이 궁금해지고, 어린아이처럼 설레기도 했다. 마치 아직도 산타클로스가 세상에 있다고 믿고 있는 아이가 X-mas를 기다리는 것처럼 말이다. 잠을 자고 일어날 때도 하나, 둘, 셋 구호와 함께 오늘의 나를 위로하고, 칭찬하고, 내일의 나를 만나기 위해 힘차게 Just Start 했다.

지금 삶이 힘들다고 탓하지 말라! 위기의 순간에 절대 힘들다고 멈추지 말고 일상에서 작은 변화를 줘서 몸의 신호를 꾸준히 주면, 반드시 위기의 순간은 천천히 변해 당신이 더 멋진 경험을 할 수 있는 기회의 순간을 선물해 줄 것이다.

일상에서 지금 무리를 해서 무언가를 도전하라는 게 아니다. 생각의 문턱을 낮추고 큰 변화 대신 지금 당신이 팔 굽혀 펴기 1개, 윗몸 일으키기 1개, 매일 아침 이불 개기, 신발 정리, 1일 1 연필 깎기 등 일상에서 아주 사소한 일들을 매일 반복해서 하라는 뜻이다. 이런 반복적인 행위는 자신의 복잡하고, 산만해진 의식을 정리하고, 잠자고 있는 의식을 깨우는 일련의 수양과 같은 행동들이다. 매 순간 무언가를 반복해서 하고 있다는 것은 무언가를 앞으로 해내겠다는 자신과의 만남이다.

위기는 위험과 기회의 합성어이다. 위기를 기회로 삼느냐? 그냥 위기로만 인식하느냐는 당신이 그 상황을 어떻게 의식하느냐에 달려있다.

당신의 의식이 항상 깨어 있다면 부정의 순간에도 점, 하나만 제대로 찍어도 그 뜻은 180도 완전히 달라진다. 지금 당신의 의식의 작은 변화를 뒤보자. 하나, 둘, 셋 Just Start!

---

① 불가능의 단어 'Impossible'에 점 하나만 찍어, 가능으로 만들어 보자.

_____

② 빚이라는 단어에 점 하나만 찍으면 무엇이 되는가?

_____

10

시작의 두려움을
마주해라

"소심한 자는 위험이 닥치기 전,
겁쟁이는 위험이 닥쳤을 때,
용기 있는 자는 위험이 지난 뒤 두려움을 느낀다."

-장 폴 리히터

시작의 두려움을 최대한 빨리 만나라!

새로운 도전 앞에 우리는 항상 두려움이라는 감정을 맞이하게 된다. 하지만, 두려움이라는 감정을 빨리 만나지 못하고 망설이다가 너무 천천히 만나게 되거나, 잘 만나지 못한다면, 결국 큰 변화가 없는 삶에 무기력함을 느끼며 도전 없는 삶을 습관처럼 반복해서 살아가게 된다. 이런 삶은 우리가 절대 성장을 할 수가 없고, 오히려 퇴보하게 된다.

23살 청년 김밥집 사장님 월매출 5천만 원, 한 달 매출 평균 3천만 원 아이 2명 키우는 20대 부부 등 우리는 유튜브나, TV 프로그램에서 성공 신화를 보면, 그 순간만큼은 나도 저렇게 할 수 있으면 좋겠다, 부럽다. 저렇게 되고 싶다고 마음을 먹는다. 하지만 스토리가 끝나자마자 이런 설렘은 순식간에 엄습해 온 두려움 앞에 마치 신기루처럼 사라지고 만다.

"그들이니깐 가능한 거겠지? 나는 나니깐 안 되는 거야."

대부분 시작의 두려움이 커 도전을 못 하는 것도 그 이유를 변하지 않는 무기력한 삶 속 자기 자신에게서 그 이유를 찾기 때문이다. 일단 새로운 도전 앞에 망설이고, 귀찮아하는 자기 자신에게 더 이상 이유를 찾아선 안 된다. 마치 답이 없는 문제를 풀기 위해서 답안지를 찾고 있는 것과 같다. 답은 스스로가 직접 최대한 빨리 경험하고, 부닥쳐서 찾아내야 한다. 이 방법 외에는 절대 인생의 문제를 풀 수가 없다.

지금 필요한 건 시작의 이유보다는, 두려움이라는 감정을 빨리 만나 아무것도 하지 않으려고 하는 무기력함을 최대한 덜 느끼게 하는 것이다. 방법은 간단하다. 시작의 두려움 앞에 '생각의 스위치'를 꺼버리고 그냥 움직이는 것이다.

삶아진 개구리 증후군

이런 도전 앞에 두려움을 회피하는 무기력한 삶의 패턴이 익숙해지면, 우리는 절대 성장을 할 수가 없다. 마치 비커 속에 있는 개구리에게 물의 온도를 아주 천천히 올리면 자기가 익어 죽는지도 모르고 죽는 거와 같은 현상이다.

삶아진 개구리의 증후군(Boiled frog syndrome)은 1869년 독일의 생리학자 프리드리히 골프의 실험에서 유래하였다.

처음에는 찬물 속으로 들어간 개구리는 헤엄을 치고 잘 논다. 심지어 물의 온도를 조금씩 올렸음에도 개구리는 오히려 느긋하게 즐기는 표정을 짓다가 순간 점점 따뜻해지는 온도에 반응했는지 갑자기 몸의 동작이 빨라지면서 비커 안에서 탈출을 시도하지만 그땐 이미 개구리에게는 살려고 하는 의지력이 없어, 결국 삶아지고 만다. 즉 대부분의 삶의 변화는 어느 날 갑자기 오는 게 아니라, 개구리가 비커 속에서 온도의 변화를 서서히 주면 전혀 눈치를 채지 못하고 천천히 삶아 죽어지는 것처럼 매우 더딘 속도로 시나브로 다가온다.

하나, 둘, 셋 생각을 조금 더 깊게 해보자. 개구리가 점점 뜨거워진 비커 속에서 마지막에 살기 위해서 힘차게 점프를 왜 하지 못했을까? 아마 마지막 죽기 직전에 안간힘을 써보려고 했지만, 그 힘을 낼 수가 없어서다. 바로 물이 조금씩 뜨거워지고 있다는 사실을 전혀 눈치 못 채고, 노는 데만 정신이 팔려 힘을 다 쏟았기 때문이다.

만약 개구리가 물이 뜨거워지기 전에 처음부터 힘을 내서 점프를 수차례 시도했다면 비커 밖으로 탈출을 할 수도 있지 않았을까?

결국 개구리를 죽이는 건 뜨거워진 물의 온도도 맞지만, 더 근본적인 건, 물의 온도에 적응하지 못한 개구리의 무기력한 무능한 능력이라는 것이다. 마치 마지막까지 살기 위해 몸부림을 쳐도 그때 가서는 아무 소용없다는 것이다. '그때 조금만 더 열심히 살 걸….' 죽음 앞에 이런 감정을 갖는 건 아무런 의미가 없다는 뜻이다.

개구리가 비커에 처음에 들어갔을 때 바로 두려움의 변화를 빨리 감지하고, 살기 위해서 하나, 둘, 셋에 바로 점프를 했다면, 무기력한 감정을 느끼지 못해, 죽지 않을 수도 있다. 개구리가 진짜 죽는 이유는 두려움의 변화를 너무 늦게 마주했기 때문이 아닐까?

우리가 더 나은 성장을 위한 도전을 계획한다면, 매 순간 하나, 둘, 셋에 도전을 망설임 없이 Just Start 해서 그 두려움을 빨리 만나보자.

두려움이라는 감정을 빨리 만날수록 도전에 대한 두려움의 강도는 점차 힘을 잃고, 마음이 편안해진다. '매도 먼저 맞는 게 낫다는 말이 있다.' 매를 늦게 맞을수록 먼저 맞는 사람들의 비명에 고통의 강도는 점점 강해지는 법이다.

그리고 두려움을 빨리 만날수록 도전 성공에 필요한 핵심 문제점들도 빨리 만나게 되고, 빨리 극복해서 도전에 대한 속도도 더 낼 수도 있다. 또한 속도를 내면 낼수록 수많은 시행착오 속 다양한 작은 실패와 성공들이 당신의 삶을 무기력하지 않고, 항상 변화에 적극적으로 대처하는 지혜로운 삶을 살게 해줄 것이다.

바로 모든 건 빠른 시작을 통해서, 빠른 두려움을 만나, 많은 시행착오를 겪어서, 다양하고 크고, 작은 성공과 실패를 경험하는 것이다. 무기력한 삶이 파고들지 않게 빈틈을 주지 말라는 것이다.

성공하는 사람 중 대부분은 바빠도, 힘들어도 행복하다고 한다.

물론 돈이 되니깐 돈 버는 재미가 있어서도 있지만, 그 들의 삶이 무기력하지 않고, 무언가 긍정적으로 변화하고 있다는 것이 눈으로 보고 피부로도 느끼고 있기 때문이다. 오늘 열심히 살면 내일은 더 행복할 거라는 믿음의 뿌리가 그들을 행복하게 해주는 원동력이다. 그들에겐 내일의 삶은 두려운 게 아니 바로 설렘이다. 곧 두려움을 극복하는 것은 두려움을 빨리 맞이해 그 감정을 설렘으로 변화시키는 것이다.

당신의 삶이 어제보다 오늘, 오늘보다 내일 조금 더 설레기를 진심으로 바란다.

11
아름다운 인생을 위한 핵심점

'중요한 것은 질문을 중단하지 않는 것이다.
그래서 호기심이 필요하다.
절대로 신성한 호기심을 잃지 마라."

-아인슈타인

아름다운 인생을 단칼에 정의 내리고 살아간다는 것은 결코 쉬운 일은 아니다. 하지만 확실한 건 바로 내가 아름다운 인생을 왜 살아야 하는지를 스스로가 질문을 하고, 답을 할 수 있다면 결코 어려운 일만은 아니다. 답은 나이에 맞게 변하기도 하고, 가치관에 따라 다르기도 하다. 중요한 건 살면서 왜라는 질문을 멈추지 말아야 한다, 질문이 멈추는 순간 우리의 인생도 멈추기 때문이다.

왜 내가 아름다운 인생을 살고 싶은지? 물음표를 던지는 자체만으로도 이미 아름다운 인생을 살기 위한 첫발을 내딛는 것과 같다. 이제 2번째 걸음을 위해서 당신에게 꼭 필요한 2가지 핵심점을 찾아 인생의 물음표에 확실한 느낌표를 찍고, 또 다른 물음표를 던져, 지금보다 더 아름다운 인생을 위해 Just Start 해보자!

첫 번째는 바로 인생의 터닝 포인트를 결심을 하는 인생 '변곡점'이다.

사전에서 나오는 변곡점의 의미는 '굴곡의 방향이 오목에서 볼록, 혹은 볼록에서 오목으로 바뀌는 자리를 나타내는 곡선 위의 점'을 말한다. 한마디로 인생에 변곡점을 대입해보면, 살아가면서 그동안 익숙한 환경에서 새로운 사람을 만나거나, 새로운 경험을 하거나, 새로운 일을 하게 되면서 생겨나는 인생의 한 점이다. 인생의 변곡점을 찾아 그 점을 통과하는 것은 바로 과거의 자신에서, 미래의 새로운 자신으로 탈바꿈을 한다는 뜻이다.

마치 지금의 삶 속에 새로운 유리 창문을 만들어 새로운 곳을 바라보고 새롭게 다시 출발하는 것이다. 예를 들자면 가장 친한 친구의 성공, 사업실패 후 서울역 노숙자가 된 CEO, 서울대를 자퇴하고 장사를 시작한 20살 청년, 부모의 부재, 해외에서 1년 살기, 혼자 떠나는 유럽 여행 등 이런 이벤트도 인생 변곡점 중 하나이다.

인생 변곡점이 얼마나 중요한지는 비즈니스적인 면에서도 잘 말해주고 있다. 인텔 창업자 앤드류 그로브(Andrew Grove)의 『승자의 법칙』에서 그는 변곡점을 아래와 같이 설명했다.

"10배 변화에 직면한 비즈니스를 경영한다는 것은 지극히 어려운 일이다. 기존에 사용했던 경영방식에 다른 결과가 나타난다. 우리는 통제능력을 잃고 어찌할 바를 모르게 된다. 결국 산업계에 새로운 균형 관계가 대두되고, 어떤 기업은 더욱 강건해지고, 어떤 기업은 더욱 쇠약해지게 된다."

바로 인생 변곡점에서 당신의 인생이 극적으로 성장을 시킬 것인가? 극적인 하락을 시킬 것인가? 가는 당신이 변화된 순간을 어떤 자세로 받아들이고, 급변하는 현상에 나타나는 두려움과 불안감을 얼마나 잘 통제하느냐에 따라 달라진다.

지진 전조 현상은 사람보다 동물들이 육감적으로 더 빨리 감지를 한다고 한다.

그리스 도시인 헬리 코스에서 끔찍한 지진이 발생하기 5일 전 족제비와 두더지가 자신의 거주지인 구멍을 떠나 도망쳤고, 지진계의 가장 민감한 동물로 알려진 악어도 일본의 혼슈섬에 강한 지진이 일어나기 5시간 전 심지어 진원지에서 150㎞나 떨어진 곳에서 악어는 그것을 감지해 갑자기 으르렁 소리를 내고, 꼬리와 머리를 들었다고 한다. 이런 동물들의 사전 행동들로 인간들은 큰 재해로부터 대비를 할 수가 있었다.

이렇게 자연에 민감하게 반응하는 동물들처럼 우리의 인생 변곡점도 인생의 터닝 포인트로 만들기 위해서는 항상 민감하고, 긴장하는 삶 속에서 변화에 대응을 잘해야 한다. 실제로 변곡점이 영어로 'Turning Point'이다.

수많은 인생의 점에서 당신의 인생에 큰 변화를 가져다준 인생 변곡점 무엇인가? 그 점에 도달했을 때 당신은 어떻게 대응했는지 기억을 떠올려보고 없으면 지금 우리가 겪고 있는 with 코로나를 인생 변곡점이라 생각해보고, 그 변곡점을 뚫고 멋지게 인생 터닝 포인트를 Just Start 해보자!

두 번째는 자신의 한계를 뛰어넘기 위해 '인생 임계점을 넘어라'이다.

"99도까지 죽을힘을 다하여 온도를 올려두어도 마지막 1도를 넘기지 못하면 물은 영원히 끓지 않는다. 물을 끓이는 것은 마지막 1도, 포기하고 싶은 그 1분을 참아내는 것이다."

우리가 잘 알고 있는 피겨여왕 김연아의 말이다.

임계점이란 어떤 물질의 구조와 성질이 바뀔 때 온도와 압력이다. 즉 현재의 상태를 발전시키기 위해서는 임계점에 반드시 도달해야 하고, 남다른 결과를 내기 위해서는 임계점을 넘어서야 한다는 뜻이다. 바로 하수와 고수의 차이점이다.

바로 임계점이 도달되기 전까지는 그 모양이 쉽게 변하지 않아 결과가 겉으로 잘 드러나지 않는다. 그래서 의지력이 점점 감소하게 되고, 결국 임계점이 도달 직전에 포기해버리게 된다. 반면에 어느 순간 임계점을 넘으면 그 성장의 속도는 엄청나다는 것이다.

여러분의 지금까지 몇 번의 임계점을 넘기셨나요? 아니면 지금 99도의 삶에서 Why 멈춰있나요?

일상에서 당신의 임계점을 찾아, 임계점을 넘어서는 연습을 Just Start 해보자.

단, 임계점 포인트에 대해서 주의할 게 있다. 하루 목표의 양은 정말 내가 생각해도 쉬울 정도로 정하고, 최대한 작게 임계점을 설정하고 극복해서 자기 효능감, 자신감을 얻어서, 다음 행동에 대해서 자연스럽게 점화를 해야 한다. 지금은 양과 질보다는 반복의 빈도수로 작은 임계점을 자주 넘어서는 게 핵심이다.

갑자기 안 하던 운동을 하루 1시간 이렇게 잡으면 내일은 1시간을 넘겨야지 만 임계점을 넘게 된다. 갑자기 1시간은 무리인 것처럼 처음부터 임계점의 기준치를 높게 잡으면 쉽게 포기하게 된다.

매일 매일 1분의 임계점을 넘어서라!

'살면서 오늘도 나는 임계점을 넘었다. 이로써 나는 나를 또 넘어섰다. 나는 고로 또 성장한다.' 이런 말을 자주 해야 한다. 오늘 러닝머신 15분이 임계점이라면 15분 이후부터는 하나, 둘, 셋 반복 구호를 외치면서 1분만 더 Just Start 해봐라. 오늘의 훈련이 내일의 임계점이 되어, 내일은 17분을 하면 내일의 임계점을 또 넘게 되는 것이다. 아령으로 팔뚝 근육 운동을 할 때도 마지막에 하나, 둘, 셋으로 무게, 횟수, 속도와 상관없이 1분만 더해봐라. 정해진 공부, 독서 시간이 있다면, 매일 1분씩만 시간을 늘려 양을 늘려봐라.

당신을 고수로 만드는 순간은 바로 매일 1분씩 임계점을 넘기는 그 60초의 시간 속에 당신이 집중하면서 느끼는 오묘한 감정들과 자주 마주하는 것이다. 바로 이거다. 적어도 이렇게만 훈련을 해도 최소한 멈춤과 포기는 절대 없을 것이다.

이렇게 1분의 작은 임계점을 넘는 연습을 여러 번 하다 보면 어느새 인생에서 큼직큼직한 인생 임계점을 넘어서고 있는 멋지고, 당당한 자아를 쉽게 만나게 될 것이다.

유학을 가지 않아도, 유명 인기 강사가 되어 이름을 날리는 오성식, 김대균, 이보영, 문단열, 이들은 그들만의 임계점을 넘고, 또 넘어섰기 때문에 가능했다.

지금 필자 역시 하루에 1개도 못한 팔 굽혀 펴기를 지금 1분에 100개를 하는 것도, 3개월 만에 책을 30권을 읽는 것도 꾸준한 임계점을 넘는 연습을 통해서 가능했다.

달라지기로 마음을 먹었다면 우리는 임계점에 도달 후 반드시 그 선을 넘어서야 한다. 임계점에 도달도 하지 않고, 세상을 비판하거나, 운을 탓하는 건, 물이 80도나 90도에서 끓기만을 바라는 사람과 다를 바가 없다.

지금 당신이 성장하기 위해 넘어야 할 임계점은 지금 무엇인가?

_____

_____

하나, 둘, 셋 답을 적어보고 오늘부터 하루에 1분씩 일상에서 임계점을 꾸준히 넘어서는 연습을 해, 당신의 아름다운 인생을 위하여 끊임없이 Just Start 하는 도전정신으로 살아가기를 바란다.

바로 멈춤 없이 무언가 매 순간 도전하는 삶이 진짜 아름다운 인생을 사는 최고의 방법이 아닐까?

지금부터 거대하고, 무모한 꿈을 꾸면서, 이룰 수 없는 그 꿈을 마침내 꼭 이루기를 진심으로 바란다.

하지만 상당히 오랫동안
아무도 자신의 노력을 알아주지 않고
실패를 반복하다 보면

포기하고 싶어질 것이다.

낙담할 수밖에 없는 시기에도
꾸준히 시도하고 목표에 집중하면서
임계점이 넘어간 순간을 기다려야 한다.

끝까지 포기하지 않고 끊임없이 노력하여
성취를 이루어낸 사람들은 모두 임계점을 통과한 고수
들이다.

– 책 『딜리버링 에너지』 중에서

12

마음에 등기를 치자

길을 모르면 물으면 될 것이고,
길을 잃으면 헤매면 그만이다.
중요한 것은 나의 목적지가 어디인지
늘 잊지 않는 마음이다.

— 한비야

'모든 건 마음먹기 달렸다'라는 말은 오래전부터 인지된 내용이다. 마음을 어떻게 먹느냐에 따라서, 행동이 달라지고, 결과가 달라진다는 뜻이다. 이 정도면 '마음'이라는 건 한 사람의 인생에 막대한 영향을 끼치는게 확실해 보인다.

마음은 우리 몸속 어디쯤 있을까? 심장 근처에 있을까? 마음은 어떻게 하면 변할까? 도대체 마음은 우리 인간의 몸속에서 어떤 힘을 지니고 있을까?

마음먹기에 따라 사람의 운명이 달라진다고 하는데 점점 마음이라는 보이지 않는 형태가 궁금해진다. 적어도 새로운 삶을 살려고 마음을 먹는다면 말이다.

우리나라 국어사전의 마음의 뜻은 '사람이 다른 사람이나, 사물에 대하여 감정이나, 의지, 생각 따위를 느끼거나 일으키는 작용이나, 태도'이다. 알고 있는 내용이지만, 좋은 마음을 먹으면 좋은 일을 하고, 나쁜 마음을 먹으면 나쁜 일을 하게 된다. 급하게 마음을 먹으면 일을 급하게 처리하고, 차분한 마음을 먹으면 침착하게 된다.

정말 신기하게 마음을 먹은 그대로 그 결과가 대부분 따라온다. 나쁜 마음을 먹고 행동하는데 결과가 좋은 일이 있는가? 있다면 그건 위선이고, 위장일 확률이 높다. 마음은 눈에 보이지 않는다. 그래서 상대방의 마음을 헤아리는 게 정말 세상을 살면서 어려운 일 중 하나이기도 하다.

지금 우리의 모든 초점은 어제보다 나은 오늘의 삶과 기대되는 내일의 삶을 사는 것이다. 이런 삶을 살기 위해서는 우리는 모든 일상생활에서 아래와 같은 마음의 감정들을 최대한 배제를 해야 한다.

① 급하게 행동하지 마라. (급할수록 돌아가거나, 멈추면 비로소 답이 보인다)
② 초조해지지 마라. (지나친 긴장감은 집중력의 최대 적이다)
③ 모든 순간에 침착함을 유지해라. (모든 일은 결국 마무리가 된다)

지금 당신의 마음은 어떠한가? 불안한가? 아니면 편안한가? 도전적인가? 확실하게 우리가 지금 변하고자 하는 단계라면 당신의 불안한 마음은 과감하게 지구 밖으로 던져버리자. 좋은 마음은 절대 새어나가지 않게 철저하게 문단속을 해야 한다.

아래 두 문장은 무언가 새로운 도전을 할 때 갖게 되는 상반된 마음가짐이다.

'나는 어차피 해도 안 돼! 결국 나는 포기하게 될 거야!'

'나는 반드시 변할 거야! 끝까지 절대 포기하지 않을 거야!'

전자의 마음은 버리고, 후자의 마음을 무조건 당신의 마음이라고 단정을 지어버려라! 어려운가? 어렵지 않다. 돈이 드는가? 선택 장애가 있는가? 그렇지 않다면, 하나, 둘, 셋하고 나의 마음은 이제부터 후자라고 선을 그어보자.

지금 당신이 새로운 도전 앞에 독한 마음을 먹지 않으면, 평생 마음속에서 후회, 실패자의 단어가 당신을 괴롭힐 것이다.

언제 집주인에게 쫓겨날지 모르는 월세, 전세 세입자는 계약기간이 되면 항상 불안하고, 초조해진다. 앞으로 당신의 마음은 집 없는 세입자의 마음인가요? 멋진 집을 짓고 행복하게 살아가려는 마음인가요?

지금부터 목표가 있던, 없던 당신의 마음을 확실히 정리하고, 새로운 희망의 마음으로 완전히 이사를 해보자! 그래서 그 마음에 주인이 바로 당신이라고 마음의 등기를 쳐라!

하나, 둘, 셋 지금 양 손바닥을 펴서 마음을 천천히 만져보자. 느껴지는가? 바로 당신이 마음의 주인이 되어, 당신의 진짜 마음과 첫인사를 한 것이다.

이로써 우리의 마음은 긍정적 마음 단 한 가지다. 이제 지난날은 부정적인 마음은 더 이상 당신의 마음속에 존재하지 않는다. 존재하는 건 오로지 긍정적 마음뿐이다!

이제 도전하고 싶은 목표에 긍정적 마음을 강하게 품고, 하나, 둘, 셋을 외치고 끊임없이 행하라! 당신이 보지 못한 기적의 순간이 당신을 기다리고 있을 것이다. 천천히 가도 좋으니, 멈추지만 말고 가라, 언제나 당신의 마음은 당신을 끝까지 믿고, 기다려 줄 것이다.

바로 당신의 마음의 주인은 당신이기 때문이다.

마음등기 권리증

- 나 ○○○는(은) 오늘부로 부정적 마음을 버리고,
  긍정적 마음을 취득합니다.

- 나 ○○○는(은) 세상의 온갖 유혹에도
  끝까지 흔들리지 않는 마음을 취득합니다.

- 나 ○○○는(은) 새로운 목표에 대해서는
  절대 멈추지 않는 마음을 취득합니다.

등기권리자: ＿＿＿＿＿＿＿

－ 성 공 습 관 청 －

13

자식에게 물려주고 싶은 최고의 유산 3가지

유산이란 아이에게 무엇이 빛나고 있는지를 찾아주는 것이어야 한다.

지금 당신이 갑작스러운 죽음이 코앞에 있다고 가정을 하고 자식에게 물려주고 싶은 유산이 무엇인가? 아직 미혼이라면 미래의 자식을 위해 생각하고 미리 준비할 수 있는 절호의 기회이다.

죽을병에 걸려 갑작스럽게 재산을 자식 간에 공평하게 나누는 방법, 인생을 마지막을 잘 보내는 방법 이런 말을 하려고 하는 게 아니다. 정말 최고의 유산은 일상생활에서 부모가 아이들이 성인이 될 때까지 부모의 올바른 교육법을 통해 자식들이 스스로 깨닫고 변해서 다시 자식이 부모가 되어 자식에게 대물림하는 것이다. 이게 인생 최고의 선순환이라 생각한다.

이렇게 자식에게 최고의 유산을 선물해주기 위한 노력은 당신의 성장에 큰 밑거름이 될 거라 확신한다.

① 책을 읽는 핵심습관 - 삶의 중심을 잡다

한 사람의 인생은 한평생을 살아도 그 인생의 깊이를 가늠하기가 어렵다.

그래서 수많은 시행착오를 겪어도, 끝없는 욕망, 다스리지 못하는 마음도 죽기 전까지도 우리는 인생의 답을 풀지 못하고 결국 죽는다. 순자 역시 죽기 전날 마지막 그의 한마디가 '아쉽다'라고 할 정도다.

『중용』에서도 삶의 중심은 책이라고 했다. 그만큼 부모가 책을 읽는 모습을 보여 자녀가 책을 읽는 습관을 자연스럽게 갖게 되면 자녀는 성인이 되기 전에 이미 성숙한 어른의 세계를 경험하고 어른이 되는 것이라 말했다.

책 속에 길이 있다. 길이 있는 곳에 뜻이 있고, 뜻이 있는 곳에 당신이 원하는 키가 있다. 우리가 이 말을 부정할 수 없듯이 아이들도 책 속에서 인생 공부를 할 수 있게 책을 읽는 습관을 물려주는 게 자식에게 물려주는 최고의 유산 중 하나이다.

부모가 1년에 책을 1권도 읽지 않으면서 아이들에게 '책 좀 읽어라!' 하면 아이들이 부모의 말을 믿겠는가? 억지로 하는 건 오히려 나쁜 습관을 만들어 내는 지름길이다. 하지만 너무 걱정하지 말자! 책을 읽는 습관은 하나, 둘, 셋 구호를 외치면서 4단계 법칙 중 2~4단계를 통해서 우리가 만들어 낼 수 있지 않은가?

어느 순간 저녁밥을 먹고 매일 TV만 보는 나 자신이 너무 후지다는 생각이 들었다. 앞으로 계속 이렇게 살아가면 나의 인생이 불쌍할 것 같다는 생각에 하루에 3분씩만 책을 읽는 걸 시도해 지금은 하루에 최소 30분 이상을 읽고 있다. 책은 읽으면 읽을수록 생각이 깊어지고, 깊이 있는 삶을 사는 최고의 방법은 바로 책을 꾸준히 읽는 사유하는 삶이라는 걸 깨달았다.

지금도 조금 더 일찍 젊을 때 책을 읽는 습관을 지녔으면 좋았을 텐데 항상 이런 생각이 든다. 지금도 책을 보면 가슴이 설레고, 흥분된다. 책을 보기 전과 보고 난 후에 나는 무조건 다른 나이기 때문이다. 항상 새로운 자아를 만나고, 인생이 조끔씩 깊어진다는 사실에 항상 낯선 설렘과 마주하는 게 참 좋다. 난 로또 1등이 당첨되거나, 하늘에서 돈벼락이 떨어지면 아이들과 함께 도서관을 짓는 게 꿈이다. 핵심습관을 갖기 전에는 상상도 못 할 이야기이다.

이제는 하루에 30분 이상 책을 읽지 않으면 나의 성장을 포기하는 것과 같다는 생각으로 하루도 거르지 않고 매일 매일 독서를 한다. 이 모습을 보고 자란 우리 아이들 역시 독서가 게임처럼 재미있는 놀이로 인식이 되어, 심지어 잠자는 시간도 포기하고 몰래 화장실에서 핸드폰 플래시를 켜고 볼 정도다. "아이야, 그만 자야지!"라고 하면 아이는 답했다. "아빠, 책이 나를 가만두지 않아요!"

이 아이가 커서 어떤 아이가 될지는 궁금하지 않다. 다만 아이가 어제보다 조금 더 삶의 중심을 잡아가고 있다는 사실은 확실해 보였다.

> "오늘의 나를 있게 한 것은 우리 마을 도서관이었고,
> 하버드 졸업장보다 소중한 것은 책을 읽는 습관이다."
> -빌 게이츠

② 신독 하는 삶 - 부끄럽지 않은 삶

이 책을 집필하면서 처음 접하게 되는 단어였고, 단어의 뜻을 알게 되는 순간 망치로 머리 한 대를 맞은 그것처럼 정신이 번쩍 들었다. 홀로

있을 때 나의 처신은 내가 생각해도 너무 신독이라는 삶과는 거리가 멀었기 때문이다.

신독(愼獨)의 사전적 의미는 (삼갈 신, 홀로 독) 홀로 있을 때도 도리에 어그러짐이 없도록 몸가짐을 바로 하고 언행을 삼간다. 즉 혼자 있을 때마저도 마음을 잘 다스리라는 뜻이다.

공자가 공부의 첫걸음으로 생각한 『시경』에 이르기를 "네가 홀로 방에 있을 때 깊이 살펴볼 것이니, 이때에는 방구석에도 부끄러움이 없어야 한다."라고 했다.

한마디로, 양심에 어긋나는 행동과 말을 언제나 삼가고, 혼자 있을 때마저도 부끄럽지 않은 행동을 하라는 뜻이다. 거짓말은 순간의 위기를 넘을 수 있지만 결국 더 깊은 수렁으로 빠지는 지름길이다. 혼자 있을 때 쓰레기를 버리거나, 침을 뱉거나, 깜빡이를 켜지 않고 갑작스러운 차선 변경, 주인 없는 물건에 손대기 모두 신독의 삶과 정반대되는 삶이다.

최근 법조계의 뇌물, 비리, 정치계의 성폭력 범죄 역시 양심에 부끄러운 행동이 결국 수면 위로 올라와 국민에게 큰 충격을 준 사례다. 이런 현상들이 신독 하지 못한 삶에 대한 비극적인 결말이다.

손바닥으로 하늘을 가린다고 가려지겠는가?

최소한 아이가 훌륭한 인재가 되진 못해도, 부끄러운 사람은 되지 않기 위해서는 신독 하는 삶이 이제 선택이 아니라 필수가 되어야 한다. 부모가 신독 하는 삶을 노력하면 아이도 그대로 따라가게 된다. 지금부터 매 순간 행동에 하나, 둘, 셋 구호를 외쳐서 스스로 더 엄격하고, 솔직해지는 시간을 갖도록 하자!

③ 중용(中庸)하는 삶 - 성숙해지는 삶

중용의 사전적 의미에서 중은 지나치거나 아니하고 한쪽으로 치우치지도 아니한 상태를 말하며, 용은 떳떳하며 변함이 없는 평범한 일상을 말한다.

중용은 한마디로 일상생활 일, 건강, 운동, 정신적 삶, 물질적 삶에서 너무 지나침도, 부족함도 없게 절제력과 자제력을 발휘해 건강하고 균형 있는 삶을 유지하는 것이다. 그래서 최고경영자 CEO 중에는 『중용(中庸)』이 최고의 고전이고 생각하고 인생철학으로 삼고, 경영을 하기도 한다.

현재 당신은 중용을 지켜가며 삶을 살아가고 있는가?

배가 불러도 맛이 있다면 더 먹고 있고, 좋아하는 TV가 있으면 하는 일을 미루고 시간 가는 줄도 모르고 보고 있지 않은가? 오늘 해야 할 일을 내일로 미루진 않는가? 월급보다 더 많은 생활비를 쓰고 있지 않은가? 필요한 물건보다 불필요한 물건들이 가득한가? 체크카드 사용보다 신용카드 사용을 즐기고 있는가? 이런 삶에서 중용을 지키는 건 상당히 어렵다.

중용의 삶을 살아가기 위해선 정직함, 솔직함, 과유불급, 무소유의 삶, 평정심 유지, 절제력, 자제력이 필요하다. 그만큼 인생을 끊임없이 성찰해야 하므로 중용을 지킨다는 건 꽤 어렵다.

이처럼 중용은 끊임없는 자신과의 싸움이다. 중용의 경지에 도달하기 위해서는 두 번째 유산인 신독이라는 삶이 즉 홀로 있을 때조차 삼가는 훈련이 몸에 배야 하는 건 필수이다.

심지어 『중용(中庸)』 책을 쓴 자사의 할아버지인 공자 역시 한 달도 충실하게 중용을 지킬 수 없었다고 고백했다. 이처럼 중용을 지키며 사는 것은 어렵다. 넘어지면 다시 일어나야 하는 것처럼 중용을 절대 포기해선 안 되고, 죽기 전까지 해야 한다고 한다.

자식에게 물려주고 싶은 최고의 유산은 바로 이렇게 책을 읽는 습관으로 삶의 중심을 잡아 지혜로운 삶을 살고, 신독 하면서 부끄럽지 않은 삶을 살고, 중용의 삶을 살며 끊임없는 자아 성찰을 통해 내면이 성숙해지는 삶을 사는 것이다.

참고로 이런 삶을 끝까지 살아가는 모습을 자식에게 보여주는 것은 수천억의 재산을 자식에게 물려주는 것보다 더 값진 것이다.

하지만 이런 삶을 꾸준히 살아가는 건 정말 어렵다. 지금부터 당신의 아름다운 삶과 자식들에게 최고의 유산을 물려주기 위해서라도, 매 순간 의식이 깨어 있는 삶을 유지한다면 지금보다 훨씬 수월할 것이다. 우리는 이 방법을 이제 알아냈고, 수 차례 외쳐도 보았다.

바로 언제나 당신의 의식을 깨우는 소리 하나, 둘, 셋 마법의 구호가 당신 옆에서 당신을 끝까지 도와줄 것이다.

마음의 불빛

"내 안에 빛이 있으면 스스로 빛나는 법이다.
가장 중요한 것은 나의 내부에서 빛이 꺼지지 않도록
노력하는 일이다."

-앨버트 슈바이처

지금 우리는 세상과 홀로 맞서 싸우는 방법을 배우는 중이다.

목표가 있다면, 망설이거나, 멈추지 말고, 당당하게 자신과 맞서 싸울 준비를 해라. 지금부터 우리에게 가장 큰 경쟁상대는 타인이 아니라 바로 어제의 나가 되어야 한다. 그래야지 앞으로 살아가면서 세상 그 어떤 무서운 적도 당당히 맞서 싸워 이겨낼 수가 있고, 당신이 지치지 않고 꾸준히 성장해낼 수가 있다.

with 코로나 시대에 우리는 도전 앞에 망설이는 게 습관이 되고 있다. 도전 앞에 멈춰버린 당신들의 꿈 앞에 이제 더는 망설이지 말고 당신의 운명을 바꾸는 기적의 소리 하나, 둘, 셋에 언제나 Just Start 하는 것을 잊지 말자.

어떤 변화에 뒤따라만 가면 기회가 없고, 조금만 앞서가면 기회가 반드시 생긴다. 그냥 시작하려고 고민만 하지 말고 망설임 없이 조금 더 한 박자 빨리 Just Start! 해봐라. 당신의 의식이 매 순간 깨어 있다면 상황은 무조건 당신에게 유리하게 작용 될 것이며, 더 많은 선택지가 펼쳐질 것이다. 단언컨대 시작을 하지 않으면 절대 아무일도 일어나지 않는다.

아직도 도전 앞에 실패가 두·부·스러운가? (두·부: 두렵고, 부담스럽다.)

공자는 말했다. "가장 위대한 영광은 한 번도 실패하지 않음이 아니라 실패할 때마다 다시 일어서는 데 있다." 이처럼 도전 앞에 나타나는 실패와 시련, 역경들도 이제 당신이 한 발짝 더 성장하기 위한 마음의 근력을 키우기 위해 꼭 필요한 귀한 손님들일 뿐이다.

도전 앞에 멈추지 않고 바로 Just Start하고, 실패의 순간에도 매 순간 하나, 둘, 셋을 꾸준히 외치는 것을 습관화해 보자. 다시 말하자면 절대 어려운 게 아니다. 그냥 숨을 한번 크게 내쉬면 되는 정도일 뿐이다. 너무 쉬운 방법이다.

당신의 운명을 바꾸는 마법의 구호 하나, 둘, 셋은 눈으로 보이지는 않지만, 마음속에서 당신을 항상 밝게 비춰 주는 희망의 불빛과도 같다. 그 불빛이 절대 꺼지지 않게 해야 한다.

돈이 많다고 성공한 게 아니다. 성공했다고 행복한 게 아니다. 행복해서 내가 성공한 사람처럼 느껴지면 그게 바로 진짜 성공한 인생을 사는 것이다. 당신은 이 책의 마지막 장을 보는 것만으로도 당신은 이미 준비된 사람이다. 당신은 참 멋진 사람이다!

마지막으로 끝까지 내 이야기를 들어줘서 정말 고맙고, 그리고 이거한 가지만 꼭 기억하자! 당신이 살면서 한 번쯤은 당신도 목숨을 걸고 달려들 일이 있을 것이다. 그때 가슴속에 트리플 S를 깊게 새겨 무모한 도전 앞에 과감한 도전을 '100일'간만 눈을 딱 감고 Just Start! 해보기를바란다.

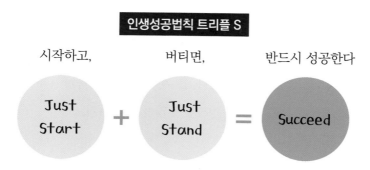

언제나 당신 곁에 당신의 운명을 바꿔줄 마법의 소리 하나, 둘, 셋이 당신을 끝까지 지켜주고, 어둠 속에서도 밝게 빛나게 해줄 것이다.

하나, 둘, 셋 Just Start 나의 이야기는 여기까지다.
당신의 멋진 인생을 지금부터 하나, 둘, 셋에 Just Start 해봐라!

* 부록에 핵심습관 만들기 단계별 체크리스트가 있다. 꼭 참고해서 본인에게 맞게 작성 후 실제로 삶에 적용해 보세요.
* 체크리스트를 파일로 받기를 원한다면 motive1000@nate.com 으로 e-mail을 보내주세요. Good luck to you!

부록

핵심습관 만들기 4단계 프로젝트

※ 주의 ※

아무것도 하지 않으면 아무 일도 일어나지 않습니다!

알면서 안하면 "병" 입니다.

-반드시 출력 후 냉장고 및 현관문에 부착하기.

-반드시 기상은 눈을 뜨고, 하나, 둘, 셋에 바로 일어나기.

-자기 전에 핸드폰 알람을 손이 닿지 않는 곳에 두기.

[1단계] 아침 기상미션 ▶ 30초 훈련 7일간 실시!

아침 30초 기상 미션	기상과 동시에 30초 윗몸 일으키기 해보기! 기상과 동시에 스트레칭 하기 30초 숫자 세보기 / 이불 잘 정리하기 등			
	월요일	화요일	수요일	목요일
체크하기				
	금요일	토요일	일요일	
체크하기				

[2단계] 주차별 3, 5, 7분씩 실시 3주간 실시!

3주간 나의 목표				Date.	.	.

☞ 자유롭게 본인이 도전하고 싶은 내용 1가지를 정하고, 날짜별로 X 표시를 해서 거미줄처럼 끊김 없이 매일 Just Start 하고, Just Stand 해라!

•

•

1	2	3	4	5	6	Free day
하나, 둘 , 셋 Just Start						
8	9	10	11	12	13	14
			초심을 유지해라			
15	16	17	18	19	20	21
				작심 3일 마인드로 마무리		

3주간 목표 달성 후 Review

1주차(매일 3분):

2주차(매일 5분):

3주차(매일 7분):

[3단계] 최소15분~최대 30분씩 30일간 훈련하기

1달간 나의 목표   Date. . .

☞ 자유롭게 본인이 도전하고 싶은 내용 1가지를 정하고, 날짜별로 X 표시를 해서 거미줄처럼 끊김 없이 매일 Just Start 하고, Just Stand 해라!

-
-

1	2	3	4	5	6	7
초기 3일은 반드시 15분만 실시						
8	9	Free day	11	12	13	14
15	16	17	18	19	20	21
				지금 포기하면 평생 포기하게 됨		
Free day	23	24	25	26	27	28
29	30	31				
마지막 3일 Just Stand						

1달간 목표 달성 후 Review

[4단계] 최소 30분 이상 30일 이상 훈련하기

1달간 나의 목표				Date.	.	.

☞ 자유롭게 본인이 도전하고 싶은 내용 1가지를 정하고, 날짜별로 X 표시를 해서 거미줄처럼 끊김 없이 매일 Just Start 하고, Just Stand 해라!

-
-

1	2	3	4	5	6	7
초기 3일은 반드시 30분만 실시						
8	9	Free day	11	12	13	14
15	16	17	18	19	20	21
				지금부터 경쟁상대는 어제의 나다		
Free day	23	24	25	26	27	28
29	30	31			+ days	
하나, 둘, 셋 임계점을 넘어서라					Just Start	

1달간 목표 달성 후 Review

나를 깨우는 소리

임철홍 지음

발 행 처 · 도서출판 청어
발 행 인 · 이영철
영   업 · 이동호
홍   보 · 천성래
기   획 · 남기환
편   집 · 방세화
디 자 인 · 이수빈 | 김영은
제작이사 · 공병한
인   쇄 · 두리터

등   록 · 1999년 5월 3일
(제321-3210000251001999000063호)

1판 1쇄 발행 · 2022년 4월 10일

주   소 · 서울특별시 서초구 남부순환로 364길 8-15 동일빌딩 2층
대표전화 · 02-586-0477
팩시밀리 · 0303-0942-0478

홈페이지 · www.chungeobook.com
E-mail · ppi20@hanmail.net
I S B N · 979-11-6855-024-7(03190)